Waldemar Hummer

(Schieds-)Gerichtsbarkeit in der Karibik

Völkerrecht und internationale Beziehungen

Band 2

LIT

Waldemar Hummer

(Schieds-)Gerichtsbarkeit in der Karibik

Von der Ad-hoc-Schiedsgerichtsbarkeit in der CARICOM/CCM zum „Karibischen Gerichtshof" in der CSME

LIT

Gedruckt mit Unterstützung des Bundesministeriums für Bildung, Wissenschaft und Kultur in Wien

Bibliografische Information der Deutschen Nationalbibliothek
Die Deutsche Nationalbibliothek verzeichnet diese Publikation in der Deutschen Nationalbibliografie; detaillierte bibliografische Daten sind im Internet über http://dnb.d-nb.de abrufbar.

ISBN 978-3-7000-0619-0 (Österreich)
ISBN 978-3-8258-0156-4 (Deutschland)

Krotenthallergasse 10/8
A-1080 Wien
Tel. +43 (0) 1 / 409 56 61
Fax +43 (0) 1 / 409 56 97
e-Mail: wien@lit-verlag.at
http://www.lit-verlag.at

LIT VERLAG Berlin 2007
Auslieferung/Verlagskontakt:
Fresnostr. 2
48159 Münster
Tel. +49 (0)251–62 03 20
Fax +49 (0)251–23 19 72
e-Mail: lit@lit-verlag.de
http://www.lit-verlag.de

Auslieferung:
Österreich: Medienlogistik Pichler-ÖBZ GmbH & Co KG
IZ-NÖ, Süd, Straße 1, Objekt 34, A-2355 Wiener Neudorf
Tel. +43 (0) 2236/63 535 - 290, Fax +43 (0) 2236/63 535 - 243, e-Mail: mlo@medien-logistik.at
Deutschland: LIT Verlag Fresnostr. 2, D-48159 Münster
Tel. +49 (0) 2 51/620 32 - 22, Fax +49 (0) 2 51/922 60 99, e-Mail: vertrieb@lit-verlag.de

VORWORT

Im Zuge meiner jahrelangen Beschäftigung mit Rechtsfragen der lateinamerikanischen Integration[1] erwies es sich immer wieder als notwendig, auch einen Blick auf die einschlägigen Vorgänge in der Karibik zu werfen. Dementsprechend widmete ich mich bereits Mitte der 70er-Jahre des vorigen Jhdts[2] den mehr als komplexen Phänomenen karibischer Integration und musste dabei immer wieder konstatieren, wie originell und unorthodox diese des öfteren ausgeformt waren. Man nahm dabei weder Anleihen an der europäischen Integrationspraxis noch „schielte" man auf die ebenso originell konzipierten Modelle lateinamerikanischer Integration – man ging vielmehr einen eigenständigen Weg.

Dieser eigenständige Ansatz war unter anderem auch deswegen notwendig, da es einen Raum zu integrieren galt, der aufgrund seiner kolonialen Vergangenheit fraktioniert und in mehrere Sub-Räume geteilt war – so muss man grundsätzlich eine *britische, französische, niederländische, dänische* und (ehemalige) *spanische* Karibik unterscheiden – in denen sich die Anfang/Mitte der 60er Jahre des vorigen Jhdts unabhängig gewordenen Staaten aufgrund ihrer früheren jeweiligen Abhängigkeitsverhältnisse vom kolonialen Mutterland politisch und wirtschaftlich völlig anders entwickelt hatten. Die wirtschaftliche Integration verlief dabei zwar entlang der Linie der ehemaligen britischen Dependenzen, aber selbst zwischen diesen war die Heterogenität so groß, dass es neben der „Karibischen Freihandelsassoziation" (CARIFTA) (1968) und der wirtschaftlich/politischen „Karibischen Gemeinschaft" (CARICOM) (1973) und deren „Gemeinsamen Markt" (CCM) (1973) noch das selbständige wirtschaftliche und politische Integrationsgebilde des „Ostkaribischen Gemeinsamen Marktes" (1968) sowie der „Organisation der Ostkaribischen Staaten" (1981) gab.

Ganz besonders trifft diese Einzigartigkeit aber auf die Modelle der (schieds-)gerichtlichen Streitbeilegung in den einzelnen karibischen Integrationszonen zu, die weltweit einzigartig ausgebildet sind. Beladen mit einer jahrhunderte langen kolonialen Tradition, sich das Recht „im Mutterland holen zu müssen", war für die Länder des Commonwealth Caribbean das Judicial Committee des „Privy Council" im britischen Oberhaus über 150 Jahre die oberste Gerichtsinstanz – und zwar nicht nur in eigenen verfassungsrechtlichen son-

---

[1] Vgl. dazu *Hummer, W.* Integration, in: Drekonja-Kornat, G. (Hrsg.), Lateinamerikanistik. Der österreichische Weg (2005), S. 109 ff.

[2] *Hummer, W.* Wirtschaftliche Kooperation und Integration in der Karibik, in: Bericht der Deutschen Stiftung für Internationale Entwicklung (1975), S. 1 ff.; *Hummer, W.* Rechtsfragen der Wirtschaftsintegration zwischen Entwicklungsländern, dargestellt am Beispiel Lateinamerikas und der Karibik (1976); *Hummer, W.* Regionale und subregionale Integrationszonen in Lateinamerika und der Karibik, in: VRÜ (1976), S. 71 ff.

dern auch in völkerrechtlichen Streitfragen, die das Commonwealth betrafen. Dieses judikative „Joch" konnten diese Staaten erst 40 Jahre nach der Erlangung ihrer Unabhängigkeit durch die Gründung des „Karibischen Gerichtshofes" (CCJ) im Jahre 2005 abschütteln. Obwohl es bereits drei Urteile des „Karibischen Gerichtshofs" im Rahmen seiner „appellate jurisdiction" in Verfassungsangelegenheiten gibt, wird es sich aber erst in der Zukunft erweisen, ob der „Karibische Gerichtshof" die unbestrittene „judikative Autorität" erreichen wird, die dem „Privy Council" ohne Zweifel zugekommen ist.

Es ist der großzügigen Förderung durch den FWF zu danken, dass diese Studie im Rahmen der allgemeinen Thematik der „Streitbeilegung in regionalen Präferenzzonen in Lateinamerika"[3] mitbearbeitet werden konnte. Gemeinsam mit den bereits abgeschlossenen Studien über die völkerrechtliche Streitbeilegung zwischen den mittelamerikanischen Staaten[4], der Streitbeilegung im MERCOSUR[5] und der (Schieds-)Gerichtsbarkeit in der „Anden-Gemeinschaft"[6] stellt diese Studie nunmehr den „Schlussstein" in diesem Gewölbe von vier völlig unterschiedlichen Streitbeilegungsmechanismen dar, die bisher noch nicht geschlossen dargestellt wurden. Gerade diese komplette Zusammenschau aller in Lateinamerika und der Karibik ausgebildeten völkerrechtlichen (Schieds-)Gerichtsverfahren ermöglicht aber wieder neue Erkenntnisse und gibt Anlass zu weiteren Vertiefungen.

Möge vor allem der bewusst breit angelegte Materialienteil im Anhang dieser Studie, der eine Reihe von bisher in Europa noch nicht untersuchter Dokumente enthält, die Basis für weiterführende Untersuchungen darstellen. Der unglaublich vielschichtige und politisch, wirtschaftlich und juristisch äußerst komplexe Bereich der Karibik verdient es, auch aus kontinentaleuropäischer Sicht näher untersucht zu werden.

Frau Dr. *Kirstin Henning*, wissenschaftliche Projektmitarbeiterin in der vorstehend erwähnten FWF-Studie, ist für Ihre Mithilfe bei der Materialsammlung und Aufbereitung der Dokumente zu danken.

W. Hummer

---

[3] FWF-Forschungsprojekt Nr. P16842-G09; Laufzeit November 2003 bis Oktober 2006.

[4] *Hummer, W. - Henning, K.* Hundert Jahre völkerrechtliche (Schieds-)Gerichtsbarkeit in Zentralamerika. Von der „Corte de Cartago" (1907 ff.) zur „Corte de Managua" (1992/94 ff.) (2006).

[5] *Hummer, W.* Völkerrechtliche (Schieds-)Gerichtsbarkeit im MERCOSUR (im Erscheinen).

[6] *Hummer, W.* Völkerrechtliche (Schieds-)Gerichtsbarkeit in der Anden-Gemeinschaft (im Erscheinen).

Inhaltsübersicht

Inhaltsverzeichnis

ANHANG: DOKUMENTE

ABKÜRZUNGSVERZEICHNIS

Abs	Absatz
BID	Banco Interamericano de Desarrollo
CARICOM	Caribbean Community
CARIFTA	Caribbean Free Trade Association
CCJ	Caribbean Court of Justice
CCM	Caribbean Common Market
CDB	Caribbean Development Bank
CSME	CARICOM Single Market and Economy
Dok	Dokument
ECCM	East Caribbean Common Market
EC$	East Caribbean Dollar
ECSC	Eastern Caribbean Supreme Court
EuG	Gericht erster Instanz der Europäischen Gemeinschaften
EuGH	Gerichtshof der Europäischen Gemeinschaften
f	folgende
ff	fortfolgende
Fn	Fußnote
GATT	General Agreement on Tariffs and Trade
gem	gemäß
GV	Generalversammlung
Hrsg	Herausgeber
ICJ	International Court of Justice
IGTF	Intergouvernementale Task Force
ILC	International Law Commission
ILM	International Legal Materials
INTAL	Instituto para la integración de América Latina y el Caribe
iSv	im Sinne von
iVm	in Verbindung mit
JRP	Journal für Rechtspolitik
Kap	Kapitel
lit	litera
Nr	Nummer

OCCBA	Organisation of the Commonwealth Caribbean Bar Associations
OECS	Organisation of Eastern Caribbean States
PCIJ	Permanent Court of International Justice
PREPCOM	Preparatory Committee
R	Reports
Rev	Revised
S	Seite
SVN	Satzung der Vereinten Nationen
v(s)	versus
VerfO	Verfahrensordnung
vgl	vergleiche
VN	Vereinte Nationen
Vol	Volumen
VRÜ	Verfassung und Recht in Übersee
WIAS	West Indies Associated States
WIC	West Indian Commission
zB	zum Beispiel

Technische Benutzerhinweise

Auf Grund der komplexen Gestaltung – vor allem des Dokumentenanhangs – der gegenständlichen Studie bietet es sich an, vorab einige technische Bemerkungen für die Handhabung derselben voranzustellen.

1. Zur besseren Verklammerung des Textteiles dieser Studie mit dem Materialienteil im Anhang wird bei der ersten Erwähnung eines Dokuments im Textteil dieses mit seiner Nummer in Fettdruck in den Text eingefügt; die weiteren Zitate im Text erfolgen dann in normaler Schrift.
2. Die Dokumente im Anhang sind in ihrer authentischen Sprachfassung im Originaltext aufgenommen, selbst wenn sie (schreib)technische Fehler enthalten sollten.
3. Grundsätzlich wurde bei der Auswahl mehrerer zur Verfügung stehender Quellen die Übernahme des Originalwortlauts eines Dokuments aus derjenigen Quelle vorgenommen, die die größte Wahrscheinlichkeit für eine dokumentengetreue Wiedergabe geboten hat. In manchen Fällen musste aber auf eine Internet- bzw. Homepage-Version zurückgegriffen werden, obwohl diese Versionen nicht ganz fehlerfrei waren.
4. Alle Quellenangaben bei den Dokumenten (bis auf Dok 2) stammen aus den jeweiligen Internetseiten der einschlägigen Institution; der Stand der Abfrage war Oktober 2006.
5. Bei dem Verzeichnis „Ausgewählte Literatur“ auf den Seiten XIII handelt es sich um die Zusammenstellung spezieller Literaturzitate, nämlich solcher, die sich nicht mit allgemeinen völkerrechtlichen oder schiedsgerichtlichen Fragen beschäftigen, sondern die auf die speziellen Probleme der karibischen Integration im Allgemeinen bzw. der schiedsgerichtlichen Verfahren in der Karibik im Speziellen eingehen.
6. Auch bei den auf der Seite XVI genannten Homepages wurden nur diejenigen wiedergegeben, die von unmittelbar einschlägigen Institutionen betreut werden und daher für die gegenständliche Untersuchung von besonderer Bedeutung waren.

Ausgewählte Literatur

Antoine, R.-M. Commonwealth Caribbean Law and Legal Systems (1999);

Axline, A. Caribbean Integration. The Politics of Regionalism (1979);

Bahadoorsingh, K. The East Caribbean Federation Attempts, in: Preiswerk, R. (Hrsg.), Regionalism and the Commonwealth Caribbean (1969), S. 157 ff.

Bastide, M. de la The Privy Council vs. A Caribbean Court of Appeal, in: Caribbean Affairs 1995, S. 36 ff.;

Benn, D. The Caribbean Community: The Internal Environment. The Geographical, Economic and Political Legacy, in: BID/INTAL/Caribbean Community Secretariat (Hrsg.), Ten Years of CARICOM (1984), S. 27 ff.

Brewster, H. – Thomas, C. The Dynamics of West Indian Economic Integration, 2. Aufl. (1973);

Bryan, A. The CARICOM and Latin American Integration Experience, in: BID/INTAL/Caribbean Community Secretariat (Hrsg.), Ten Years of CARICOM (1984), S. 71 ff.;

Carrington, E. Towards a Single Market 1992, in: CARICOM Perspective 46 und 47 (Juli-Dezember 1989 und Jänner-März 1990), S. 3 ff.; 38 ff.

Chernick, S. (Coordinating Author), The Commonwealth Caribbean. The Integration Experience. Report of a mission sent to the Commonwealth Caribbean by the World Bank (1978), S. 43 ff.;

Cunningham, H. Towards a Final regional Appellate Court, in: CARICOM Perspective, Juni 1998, S. 95 ff.;

Dundas, C. W. Ensayos acerca del derecho y la práctica de la CARICOM (incluyendo el Mercado Común), in: INTAL (Hrsg.), Integración latinoamericana Nr. 44, März 1980, S. 51 ff.;

Dundas, C. W. The Law of the Caribbean Community, in: Ramcharan, B. G. – Francis, L. B. (Hrsg.), Caribbean Perspectives on International Law and Organizations (1989), S. 232 ff.;

Emmanuel, P. Community within a Community: The OECS Countries, in: Ramcharan, B. G. – Francis, L. B. (Hrsg.), Caribbean Perspectives on International Law and Organizations (1989), S. 402 ff.;

Francis, L. Caribbean Community States and State Succession, in: Ramcharan, B. G. – Francis, L. B. (Hrsg.), Caribbean Perspectives on International Law and Organizations (1989), S. 84 ff.;

Geiser, H. - Alleyne, P. - Gajraj, C. Legal Problems of Caribbean Integration. A study on the legal aspects of CARICOM (1976);

Hamilton, R. A Guide to researching the Caribbean Court of Justice, in: Brooklyn Journal of Intl´Law, Vol. XXVI (2002), S. 531 ff.;

Hummer, W. Wirtschaftliche Kooperation und Integration in der Karibik, in: Berichte der Deutschen Stiftung für Internationale Entwicklung (1975), S. 1 ff.;

Hummer, W. Subregionale Präferenzzonen als Mittel lateinamerikanischer Integrationspolitik, in: Zeitschrift für Lateinamerika-Wien, Band 8-1975, S. 114 ff.;

Hummer, W. Rechtsfragen der Wirtschaftsintegration zwischen Entwicklungsländern, dargestellt am Beispiel Lateinamerikas und der Karibik (1976);

Hummer, W. Regionale und subregionale Integrationszonen in Lateinamerika und der Karibik, in: VRÜ (1976), S. 71 ff.;

Hummer, W. Wirtschaftliche Integration in Lateinamerika und der Karibik, Sonderband, hrsg. von der Auslandsabteilung der OBERBANK/Linz (1977);

Hummer, W. Regionale technische Kooperation und Transfer von Technologie am Beispiel Zentral- und Südamerikas sowie der Karibik, GYBIL 1981, S. 377 ff.;

Hummer, W. Organisation der Staaten der Ostkaribik, in: Waldmann, P. – Zelinsky, U. (Hrsg.), Politisches Lexikon Lateinamerika, 2. Auflage (1982), S. 400 ff.;

Hummer, W. Integration, in: *Drekonja-Kornat, G.* (Hrsg.), Lateinamerikanistik. Der österreichische Weg (2005), S. 131 ff.;

Hummer, W. Integration in Lateinamerika und der Karibik. Aktueller Stand und zukünftige Entwicklungen, in: VRÜ 1/2005, S. 11 ff.;

Jessen, A. - Vignoles, C. 40 Años, in: CARICOM Report No. 2, August 2005, S. 17 ff.;

Klinger Pevida, E. El proceso de integración caribeño: CARICOM, in: Diplomacia, Nr. 84, julio-septiembre 2000, S. 35 ff.;

Knowles, Y. Beyond the Caribbean States: A History of Regional Cooperation in the Commonwealth Caribbean, Diss. Genf (1972);

Lehmann, J. Der Vertrag über den karibischen Gerichtshof im System der CARICOM, in: VRÜ 2000, S. 282 ff.;

Lehmann, J. An Outside View on the Caribbean Court of Justice, in: Caribbean Law Review 2000, S. 297 ff.;

Lehmann, J. Wirtschaftsintegration und Streitbeilegung außerhalb Europas (2004);

Leuteritz, K. Die Verfassungen karibischer Commonwealth-Staaten, in: VRÜ 1996, S. 139 ff.;

Lewis, G. The Caribbean Community (CARICOM) Integration Experience: The Historical and Cultural background, in: BID/INTAL/Caribbean Community Secretariat (Hrsg.), Ten Years of CARICOM (1984), S. 39 ff.;

Lewis, V. International, national and regional Security arrangements in the Caribbean, in: Bryan/Greene/Shaw (Hrsg.), Peace, Development and Security in the Caribbean (1990), S. 289 ff.;

Liverpool, N. The Law as a Harmonizing Instrument in the Integration Process in the Caribbean Community, in: Ramcharan, B. G. – Francis, L. B. (Hrsg.), Caribbean Perspectives on International Law and Organizations (1989), S. 295 ff.;

McDonald, S. The Caribbean Court of Justice: Enhancing the Law of International Organizations, in: Fordham Intl´ Law Journal, Vol. 27 (2004), S. 930 ff.;

Menon, P. K. The Organization of Eastern Caribbean States, in: Ramcharan, B. G. – Francis, L. B. (Hrsg.), Caribbean Perspectives on International Law and Organizations (1989), S. 428 ff.

Menon, P. K. Regional Integration: A case study of the Caribbean Community, in: Caribbean Law Review 1995, 81 ff.;

Müllerleile, C. Die Integration der CARICOM-Staaten (1993);

Müllerleile, C. El CARICOM en la integración de los Estados caribeños. Progresos y obstáculos (1995);

Nicholls, S. – Birchwood, A. – Colthrust, P. – Boodoo, E. The State of and Prospects for the Deepening and Widening of Caribbean Integration, in: The World Economy 2000, S. 1161 ff.

Payne, A. The Politics of the Caribbean Community 1961-1979: Regional Integration among the States (1980);

Peart, D. Caribbean Community States and the GATT, in: Ramcharan, B. G. – Francis, L. B. (Hrsg.), Caribbean Perspectives on International Law and Organizations (1989), S. 185 ff.;

Pollard, D. Revisiting Chaguaramas, in: CARICOM Perspective, Juni 1996, S. 88 ff.;

Pollard, D. The Caribbean Court of Justice: What it is, what it does, CARICOM Secretariat (2000);

Pollard, D. The Caribbean Court of Justice: Challenge and Response, in: Hall, K. (Hrsg.), The Caribbean Community – Beyond Survival (2001), S. 277 ff.;

Pollard, D. Appellate Jurisdiction of the Caribbean Court of Justice (CCJ), November 2003;

Pollard, D. (Hrsg.), The CARICOM System. Basic Instruments (2003);

Pollard, D. The Caribbean Court of Justice. Closing the Circle of Independence (2004);

Rawlins, H. The Caribbean Court of Justice: The History and Analysis of the Debate, commissioned by the Preparatory Committee on the CCJ (2000);

Robinson, T. - Clarke, N. Establishment of a Caribbean Court of Justice, in: Caribbean Law Bulletin (1998), S. 69 ff.;

Searwar, L. The Security of Caribbean Community States, in: Ramcharan, B. G. – Francis, L. B. (Hrsg.), Caribbean Perspectives on International Law and Organizations (1989), S. 79 f.;

Vasciannie, S. The Privy Council Versus the Caribbean Court of Appeal: Some general Observations (1996);

Wöhlcke, M. Die Karibik im Konflikt entwicklungspolitischer und hegemonialer Interessen (1982).

Wichtige Homepages

http://www.acs-aec.org (Association of Caribbean States)

http://www.caricom.org (Caribbean Community)

http://www.csmett.com (Caribbean Community and Single Market Economy)

http://www.oecs.org (Organisation of Eastern Caribbean States)

http://www.caribbeancourtofjustice.org (Caribbean Court of Justice)

http://www.eccourts.org (Eastern Caribbean Supreme Court)

http://www.privy-council.org.uk (Judicial Committee of the Privy Council)

Zum Autor

Waldemar Hummer

o. Univ. Prof. Dr. iur. Dr. rer. pol. Dr. phil. *Waldemar Hummer* studierte an den Universitäten von Wien und Salzburg und habilitierte sich 1978 an der Universität Linz. Er ist seit 1984 Ordinarius für Völkerrecht und Europarecht an der Universität Innsbruck und war langjähriger Vorstand des dortigen Instituts für Völkerrecht, Europarecht und Internationale Beziehungen, das 2005 in das nunmehrige Institut für Europarecht und Völkerrecht umgewandelt wurde. Vor seiner universitären Tätigkeit war er mehrere Jahre lang Rechtsberater der Argentinischen Botschaft in Wien (1967-1970) und langjähriges Vorstandsmitglied des Österreichischen Lateinamerika-Institutes (ÖLAI).

Gegenwärtig leitet er unter anderem das Forschungsprojekt P16842-G09 (2003-2006) des Österreichischen Forschungsförderungsfonds (FWF) zum Thema „Streitbeilegung in regionalen Präferenzzonen in Lateinamerika".

Daneben ist er auch Konsortialführer im EULATIN II-Projekt, das im Rahmen des ALFA II-Programms der Europäischen Kommission (2005 bis 2007) stattfindet und in dem sieben europäische und sechs lateinamerikanische Universitäten im Bereich der wirtschaftlichen Regionalintegration in den Räumen Lateinamerika und Karibik zusammenarbeiten.

(Schieds-)Gerichtsbarkeit in der Karibik

Von der Ad-hoc-Schiedsgerichtsbarkeit in der CARICOM/CCM zum "Karibischen Gerichtshof" in der CSME

„The success of Caribbean integration will depend to a great extent on the control of controversy and on the solution of conflicts of interests within the area".[1]

"The experience of the Caribbean Community and Common Market (...) would appear to confirm that the absence of credible mechanisms for disputes settlement and sanctioning non-compliance with obligations, encourage deviant conduct by participants in the regime and, ultimately, the frustration and nullification of benefits expected to arise from operation of the integration arrangements".[2]

"It is sufficient to observe that in the absence of central supranational institutions in the CARICOM to impose, as required, uniformity in applicable norms and of an institution like the European Court of Justice to ensure harmony of applicable norms in varying jurisdictions, legal certainty is likely to be a certain casualty in the CARICOM Single Market and Economy with far-reaching negative consequences for the regional integration movement".[3]

1. Einführung

Nach einer über 35jährigen Periode der Diskussion um die Notwendigkeit der Schaffung eines eigenen Gerichtshofs für die Karibik[4] wurde der bereits 2002 eingerichtete *Karibische Gerichtshof* (*Caribbean Court of Justice, CCJ*)[5] im April 2005 mit Sitz in Port-of-Spain (Trinidad & Tobago) definitiv inauguriert und erließ bereits im Oktober 2005 sein erstes Urteil. Damit fand

---

[1] *Geiser, H. - Alleyne, P. - Gajraj, C.* Legal Problems of Caribbean Integration. A study on the legal aspects of CARICOM (1976), S. 158.

[2] *Pollard, D.* The Caribbean Court of Justice (2004), S. 40.

[3] *Pollard, D.* (Hrsg.), The CARICOM System. Basic Instruments (2003), S. 469.

[4] Vgl. dazu *Lehmann, J.* Der Vertrag über den karibischen Gerichtshof im System der CARICOM, in: VRÜ 2000, S. 282 ff.; *Rawlins, H.* The Caribbean Court of Justice: The History and Analysis of the Debate, commissioned by the Preparatory Committee on the CCJ (2000), S. 5 ff.; *Hamilton, R.* A Guide to researching the Caribbean Court of Justice, in: Brooklyn Journal of Intl´Law, Vol. XXVI (2002), S. 531 ff.

[5] Vgl. dazu nachstehend auf S. 22 ff.

ein jahrzehntelang betriebener emanzipatorischer Versuch der ehemaligen britischen Kolonien in der Karibik, sich von der kolonialen Mutter Großbritannien auch juristisch „abzunabeln" und das ferne „Judicial Committee" des „Privy Council" in London nicht mehr als oberste Gerichtsinstanz (auch) für karibische Streitfälle anerkennen zu müssen, seinen Abschluss.

Neben dieser politischen Motivation gab es aber auch ein handfestes juristisches Motiv, nämlich das, die sich immer stärker verdichtende regionale Integration in der Karibik justizförmig zu begleiten und rechtstaatlich zu kontrollieren.[6] Obwohl bereits die *„Karibische Gemeinschaft"* (CARICOM)[7] bzw. der ihr angegliederte *„Gemeinsame Markt"* (CCM)[8] sowohl über außergerichtlich-diplomatischen als auch über schiedsgerichtliche Mittel der Streitaustragung verfügten, entsprach deren Effizienz aber noch nicht derjenigen, die man sich für deren Weiterentwicklung zu einem *„Gemeinsamen Wirtschaftsmarkt der Karibik"* (CSME) erwartete.[9]

Um den langwierigen und komplexen Prozess der Herausbildung eines eigenen Gerichtshofs für die Karibik entsprechend nachvollziehen zu können, genügt es daher nicht, die politischen Vorgaben in den jeweiligen Etappen der Entstehungsgeschichte des Karibischen Gerichtshofs isoliert darzustellen, sondern es müssen zunächst die entsprechenden wirtschaftlichen bzw. integrationsrechtlichen Rahmenbedingungen untersucht werden, die überhaupt erst Anlass zur Ausformung eines solchen gerichtsförmigen Organs in einer regionalen Präferenzzone gegeben haben.[10]

Die gegenständliche Untersuchung beginnt daher mit einer Darstellung der wirtschaftlichen Integrationsbemühungen in der Karibik, um danach aufzuzeigen, warum es im Zuge der zunehmenden Verdichtung des Integrationsprozesses in der Karibik um die Jahrtausendwende auch zur definitiven Ausbildung eines eigenen Gerichtshofes gekommen ist.

Da unter dem Begriff *„Karibik"* landläufig Unterschiedliches verstanden wird, soll zunächst mit einer *geographischen* Unterscheidung derselben in drei konzentrische Kreise begonnen werden: (1) Die *„Westindische Karibik"* (The West Indies, Indias Occidentales) umfasst die karibischen Inseln (große und kleine Antillen, samt Leeward Antillen und die Bahamas) die dem Commonwealth angehör(t)en; (2) der *„Karibische Archipel"* (Caribbean Archipelago, Archipiélago Caribeño) umfasst alle weiteren karibischen Inseln samt den vier Festland-Staaten/Territorien der drei Guyanas und Belize und (3) das

[6] Vgl. dazu *Pollard, D.* Revisiting Chaguaramas, in: CARICOM Perspective, Juni 1996, S. 88.

[7] Vgl. dazu nachstehend auf S. 9 ff.

[8] Vgl. dazu nachstehend auf S. 9 ff.

[9] *Pollard* (Fn. 2), S. 103 ff.

[10] Vgl. dazu *Brewster, H. – Thomas, C.* The Dynamics of West Indian Economic Integration (1973).

„*Karibische Becken*“ (Caribbean Basin, Cuenca del Caribe) umfasst die restlichen anliegenden Festland-Staaten der Karibischen See.[11]

Daneben ist – wie bereits im Vorwort erwähnt – aus *politischer* Sicht eine britische, französische, niederländische, dänische und (ehemals) spanische Karibik zu unterscheiden, je nachdem, um welche „koloniale Mutter“ es sich bei diesen Dependenzen gehandelt hatte.

Die unterschiedlichen Schreibweisen und Bezeichnungen der einzelnen Länder, die im Zuge dieser Arbeit verwendet wurden, stammen vom jeweils dafür herangezogenen Quellenmaterial selbst.

2. Integration in der Karibik und in der Ostkaribik

2.1. „West Indies Federation“ (1958-1962)

Das Aufbrechen der im Jahre 1958 von zehn noch nicht unabhängigen Territorien[12] gegründeten „*Westindischen Föderation*“ im Mai 1962 führte bereits im August desselben Jahres zur Unabhängigkeit Jamaicas und Trinidad & Tobagos als erste karibische Staaten, die sich von ihrer „kolonialen Mutter“ Großbritannien lösen und ihre Eigenstaatlichkeit erreichen konnten.[13] Im Zuge der Proklamation ihrer Unabhängigkeit schlug die Regierung von Trinidad & Tobago die Gründung einer „*Caribbean Community*“ vor, die nicht nur aus den zehn Mitgliedern der früheren „Westindischen Föderation“, sondern auch aus den drei Festland-Guianas sowie allen Inseln der karibischen See bestehen sollte. Um diesen Vorschlag näher zu diskutieren, lud die Regierung von Trinidad & Tobago im Juli 1963 die erste „Heads of Government Conference“ nach Trinidad & Tobago ein, die von den Regierungschefs von Barbados, British Guiana, Jamaica und Trinidad & Tobago selbst besucht wurde.

Der Untergang der „Westindischen Föderation“ im Jahre 1962 führte aber auch zu einer verstärkten Zusammenarbeit der acht Inseln der Ostkaribik - Antigua, Barbados, Dominica, Grenada, Montserrat, St. Kitts/Nevis, St. Lucia, St. Vincent & Grenadines die sich zu einer „*Ostkaribischen Föderation*“ (East Caribbean Federation) zusammenzuschließen versuchten, um damit ihre Verhandlungsposition gegenüber der britischen Krone zu verbessern. Dieses Projekt einer „Ostkaribischen Föderation“ und die Schaffung eines neuen unabhängigen Staates der „*West Indies Federation*“ scheiterte aber im April 1965,

[11] Vgl. *Müllerleile, C.* El CARICOM en la integración de los Estados caribeños. Progresos y obstáculos (1995), S. 15.

[12] Antigua, Barbados, Dominica, Grenada, Jamaica, Montserrat, St. Kitts-Nevis-Anguilla, St. Lucia, St. Vincent und Trinidad & Tobago.

[13] Vgl. *Lehmann* (Fn. 4), S. 285; vgl. dazu grundlegend *Francis, L.* Caribbean Community States and State Succession, in: Ramcharan, B. G. – Francis, L. B. (Hrsg.), Caribbean Perspectives on International Law and Organizations (1989), S. 84 ff.

da sich weder die acht selbstregierenden Territorien über die entscheidenden Fragen der staatsrechtlichen Gestaltung des neuen Gemeinwesens einigen konnten, noch sich die britische Regierung in der Lage sah, die entsprechenden (finanziellen) Unterstützungsmaßnahmen für dieses neue Staatswesen zu leisten. Aus diesem Grunde suchte Barbados – der Hauptinitiator der „West Indies Federation" – seine Interessen außerhalb der geplanten Föderation zu wahren und erreichte als erster Staat der *Ostkaribik* Ende November 1966 seine volle Unabhängigkeit von der britischen Krone.[14]

2.2. Karibik (CARIFTA) (1968)

Im Zuge dieser politischen Unabhängigkeitsbestrebungen wurde aber auch der Gedanke einer wirtschaftlichen Integration als weiteres Element der Emanzipation von der „kolonialen Mutter" Großbritannien ventiliert.[15] Den ersten Schritt zur Ausformung einer solchen regionalen Präferenzzone zwischen einigen Staaten in der Karibik stellte der *„Dickenson Bay–Vertrag"* (Antigua) vom 15. Dezember 1965[16] dar, in dem sich die gerade unabhängig gewordenen Staaten Antigua und Barbuda, Barbados und British Guiana (Guayana) verpflichteten, untereinander bis zum Jahre 1968 eine „Karibische Freihandelszone" auf der Basis des Art. XXIV GATT[17] zu etablieren. Vom Beitritt zu dieser als „offener Vertrag" konzipierten Übereinkunft machte in der Folge aber nur Trinidad & Tobago Gebrauch, das am 1. Mai 1968 den Gründungsvertrag der „Karibischen Freihandelszone" ratifizierte. Dieser Tag wird als Beginn des Inkrafttretens der *„Karibischen Freihandelsassoziation"* (*Caribbean Free Trade Association, CARIFTA*) zwischen Antigua, Barbados, Guyana und Trinidad & Tobago angesehen. Zeitgleich wurde auch das „Commonwealth Caribbean Regional Secretariat" in Georgetown (Guyana) errichtet. Zum Abschluss eines Immunitäten- und Privilegien-Protokolls kam es aber erst 1970.[18]

---

[14] Vgl. *Hummer, W.* Wirtschaftliche Integration in Lateinamerika und der Karibik, Sonderband, hrsg. von der Auslandsabteilung der OBERBANK/Linz (1977), S. 6.

[15] Vgl. *Menon, P. K.* Regional Integration: A case study of the Caribbean Community, in: Caribbean Law Review 1995, 81 ff.; *Müllerleile, C.* Die Integration der CARICOM-Staaten (1993), S. 57.

[16] Agreement establishing the Caribbean Free Trade Association, Principal Agreement, unterzeichnet in Dickenson Bay, Antigua am 15. Dezember 1965, das am selben Tag in Kraft getreten ist; Text in: 7 ILM September 1968, S. 935 ff.; *Pollard* (Fn. 3), S. 51 ff.; vgl. dazu *Hummer, W.* Subregionale Präferenzzonen als Mittel lateinamerikanischer Integrationspolitik, in: Zeitschrift für Lateinamerika, Wien Band 8-1975, S. 114.

[17] Vgl. dazu *Peart, D.* Caribbean Community States and the GATT, in: Ramcharan, B. G. – Francis, L. B. (Hrsg.), Caribbean Perspectives on International Law and Organizations (1989), S. 185 ff.

[18] Protocol on the Legal Capacity, Privileges and Immunities of the CARIFTA, vom 25. November 1970; CARICOM Secretariat (Hrsg.), Matrix of Agreements, Lose-

Am 1. Juli 1968 traten Dominica, Grenada, St. Kitts-Nevis-Anguilla, St. Lucia und St. Vincent & Grenadines und am 1. August 1968 Jamaica und Montserrat der CARIFTA bei. Nachdem im Mai 1971 auch Belize (das frühere British Honduras) der CARIFTA beigetreten war, waren damit alle ursprünglichen „*Commonwealth Caribbean*"-Territorien[19] – mit Ausnahme der britischen Jungferninseln und der Bahamas – Mitglieder der CARIFTA, die somit zwölf Mitgliedstaaten – allerdings mit unterschiedlichem staats- und völkerrechtlichen Status – umfasste: Barbados, Grenada, Guyana, Jamaica und Trinidad & Tobago waren *souveräne Staaten*, Antigua, Dominica, St. Kitts-Nevis-Anguilla, St. Lucia und St. Vincent hatten einen "*associated status*" mit Großbritannien[20] und Montserrat und Belize waren völkerrechtlich nach wie vor *Kolonien* Großbritanniens.[21]

Was die *Streitbeilegung* in der CARIFTA betraf, so enthielt Art. 26 CARIFTA-Vertrag ein eigenes außergerichtliches Streitbeilegungsverfahren, das aus „*Allgemeinen Konsultationen*" (General Consultations) und einem eigenen „*Beschwerdeverfahren*" (Complaints Procedure) bestand. Sollte ein Mitgliedstaat der Ansicht sein, dass ihm von einem anderen Mitgliedstaat Vorteile aus dem Gemeinsamen Markt vorenthalten werden, dann konnte er die Angelegenheit dem Ministerrat unterbreiten (Abs. 1). Der Ministerrat konnte in der Folge mit absoluter Mehrheit seiner Stimmen entsprechende Lösungsvorschläge (arrangements) ausarbeiten, oder aber die Angelegenheit einem „*Untersuchungskomitee"* (Examining Committee) iSv Art. 27 CARIFTA-Vertrag vorlegen (Abs. 2). Die Mitglieder dieses Untersuchungskomitees wurden vom Ministerrat durch Mehrheitsentscheidung auf Grund ihrer Sachkompetenz und persönlichen Integrität ausgewählt und waren weisungsfrei (Art. 27).

Auf der Basis seiner eigenen Feststellungen und im Lichte der Erkenntnisse eines eventuell eingesetzten Untersuchungskomitees richtete der Ministerrat in der Folge – mit einfacher Mehrheit – entsprechende Empfehlungen (recommendations) an die betreffenden Streitparteien (Art. 26 Abs. 3). Falls ein Mitgliedstaat nicht fähig oder willens war, den Empfehlungen nachzukommen, dann konnte der Ministerrat – falls er zugleich eine Vertragsverletzung festgestellt hatte - jeden Vertragsstaat ermächtigen, seine Leistungen aus dem Vertrag gegenüber dem Verletzerstaat in dem Umfang auszusetzen, den er zuvor festgelegt hatte (Abs. 4).

blatt (letzter Stand: 31. Mai 2005), S. 81; dieses Abkommen wurde am 29. Jänner 1976 aufgekündigt und durch ein neues ersetzt, op. cit., S. 43 f.

19 Vgl. dazu *Leuteritz, K.* Die Verfassungen karibischer Commonwealth-Staaten, in: VRÜ 1996, S. 139 ff.

20 Bei voller interner Selbstregierung nahm das Vereinigte Königreich für diese Einheiten die Bereiche Verteidigung und auswärtige Beziehungen wahr.

21 Vgl. *Geiser/Alleyne/Gajraj* (Fn. 1), S. 21 ff.; *Benn, D.* The Caribbean Community: The Internal Environment. The Geographical, Economic and Political Legacy, in: BID/INTAL/Caribbean Community Secretariat (Hrsg.), Ten Years of CARICOM (1984), S. 27 ff.

2.3. Ostkaribik (ECCM, OECS, ECSC)

2.3.1. „Ostkaribischer Gemeinsamer Markt“ (ECCM) (1968)

Die sechs ostkaribischen „Assoziierten Staaten des Vereinigten Königreichs“ (Antigua, Dominica, Grenada, St. Kitts/Nevis, St. Lucia, St. Vincent & Grenadines) und Montserrat – Territorien der früheren britischen Antillen (Leewards und Windwards Islands) – schlossen wenige Wochen nach dem Inkrafttreten der CARIFTA am 11. Juni 1968 den Vertrag zur Schaffung des *„Ostkaribischen Gemeinsamen Marktes“* (*East Caribbean Common Market*, ECCM)[22], mittels dessen sie sich nicht nur zu einem eigenen „subregionalen“ Präferenzraum[23] innerhalb der CARIFTA zusammenschlossen,[24] sondern auch ein eigenes Streitbeilegungssystem ausbildeten.

Gem. Art. 20 des ECCM-Vertrages wurde – ganz ähnlich wie im vorerwähnten Art. 26 CARIFTA-Vertrag – ein *Streitschlichtungssystem* eingeführt, das aus *„Allgemeinen Konsultationen“* (General Consultations) und einem eigenen *„Beschwerdeverfahren“* (Complaint Procedure) bestand. Sollte ein Mitgliedstaat der Ansicht sein, dass ihm von einem anderen Mitgliedstaat Vorteile aus dem Gemeinsamen Markt vorenthalten werden, dann konnte er die Angelegenheit dem Ministerrat des ECCM unterbreiten (Abs. 1). Der Ministerrat konnte in der Folge mit absoluter Mehrheit seiner Stimmen entsprechende Lösungsvorschläge ausarbeiten, oder aber die Angelegenheit einem *„Untersuchungskomitee“* (Examining Committee) iSv Art. 21 ECCM-Vertrag vorlegen (Abs. 2). Die Mitglieder dieses Untersuchungskomitees wurden vom Ministerrat durch Mehrheitsentscheidung aufgrund ihrer Sachkompetenz und persönlichen Integrität ausgewählt und waren weisungsfrei (Art. 21).

Auf der Basis seiner eigenen Feststellungen und im Lichte der Erkenntnisse eines eventuell eingesetzten Untersuchungskomitees richtete der Ministerrat in der Folge – mit einfacher Mehrheit – entsprechende Empfehlungen an die betreffenden Streitparteien (Art. 20 Abs. 3). Falls ein Mitgliedstaat nicht fähig oder willens war, den Empfehlungen nachzukommen, dann konnte der Ministerrat – falls er zugleich eine Vertragsverletzung festgestellt hatte – jeden Vertragsstaat ermächtigen, seine Leistungen aus dem Vertrag gegenüber dem Verletzerstaat in dem Umfang auszusetzen, den er zuvor festgelegt hatte (Abs. 4).

Jeder Mitgliedstaat konnte gem. Art. 20 Abs. 5 ECCM-Vertrag in einem laufenden Beschwerdeverfahren den Ministerrat ersuchen, aus dringenden

---

[22] 20 ILM 1980, S. 1176 ff.; vgl. *Hummer* (Fn. 16), S. 116 ff.; der Text des ECCM ist dem Vertrag von Basseterre (1981) zur Gründung der OECS (Fn. 25) als Annex 1 angefügt; *Pollard* (Fn. 3), S. 381 ff.

[23] Vgl. dazu *Hummer* (Fn. 16), S. 51; vgl. dazu allgemein *Hummer* (Fn. 14), S. 131 ff.; *Hummer, W.* Integration in Lateinamerika und der Karibik. Aktueller Stand und zukünftige Entwicklungen, in: VRÜ 1/2005, S. 11 ff.

[24] Vgl. *Müllerleile* (Fn. 11), S. 197 ff.

Gründen eine einstweilige Verfügung anzuordnen, um seine eigenen Rechte zu schützen. Stellte der Ministerrat mit Mehrheit fest, dass die Umstände kritisch genug waren, um eine einstweilige Verfügung zu rechtfertigen, dann konnte er diesen Vertragsstaat dazu ermächtigen, seine Leistungen aus dem Vertrag in dem Umfang auszusetzen, den er zuvor festgesetzt hatte.

2.3.2. „Organisation der Ostkaribischen Staaten" (OECS) (1981)

Nachdem sich neun ostkaribischen Staaten zur weiteren Dynamisierung ihrer Integrationsbemühungen am 18. Juni 1981 durch den Vertrag von Basseterre (St. Kitts & Nevis) auch zur *„Organisation der Ostkaribischen Staaten"* (Organization of Eastern Caribbean States, OECS)[25] vereinigt hatten,[26] formten sie nicht nur eine *Währungsunion* mit einer eigenen Währung (East Caribbean Dollar, EC$),[27] ein eigenes *Sicherheitssystem*,[28] einen freien *Zahlungs-* und *Kapitalverkehr* aus, sondern richteten auch ein eigenes *Streitbeilegungssystem* ein. Gem. Art. 14 des Vertrages von Basseterre (1981) war jede Auslegungs- und Anwendungsstreitigkeit in Bezug auf den Gründungsvertrag der OECS zunächst durch *direkte Verhandlungen* beizulegen (Abs. 1). Sollten die Verhandlungen innerhalb von drei Monaten zu keinem Erfolg geführt haben, dann war jede der Streitparteien berechtigt, das im Annex A zum Gründungsvertrag vorgesehene *Vergleichsverfahren* in Anspruch zu nehmen, indem sie diese ihre Absicht dem Generalsekretär der OECS mitteilte (Abs. 2). Gemäß Abs. 3 anerkannten die Vertragsparteien dieses Vergleichsverfahren als verbindlich und unterwarfen sich der Sachentscheidung oder Empfehlung der *„Vergleichskommission"* (Conciliation Commission), die somit für beide Streitparteien bindend und endgültig ist.[29]

Gemäß Annex A hat der Generalsekretär der OECS eine Liste qualifizierter Juristen zu erstellen, die ihm von den jeweiligen Vertragsparteien eingemeldet wurden (zwei „conciliators" pro Vertragsstaat). Die Funktionsdauer eines „conciliators" betrug fünf Jahre und war erneuerbar. Der Generalsekretär hatte die an ihn herangetragene Bitte um Einleitung eines Vergleichsverfahrens

---

25 20 ILM 1980, S. 1166 ff.; *Pollard* (Fn. 3), 367 ff.

26 Vgl. *Emmanuel, P.* Community within a Community: The OECS Countries, in: Ramcharan, B. G. – Francis, L. B. (Hrsg.), Caribbean Perspectives on International Law and Organizations (1989), S. 402 ff.

27 Vgl. dazu *Chernick, S.* (Coordinating Author), The Commonwealth Caribbean. The Integration Experience. Report of a mission sent to the Commonwealth Caribbean by the World Bank (1978), S. 43 ff.

28 Vgl. *Lewis, V.* International, national and regional Security arrangements in the Caribbean, in: Bryan/Greene/Shaw (Hrsg.), Peace, Development and Security in the Caribbean (1990), S. 289 ff.; *Searwar, L.* The Security of Caribbean Community States, in: Ramcharan, B. G. – Francis, L. B. (Hrsg.), Caribbean Perspectives on International Law and Organizations (1989), S. 79 f.

29 Vgl. *Menon, P. K.* The Organization of Eastern Caribbean States, in: Ramcharan, B. G. – Francis, L. B. (Hrsg.), Caribbean Perspectives on International Law and Organizations (1989), S. 428 ff.

an eine „Vergleichskommission" zu überweisen, die folgendermaßen zusammengesetzt war: Eine Streitpartei hat einen „conciliator" ihrer Staatsangehörigkeit entweder aus der Liste oder außerhalb derselben zu wählen sowie einen weiteren, der nicht ihrer Staatsangehörigkeit sein durfte, aber dafür aus der Liste genommen werden musste. Die andere Streitpartei bestimmt nach demselben Verfahren ebenfalls zwei „conciliators", wobei dieser Vorgang innerhalb von 30 Tagen abgeschlossen sein musste. Die vier „conciliators" hatten danach – ebenfalls innerhalb von 30 Tagen – einen fünften Schiedsrichter aus der Liste auszuwählen, der den Vorsitz zu übernehmen hatte. Wurden diese Fristen nicht eingehalten, dann hatte der Generalsekretär die entsprechenden Ernennungen vorzunehmen, die im Falle des Vorsitzenden – neben einem „conciliator" von der Liste – auch einen solchen aus dem Mitgliederstand der „*International Law Commission*" (ILC)[30] betreffen konnten.

Die Vergleichskommission gab sich ihre eigene Verfahrensordnung. Sie konnte – mit Zustimmung beider Streitparteien – auch Dritte auffordern, „amicus curiae briefs" entweder schriftlich oder mündlich abzugeben. Entscheidungen oder Empfehlungen wurden von der Vergleichskommission mit (absoluter) Mehrheit gefasst. Nach sechs Monaten hatte die Kommission ihre Entscheidung bekannt zu geben, die den Streitparteien zugestellt und beim Generalsekretär hinterlegt wurde. Diese Entscheidung war für beide Streitparteien verbindlich.

Erstmals 1991 und danach 2001 kamen die Mitgliedstaaten der OECS überein, unter sich einen „*Gemeinsamen Markt*" (OECS Single Market, OSM) auszubilden, der eine volle Mobilität aller Produktionsfaktoren garantieren und auch ein eigenes Streitbeilegungssystem enthalten sollte. Dieses Projekt ging aber zunächst in dem nachstehend noch näher darzustellenden „Gemeinsamen Wirtschaftsmarkt der CARICOM" (CSME) auf.[31]

2.3.3. „Ostkaribischer Oberster Gerichtshof" (ECSC) (1967)

Bereits 1967 errichteten die neun Staaten/Territorien *der Ostkaribik* – bestehend aus sechs unabhängigen Staaten (Antigua & Barbuda, Commonwealth of Dominica, Grenada, St. Kitts & Nevis, St. Lucia, St. Vincent und die Grenadinen) und drei britischen Überseeterritorien (Anguilla, Britische Jungfern-Inseln und Montserrat), die in der Organisation West Indies Associated States (WIAS) zusammangeschlossen waren – durch die West Indies Associated States Superior Order Nr. 223 (1967) den „*Eastern Caribbean Supreme Court*" (ECSC). Dieser Gerichtshof dient der Auslegung und Anwendung der mitgliedschaftlichen Rechtsordnungen der OECS und fungiert dabei sowohl als High Court wie auch als Court of Appeal in Straf- und Zivilsachen. Trotz sei-

---

[30] Die ILC wurde 1947 errichtet und besteht aus 34 von der GV der VN gewählten weisungsungebundenen Experten, die gem. Art. 13 Abs. 1 lit. a SVN die GV, der VN vor allem bei deren Aufgabe zu unterstützen haben, die fortschreitende Entwicklung des Völkerrechts und dessen Kodifikation zu begünstigen.

[31] Vgl. dazu nachstehend auf S. 14 f.

nes formellen Sitzes in Castries (St. Lucia), tagt der ECSC rotierend in den jeweils neun Hauptstädten der Mitgliedstaaten und –territorien und hört dort die Beschwerden gegen die Entscheidungen der Magistrate bzw. District Courts.

Der ECSC besteht aus einem Chief Justice, 16 High Court Richtern und 2 Masters. Zur Besicherung der Unabhängigkeit seiner Richter, die alle aus kleinen Inseln mit traditionell eng verbundenen Familien aus einer kleinen sozialen Oberschicht stammten, gab sich der Gerichtshof auch einen eigenen „*Code of Ethics*".[32]

3. Von der CARIFTA (1968) zur „Karibischen Gemeinschaft" (CARICOM) (1973) und zum „Karibischen Gemeinsamen Markt" (CCM) (1973)

Zur weiteren Vertiefung der CARIFTA kamen die Regierungschefs der „Commonwealth Caribbean Countries" auf ihrem VIII. Treffen am 12. April 1973 in Georgetown (Guyana) überein, innerhalb der CARIFTA als Freihandelszone einen „harten Kern" in Form einer „Karibischen Gemeinschaft" (Caribbean Community, CARICOM) und eines „Karibischen Gemeinsamen Marktes" (Caribbean Common Market, CCM) – als Zollunion – auszubilden. Zu diesem Zwecke unterzeichneten sie den sog. „*Georgetown Accord*",[33] in dem sich die vier unabhängigen Mitglieder der CARIFTA Barbados, Guyana, Jamaica und Trinidad & Tobago verpflichteten, die CARICOM mit 1. August 1973 zu etablieren, wohingegen den weniger entwickelten und noch nicht unabhängigen acht Ländern dafür eine Frist bis zum 1. Mai 1974 eingeräumt wurde.

Bereits am 4. Juli 1973 wurde von Barbados, Guyana, Jamaica und Trinidad & Tobago auf einer Konferenz in Chaguaramas (Trinidad & Tobago)[34] der Vertrag zur Gründung der „*Karibischen Gemeinschaft*" (CARICOM) unterzeichnet, der – wie in seinen Art. 23 und 24 vorgesehen – am 1. August 1973 als „*Treaty of Chaguaramas*"[35] zunächst nur zwischen diesen vier Staaten in Kraft trat. Als Annex wurde dem „Treaty of Chaguaramas" noch die Über-

---

[32] http://www.eccourts.org/publications/codeofconduct.html; vgl. dazu auch Dok. 6.

[33] Englischer Text in: INTAL (Hrsg.), Derecho de la integración Nr. 14, November 1973, S. 187 ff.; *Geiser/Alleyne/Gajraj* (Fn. 1), S. 185 ff.

[34] Für den Text der Schlussakte dieser Konferenz siehe *Geiser/Alleyne/Gajraj* (Fn. 1), S. 224 f.

[35] Treaty establishing the Caribbean Community, 4th July, 1973, Georgetown, Caribbean Community Secretariat (1973); Text in: ILM Vol. XII, September 1973, S. 1033 ff.; CARICOM Secretariat (Fn. 18), S. 89; *Geiser/Alleyne/Gajraj* (Fn. 1), S. 190 ff.; *Pollard* (Fn. 3), S. 186 ff.; das Immunitäten- und Privilegienprotokoll (1985) trat am 15. Januar 1990 in Kraft; CARICOM Secretariat (Fn. 18), S. 71 f.

einkunft zur Errichtung eines „*Karibischen Gemeinsamen Marktes*“ (CCM)[36] angefügt, ein Gebilde, das mit einer eigenen Rechtspersönlichkeit ausgestattet war, sodass es möglich war, Mitglied in einer, aber nicht zugleich auch in der anderen Organisation zu sein. Mit Ausnahme der Bahamas ratifizierten aber alle CARICOM-Staaten auch den CCM-Vertrag.[37]

Inhaltlich erweckte die Begrifflichkeit „*Gemeinsamer Markt*“ die Erwartung, dass im CCM eine freie Mobilität der Produktionsfaktoren - etwa in der Form eines „Gemeinsamen Marktes“ bzw. „Binnenmarktes“ iSv Art. 14 Abs. 2 EGV - herrschen würde, was aber nicht der Fall war. GATT-rechtlich handelte sich beim CCM lediglich um eine Zollunion iSv Art. XXIV GATT in statu nascendi.

Durch die Errichtung der CARICOM und des CCM wurde die CARIFTA entscheidend geschwächt, da die vier Gründerstaaten der CARICOM die anderen acht CARIFTA-Staaten aufforderten, dieser ebenfalls beizutreten, was diese – sukzessive – auch taten. Vertragsrechtlich handelte es sich dabei um einen Fall nacheinander abgeschlossener Verträge über denselben *Gegenstand* iSv Art. 30 der Wiener Vertragsrechtskonvention (1969)[38], organisationsrechtlich um den Fall der Sukzession einer Organisation durch eine andere. Im Zuge dieser Organisationssukzession der CARIFTA durch die CARICOM stellte sich naturgemäß die Frage, wann denn dieser Vorgang einer „transition“[39] definitiv abgeschlossen wurde. Mit dem Beitritt Antiguas zur CARICOM am 4. Juli 1974 war das vorletzte CARIFTA-Mitglied aus derselben ausgetreten, sodass die CARIFTA durch diesen Schritt unterging. Sie ging daher nicht, wie in der Literatur des öfteren fälschlicherweise behauptet wird,[40] mit dem Beitritt des letzten CARIFTA-Staates St. Kitts-Nevis-Anguilla zur CARICOM unter, sondern löste sich bereits mit dem Austritt ihres *vorletzten* Mitgliedstaates Antigua auf, da bei einem solchen „fade out“ ein einziger verbleibender Mitgliedstaat das Vertragsziel – nämlich die weitere Ausbildung einer Freihandelszone – (faktisch) nicht mehr gewährleisten kann. Damit bestand die CARICOM neben der CARIFTA für den Zeitraum vom 1. August 1973 bis zum 4.

---

[36] Text in: ILM Vol. XII, September 1973, S. 1044 ff.; *Geiser/Alleyne/Gajraj* (Fn. 1), S. 199 ff.

[37] Vgl. *Menon* (Fn. 29), S. 102; *Dundas, C. W.* Ensayos acerca del derecho y la práctica de la CARICOM (incluyendo el Mercado Común), in: INTAL (Hrsg.), Integración latinoamericana Nr. 44, März 1980, S. 51; für sozio-ökonomische Basisdaten der CARICOM siehe *Klinger Pevida, E.* El proceso de integración caribeño: CARICOM, in: Diplomacia, Nr. 84, julio – septiembre 2000, S. 35 ff.

[38] Vgl. dazu *Hummer, W.* Zum weiteren Schicksal des Vertrages über eine Verfassung für Europa, in: JRP 4/2005, S. 257 ff.

[39] *Geiser/Alleyne/Gajraj* (Fn. 1), S. 53

[40] Vgl. dazu die Ausführungen bei *Geiser/Alleyne/Gajraj* (Fn. 1), S. 55 und 57 Fn. 14 und bei *Dundas, C. W.* The Law of the Caribbean Community, in: Ramcharan, B. G. – Francis, L. B. (Hrsg.), Caribbean Perspectives on International Law and Organizations (1989), S. 232 ff.

Juli 1974. Mit diesem Tag ging die CARIFTA im spezielleren Vertragswerk der CARICOM und dessen CCM auf.

Die CARICOM und der ihr angeschlossene CCM übten aber auch gegenüber dem vorerwähnten „*Ostkaribischen Gemeinsamen Markt*" (ECCM) einen starken Sog aus, der in der Folge zu einer Organisationssukzession des ECCM durch die CARICOM und ihren CCM führte, hinsichtlich derer Art. 67 des CCM-Vertrages allerdings bestimmte, dass dadurch die im CCM bereits erreichten Integrationsgewinne nicht verloren gehen dürfen. Unter diesen Voraussetzungen traten dann auch die Mitgliedstaaten des „Gemeinsamen Marktes der Ostkaribik" der CARICOM und ihrem Gemeinsamen Markt bei.[41]

Zu den bisherigen CARICOM-Staaten kam mit Surinam am 4. Juli 1995 der vierzehnte *Mitgliedstaat* hinzu und mit Haiti wurde am 3. Juli 2002 der erste französischsprachige Staat der Karibik Mitglied der CARICOM. Im Juli 1991 wurden die britischen Jungfern-Inseln und die Turks & Caicos Inseln *Assoziierte Mitglieder* der CARICOM, denen Anguilla im Juli 1992 folgte. Die Cayman Inseln wurden im Mai 2002 assoziiert und Bermuda anschließend im Juli 2003.

4. Die Streitbeilegung in der CARICOM und im CCM

4.1. CARICOM

Art. 19 CARICOM-Vertrag, der mit der Überschrift „*Settlement of Disputes*" versehen war, bestimmte in diesem Zusammenhang, dass jede Streitfrage, die die Auslegung und Anwendung des CARICOM-Vertrages betrifft, grundsätzlich – allerdings vorbehaltlich speziellerer Regelungen, wie vor allem derjenigen in den Art. 11 und 12 CARICOM-Vertrag – von der Konferenz geregelt („determined") wird. Damit war die aus den Staats- und Regierungschefs zusammengesetzte "*Konferenz*" (Art. 7 CARICOM-Vertrag) – das höchste politische Organ der CARICOM – grundsätzlich für die Streitaustragung zuständig, wobei dieser eine beinahe unbeschränkte Streitschlichtungskompetenz überbunden wurde (arg. „determined"), die letztlich auch die Verweisung einer Streitsache an ein (Schieds-)Gericht umfasste.[42] Der CARICOM-Vertrag selbst verzichtet aber auf die Einsetzung eines eigenen (Justiz-)Organs zur Streitbeilegung.

Da die „Konferenz" in ihrer Beschlussfassung aber unter dem Einstimmigkeitserfordernis stand, war es der Streitpartei, die einen negativen Ausgang eines Verfahrens vor der Konferenz befürchtete, ohne weiteres möglich, mit ihrem Veto das Ergehen einer solchen Entscheidung zu verhindern. Allein

---

[41] Vgl. *Geiser/Alleyne/Gajraj* (Fn. 1), S. 56; vgl. auch *Müllerleile* (Fn. 11), S. 180 ff.
[42] *Geiser/Alleyne/Gajraj* (Fn. 1), S. 162.

schon daraus ist ersichtlich, dass dieser Streitbeilegungsmechanismus nicht entsprechend funktionieren konnte.[43]

4.2. CCM

Ganz anders stellt sich die Situation im Hinblick auf den der CARICOM angegliederten *„Karibischen Gemeinsamen Markt“* (CCM)[44] dar.[45] Gem. Art. 7 Abs. 1 lit. b) des Common Market Annex war zunächst der Rat - das Hauptorgan des CCM - für ein effektives Funktionieren und die geordnete Weiterentwicklung des Gemeinsamen Marktes zuständig – einschließlich der Lösung aller dabei entstehenden Probleme. Im Speziellen hatte er die bei ihm eingehenden Behauptungen über vermutete Verletzungen der Verpflichtungen aus dem Gemeinsamen Markt zu prüfen und danach darüber zu entscheiden (Art. 7 Abs. 1 lit. d). Im Falle einer formellen Beschwerde eines Mitgliedstaates gegen einen anderen Mitgliedstaat wegen eines Vertragsbruches hatte der Rat auch die Möglichkeit, nicht selbst zu entscheiden, sondern gegebenenfalls ein *„Ad-hoc-Schiedgericht“* einzurichten, dessen Verfahren sich nach den Bestimmungen der Art. 11 und 12 des Common Market Annex zu richten hatte.[46]

Gem. Art. 11 konnte jeder Mitgliedstaat eine Staatenbeschwerde wegen einer *Vertragsverletzung* – die entweder „an imminent or present frustration of a benefit conferred on a Member State by the Annex“ oder „an imminent or present frustration of an objective of the Common Market“[47] sein musste – an den Rat herantragen, der den Streitfall dann zu erwägen hatte. In diesem Zusammenhang konnte er den Streitfall aber auch – falls dies von einer der Streitparteien gewünscht wurde – an das gem. Art. 12 einzurichtende „Ad-hoc-Tribunal“ herantragen (Abs. 2). Stellten entweder der Rat oder das Tribunal eine entsprechende Vertragsverletzung fest, dann konnte der Rat durch (bloßen) Mehrheitsbeschluss an den Verletzerstaat entsprechende Empfehlungen richten (Abs. 3). Konnte der betroffene Mitgliedstaat diesen Empfehlungen nicht nachkommen, dann war der Rat in der Lage, jeden Mitgliedstaat dazu zu ermächtigen, gegenüber dem säumigen Mitgliedstaat diejenigen Vertragspflichten zu suspendieren, die der Rat als angemessen empfand (Abs. 4). Während jedes Stadiums dieses Verfahrens konnte ein Mitgliedstaat – unter Nachweis einer unmittelbaren Bedrohung seiner Rechtsposition – an den Rat mit der Bitte um Erlass einer *einstweiligen Verfügung* herantreten. Falls der Streitfall (ohnehin) beim Tribunal anhängig gewesen sein sollte, hatte der Rat dieses Begehren an das Schiedsgericht zur Entscheidung zu überweisen. Falls der Rat mit (einfacher) Mehrheit festgestellt hatte, dass Gefahr im Verzug sei, konnte

[43] Vgl. *Menon* (Fn. 29), S. 112 f.; *Lehmann* (Fn. 4), S. 189; *Dundas* (Fn. 40), S. 261.
[44] Text in: *Pollard* (Fn. 3), S. 196 ff.
[45] Für die alte Regelung siehe *Geiser/Alleyne/Gajraj* (Fn. 1), S. 158 ff.
[46] Vgl. *Pollard* (Fn. 3), S. 199 ff.
[47] Vgl. dazu *Geiser/Alleyne/Gajraj* (Fn. 1), S. 165 f.

er – ohne dadurch aber spätere Maßnahmen, die auf der Basis der vorstehenden Absätze von Art. 11 ergriffen werden, zu präjudizieren – neuerlich mit (absoluter) Mehrheit einen Mitgliedstaat ermächtigen, seine Verpflichtungen aus dem gegenständlichen Vertrag auszusetzen (Abs. 4).

Art. 12 des Common Market Annex führte die vorstehend bereits erwähnte *Einrichtung* des *„Tribunals“* wie folgt näher aus: Für die Errichtung eines „Ad-hoc-Tribunals“ war zunächst durch den Generalsekretär eine Liste qualifizierter Schiedsrichter zu erstellen. Zu diesem Zweck sollte jeder Mitgliedstaat zwei geeignete Personen benennen, die zunächst für fünf Jahre bestellt wurden (Abs. 2). Jede Streitpartei konnte aus dieser Liste einen ihr genehmen Schiedsrichter für das zu konstituierende „Ad-hoc-Tribunal“ auswählen, wobei die beiden so gewählten Richter innerhalb von 15 Tagen einen dritten Richter aus der Liste auszuwählen hatten. Soweit dies machbar war, sollte der Vorsitzende nicht dieselbe Staatsangehörigkeit wie eine der beiden Streitparteien besitzen (Abs. 3). Falls sich die beiden Richter aber nicht auf einen Vorsitzenden einigen konnten, wählte der Generalsekretär innerhalb von 15 Tagen einen solchen aus der Liste der Schiedsrichter aus, ebenso wie er das auch zu tun hatte, falls eine Streitpartei es in offener Frist unterließ, ihren Schiedsrichter auszuwählen (Abs. 4). Existierten mehr als zwei Streitparteien, dann hatte die jeweilige Gruppe von Streitführern unter sich je einen Schiedsrichter auszuwählen. Unterblieb aber eine solche Auswahl, dann hatte der Generalsekretär einen einzelnen Schiedsrichter auszuwählen, der aber nicht unbedingt von der Liste stammen musste (Abs. 5). Das Ad-hoc-Schiedsgericht gab sich seine eigene Verfahrensordnung und konnte – mit Zustimmung aller Verfahrensbeteiligten – jeden Vertragspartner dazu ermächtigen, „amicus curiae briefs“ abzugeben (Abs. 6). Der Generalsekretär hatte jedem Ad-hoc-Schiedsgericht die entsprechenden Ressourcen zur Verfügung zu stellen (Abs. 7). Die Kosten eines solchen Schiedsverfahrens wurden nach den Regeln liquidiert, die der Rat der CARICOM festzusetzen hatte (Abs. 8).

5. „Gemeinsamer Wirtschaftsmarkt der CARICOM“ (CSME) (2001)

Nachdem die Mitgliedstaaten der CARICOM bereits 1989 übereingekommen waren, unter sich ebenfalls einen „Gemeinsamen Markt“ auszubilden, fassten sie 1991 den formellen Beschluss, einen *„Gemeinsamen Wirtschaftsmarkt der CARICOM“* (CARICOM Single Market and Economy, CSME) zu gründen, „transforming CARICOM from an incomplete common market to a single market and economy“.[48] Die Staats- und Regierungschefs setzten für die Revision des vorstehend erwähnten „Vertrages von Chaguara-

[48] *Gonzales, A. P.*, in: CARICOM Report No. 1 (2002), S. 3; *Jessen, A. - Vignoles, C.* 40 Años, in: CARICOM Report No. 2 (2005), S. 17 ff.

mas" (1973) zur Gründung der CARICOM und ihres Gemeinsamen Marktes im Jahre 1992 eine „Intergouvernementale Task Force" (IGTF) ein, die aus Vertretern aller Mitgliedstaaten bestand und in der Folge neun Protokolle zur Revision dieses Vertrages ausarbeitete.[49] Auf der Konferenz der CARICOM-Staaten am 5. Juli 2001 in Nassau (Bahamas) wurden diese neun Protokolle – von denen sich drei bereits in Kraft befanden – dann in den ursprünglichen Vertrag von Chaguaramas (1973) eingearbeitet, der dadurch zum „*Revised Treaty of Chaguaramas Establishing the Caribbean Community Including the CARICOM Single Market and Economy*" (CSME) (2001)[50] (**Dok. 1**) umgestaltet wurde. In der Zwischenzeit hatten alle zwölf Mitgliedstaaten der CARICOM den „Revised Treaty" bereits ratifiziert.[51]

Art. I des "*Revised Treaty*" sowie Art. I des *Protokolls über die Revision des Vertrages von Chaguaramas*[52], das bereits im Juli 1997 in Kraft getreten war,[53] statuieren in diesem Zusammenhang textgleich die Organisationssukzession der CARICOM und ihres Gemeinsamen Marktes durch den CSME in voller Rechtskontinuität: „*The Caribbean Community and Common Market shall be succeeded by the Caribbean Community including the Caricom Single Market and Economy, which shall assume the rights and obligations of the Caribbean Community and Common Market*". Damit kam es auch zur Abschaffung der Zweiteilung zwischen der CARICOM und ihrem Gemeinsamen Markt, die nunmehr in einer einzigen Rechtsperson, nämlich der CSME aufgingen.[54]

6. Der Übergang von den Streitbeilegungsregimen in der CARICOM sowie im CCM (1973) zu denen im CSME (2001)

Der Übergang von den vorstehend dargestellten Streitbeilegungsregimen in der CARICOM (Art. 19 CARICOM-Vertrag) bzw. im „Karibischen Gemeinsamen Markt" (Art. 11 und 12 CCM-Vertrag) in die Regime des „Gemeinsamen Wirtschaftsmarktes der CARICOM" (CSME) ist ausgesprochen schwer nachzuvollziehen, da sich die Gründungsväter der CSME dabei keiner konsistenten Methodik bedienten und vor allem die einzelnen Ersetzungs- und Derogationsvorgänge nicht expressis verbis erkenntlich machten.

Zunächst sollten durch ein Zusatzprotokoll (Protocol amending the Treaty establishing the Caribbean Community – Protocol IX: Dispute Settle-

[49] Vgl. *Pollard* (Fn. 3), S. 461.

[50] Text in: *Pollard* (Fn. 3), S. 472 ff.; http://www.caricom.org/informations services/treaties and protocols.

[51] Vgl. dazu CARICOM Secretariat (Fn. 18), S. 82 f.

[52] Protocol on the Revision of the Treaty of Chaguaramas; http://sice.oas.org/Trade/CCME/prtrevch.asp

[53] http://www.caricom.org/treaty.html

[54] Vgl. dazu *Lehmann, J.* Wirtschaftsintegration und Streitbeilegung außerhalb Europas (2004), S. 184.

ments) vom 14. März 2000[55] die Kap. I und II des CCM-Vertrages – in dem sich die vorerwähnten Art. 11 und 12 im Kap. II befinden – durch die Bestimmungen des Zusatzprotokolls ersetzt werden (Art. II Protocol IX). Da dieses Protokoll IX aber nicht in Kraft getreten ist, kam es auch nicht zu dieser Ersetzung via Zusatzprotokoll, sondern es bedurfte zunächst der Einarbeitung des Protokolls IX in den „Revised Treaty of Chaguaramas", um diese Rechtswirkung zu erzeugen.

Nach der inhaltlichen Einarbeitung des Protokolls IX in den „Revised Treaty of Chaguaramas" (Art. 187 bis 224) – die beinahe textgleich erfolgte[56] - wurde 2002, d.h. noch vor dem Inkrafttreten des „Revised Treaty", ein eigenes *„Protokoll zur vorläufigen Anwendung"*[57] des „Revised Treaty" ausgearbeitet, das diesen Vertrag für alle Unterzeichnerstaaten vorläufig in Kraft setzte[58] – allerdings mit Ausnahme der Bestimmungen über den „Karibischen Gerichtshof" (Art. 211 bis 224), die erst mit der Ratifikation des *„Übereinkommens zur Errichtung des Karibischen Gerichtshofes"* (2001) (Dok. 2)[59] in Kraft getreten sind. Damit wurde letztlich durch die (bloße) Unterzeichnung des „Revised Treaty" für die Unterzeichnerstaaten der Effekt ausgelöst, der durch das Protokoll IX hätte erreicht werden sollen, nämlich die Ersetzung der Streitbeilegungsverfahren der CARICOM und des Karibischen Gemeinsamen Marktes (CCM) durch die Verfahren im Rahmen des „Gemeinsamen Wirtschaftsmarkts der CARICOM" (CSME) gemäß dem „Revised Treaty".

7. Streitbeilegung im CSME (2001)

In den Artikeln 187 bis 224 des „Revised Treaty" (Dok. 1) sind folgende drei unterschiedliche Streitbeilegungsverfahren vorgesehen, die nachstehend näher dargestellt werden sollen:

(1) *Außergerichtliche Verfahren* (Art. 187 bis 203);

(2) *Schiedsgerichtliches Verfahren* (Art. 204 bis 210);

(3) *Gerichtliches Verfahren* (*Karibischer Gerichtshof*) (Art. 211 bis 224).

Vorher muss allerdings noch ein Blick auf die Arten von Streitfällen geworfen werden, die durch diese drei Verfahren beigelegt werden können.

---

[55] CARICOM Secretariat (Fn. 18), S. 79.

[56] Lediglich die Art. XXVIII und XXIX des Protokolls IX wurden zusammengefasst und dem „Revised Treaty" als Art. 211 eingefügt.

[57] Protocol on the Provisional Application of the Revised Treaty of Chaguaramas, vom 4. Februar 2000; am selben Trag in Kraft getreten; CARICOM Secretariat (Fn. 18), S. 81; http://sice.oas.org/Trade/CCME/prtapch.asp

[58] Für eine „vorläufige Anwendung" eines Vertrages oder einzelner seiner Teile vgl. die Bestimmung des Art. 25 der Wiener Vertragsrechtskonvention 1969.

[59] Vgl. dazu nachstehend auf S. 26 f.

7.1. Arten von Streitigkeiten

Neben der in der Präambel enthaltenen grundsätzlichen Verpflichtung zur friedlichen Streitbeilegung wurde in den „Revised Treaty“ (Dok. 1) in Art. 12 Abs. 8 die Bestimmung aufgenommen, dass „the Conference may consider and resolve disputes between Member States“. Die damit der „*Konferenz*“ überbundene allgemeine Kompetenz zur Streitbeilegung erinnert an den vorerwähnten Art. 19 CARICOM-Vertrag[60] und „stellt insofern ein Relikt des alten Vertrages dar“.[61] Im allgemeinen Kap. IX über Streitbeilegung (Art. 187 bis 224 des „Revised Treaty“) werden die Vertragsbestimmungen dann allerdings konkreter, ohne dabei aber der „Konferenz“ oder dem „Rat“ eine spezifische Kompetenz zuzuschreiben.

Gemäß Art. 187 des „Revised Treaty“ findet das Streitbeilegungssystem des Kap. IX (Art. 187 bis 224) auf alle *Streitigkeiten* über die Auslegung und Anwendung des „Revised Treaty“ Anwendung, vor allem aber auf:

(1) Annahmen bzw. Behauptungen, dass eine tatsächliche oder beabsichtigte Maßnahme eines Mitgliedstaates mit den Zielen der Gemeinschaft unvereinbar ist;

(2) Annahmen bzw. Behauptungen einer Verletzung oder ernsthaften Gefährdung der Vorteile, die sich aus dem Gemeinsamen Markt ergeben;

(3) Annahmen bzw. Behauptungen, dass ein Gemeinschaftsorgan ultra vires gehandelt hat; oder

(4) Annahmen bzw. Behauptungen, dass die Ziele des Vertrages vereitelt oder gefährdet werden.

Egal welcher Art der Streitbeilegung sich die Parteien auch bedienen möchten, sind diese zunächst gemäß Art. 190 Abs. 1 des „Revised Treaty“ dazu verpflichtet, dem Generalsekretär der CARICOM davon Mitteilung zu machen, dass zwischen ihnen ein „*Streit*“ (dispute) entstanden ist.

7.2. „Meinungsverschiedenheiten“ versus „Streitfall“

Was die Entstehung eines solchen „Streites“ betrifft, ist zunächst folgende Vorbemerkung zu machen. Nicht jede Meinungsverschiedenheit artet zu einem „Streit“ (dispute) aus. Als Elemente eines solchen muss zunächst eine Meinungsverschiedenheit zwischen zwei oder mehreren Parteien vorliegen, die sich auf eine zwischen diesen bestehende oder bestanden habende Beziehung erstreckt und bei der es um unterschiedliche Rechtsansichten oder Interessenslagen geht.[62] Die Meinungsverschiedenheit kann sich daher auf eine tatsächli-

---

[60] Vgl. dazu vorstehend auf S. 11 f.

[61] *Lehmann* (Fn. 54), S. 191.

[62] Gemäß der ständigen Judikatur des StIGH/IGH ist ein “*Streitfall*” ein “disagreement on a point of law or fact, a conflict of legal views or of interests between two persons”; vgl. PCIJ, *Mavrommatis Palestine Concessions*, PCIJ 1924, Series A, No. 2,

che oder rechtliche Frage beziehen oder aber unterschiedliche Interessen oder Verhaltenserwartungen der Parteien betreffen. Dabei sind grundsätzlich (justiziable) Rechtsfragen von (nicht-justiziablen) politischen Fragen zu unterscheiden, die keiner rechtlichen, sondern nur einer politischen Lösung mit diplomatischen Mitteln zugänglich sind.

Zu einem Streit(fall) im rechtlichen Sinn wird eine solche Meinungsverschiedenheit aber erst dann, wenn sie sich zu einem Konflikt entwickelt, in dem beide Seiten formelle Positionen beziehen. Zu einem solchen „critical date"[63] entschließt sich nämlich eine der beiden Parteien, den Streit nunmehr (schieds-)gerichtlich austragen zu lassen und damit verfahrensmäßig die Rolle des „Klägers" zu übernehmen, womit sie die andere zugleich zum Beklagten macht.[64] Als Kläger trägt sie dabei aber das Risiko der Beweislast, ein Umstand, der Parteien einer Meinungsverschiedenheit immer wieder zögern lässt, aktiv zu werden und den Disput zu einem Streitfall eskalieren zu lassen. Sie „pokern" so lange, bis eine der Parteien die Nerven verliert und klagt – dann aber die ganze Beweislast zu tragen hat.

7.3. Außergerichtliche Verfahren

Gem. Art. 188 Abs. 1 des „Revised Treaty" (Dok. 1) sind die in Art. 187 spezifizierten Streitigkeiten allein durch folgende außergerichtliche und gerichtliche *Mittel* der *Streitbeilegung* – die sich an die in Art. 33 Abs. 1 SVN genannten Mittel der friedlichen Streitbeilegung anlehnen – nämlich (a) *Gute Dienste* (good offices), (b) *Vermittlung* (mediation), (c) *Konsultationen* (consultations), (d) *Vergleich* (conciliation), (e) *Schiedsgerichtsbarkeit* (arbitration) und (f) *Gerichtsbarkeit* (adjudication) zu lösen.

Außerhalb der obligatorischen Zuständigkeit des nachstehend noch näher darzustellenden „Karibischen Gerichtshofes" iSv Art. 211 können diese Mittel unterschiedslos je nach Wahl der Streitparteien eingesetzt werden (Art. 188 Abs. 4). Es besteht daher keine zwingende Reihenfolge, in der diese Mittel

S. 11; ICJ, *East Timor (Portugal v. Australia)*, ICJ Reports (1995), S. 100; vgl. dazu *Behrens, P.* Alternative Methods of Dispute Settlement in International Economic Relations, in: Petersmann, E.-U. – Jaenicke, G. (Hrsg.), Adjudication of International Trade Disputes in International and National Economic Law (1992), S. 4.

63 Vgl. dazu zB ICJ, *Certain Property (Liechtenstein v. Germany)*, Preliminary Objections, 10 February 2005, Press Release 2005/4, S. 2.

64 In einer der wenigen lateinamerikanischen Studien, die sich mit dieser wichtigen Unterscheidung (überhaupt) beschäftigen, wird diesbezüglich zwischen den Begriffen „conflicto" und „controversia" unterschieden, wobei unter „*conflicto*" im Sinne obiger Differenzierung eine grundlegende Meinungsverschiedenheit und unter „*controversia*" ein formalisierter Streitfall verstanden wird; vgl. *Rimoldi de Ladmann, E.* Sistemas de solución de conflictos en los procesos de integración – El arbitraje, in: Bekerman, M. – Rofman, A. (Compiladores), Integración y sociedad en el Cono Sur. Las relaciones con el MERCOSUR y Chile (1995), S. 173 f.

etwa zu aktivieren wären. Im Vergleich zum vorigen System in der CARICOM und dem CCM sowie zu anderen Streitbeilegungsmechanismen in Lateinamerika[65] ist daher in der CSME kein zwingend zu durchlaufendes Stufenverfahren vorgesehen.

Neben diesen allgemeinen, „*bereichsunabhängigen*“ Methoden, die für jede Art von Streitfall eingesetzt werden können, enthält der „Revised Treaty“ aber auch einige spezielle, „*bereichsspezifische*“ Techniken der Streitbeilegung, wie zB im Bereich der Subventionen (Art. 98 Abs. 3 iVm Annex II) und des Anti-Dumping (Art. 125 ff.).[66]

Was die Inanspruchnahme von „*Guten Diensten*“ (Art. 191 des „Revised Treaty“) betrifft, so ist lediglich vorgesehen, dass sich die Streitparteien solcher Dienste eines Dritten – einschließlich des Generalsekretärs der CARICOM selbst – bedienen können, wobei diese außergerichtliche Art der Streitbeilegung auch noch während des Laufens eines (Schieds-) Gerichtsverfahrens fortgesetzt werden kann.

Im Bereich der „*Vermittlung*“ (Art. 192) besteht die Besonderheit, dass der Generalsekretär auf Antrag der Parteien einen Vermittler aus der Liste der für „Vergleichsverfahren“ zur Verfügung stehenden Personen (Art. 196) auswählen kann. Die Vermittlung hat vertraulich zu erfolgen und darf die Rechte der Parteien in anderen (Streitbeilegungs-)Verfahren nicht beeinträchtigen.

Die „*Konsultationen*“ sind in den Art. 193 und 194 etwas detaillierter geregelt: Jeder Mitgliedstaat hat die Verpflichtung, sich auf Konsultationen einzulassen,[67] wenn diese von einem Mitglied schriftlich verlangt werden – und zwar innerhalb von 14 Tagen seit dem Stellen eines solchen Antrags. Sollte diese Zeitspanne ergebnislos verstreichen oder sollten die Konsultationen nach 45 Tagen noch immer nicht zu einem Ergebnis geführt haben, dann kann die beantragende Partei jede andere Form der Streitbeilegung, unter Einschluss der gerichtsförmigen Verfahren, einleiten. Im Falle besonderer Dringlichkeit, wie zB hinsichtlich der Verfügung über verderbliche Waren, müssen die Konsultationen innerhalb von nur drei Tagen aufgenommen werden. Bereits nach sieben Tagen können auch andere Mittel der Streitbeilegung in Anspruch genommen werden. Die Bestimmungen über die Verpflichtung zu einer entsprechenden Informationsweitergabe sowie zur ordnungsgemäßen Führung der Konsultationen sind in Art. 194 geregelt.

---

[65] Vgl. dazu *Hummer, W. – Henning, K.* Hundert Jahre völkerrechtliche (Schieds-) Gerichtsbarkeit in Zentralamerika. Von der „Corte de Cartago“ (1907 ff.) zur „Corte de Managua“ (1992 ff.) (2006); *Hummer, W.* Völkerrechtliche (Schieds-) Gerichtsbarkeit im MERCOSUR (im Erscheinen); *Hummer, W.* Völkerrechtliche (Schieds-) Gerichtsbarkeit in der Anden-Gemeinschaft (im Erscheinen).

[66] Vgl. *Lehmann* (Fn. 54), S. 194.

[67] Damit sind die „Konsultationen“ das einzige nicht konsensual zu bestimmende Mittel der außergerichtlichen Streitbeilegung im CSME.

Die Bestimmungen über das „*Vergleichsverfahren*" finden sich in den Art. 195 bis 203 und sind noch detaillierter dargestellt. Zunächst wird vom Generalsekretär eine Liste geeigneter Personen zusammengestellt, die ihm von den einzelnen Mitgliedstaaten – je zwei pro Mitgliedstaat – eingemeldet werden. Die Funktionsdauer der damit bestellten Personen dauert grundsätzlich fünf Jahre. Gem. Art. 197 können jeweils dreiköpfige „Ad-hoc-Vergleichskommissionen" (lit a) unter folgenden Voraussetzungen eingerichtet werden: zunächst wählt diejenige Streitpartei, die das Verfahren anhängig machen will, aus der erwähnten Liste einen Schiedskommissär aus, der durchaus auch ihre Nationalität haben kann (lit. b). Die andere Streitpartei wählt innerhalb von zehn Tagen nach der Notifikation des Streitfalles iSv Art. 195 Abs. 1 ebenfalls einen Schiedskommissär aus. Geschieht dies nicht zeitgerecht, dann kann die klagende Partei innerhalb einer weiteren Woche entweder das Verfahren für beendet erklären oder den Generalsekretär bitten, einen Schiedskommissär aus der Liste auszuwählen (lit. c). Nach der Bestellung der beiden Schiedskommissäre haben diese in der Folge zehn Tage Zeit, sich auf einen dritten Schiedskommissär zu einigen, der den Vorsitz zu übernehmen hat. Sollte dieser Zeitraum ergebnislos verstrichen sein, kann jede Partei – wiederum innerhalb einer weiteren Woche – an den Generalsekretär mit der Bitte um Nominierung des Vorsitzenden herantreten (lit d). Der Generalsekretär hat dieser Bitte innerhalb von zehn Tagen zu entsprechen (lit. e). Sollten sich mehrere Vertragsparteien vertraglich zu einer einzigen Streitpartei zusammenschließen, dann haben sie den Schiedskommissär auch gemeinsam auszuwählen (lit. g).

Gemäß Art. 198 kann die Kommission die Streitparteien jederzeit auffordern, eine amikale Streitbeilegung zu versuchen. Gem. Art. 199 kann sie dabei den Streitparteien auch geeignete Vorschläge für ein solches „amicable settlement" vorlegen. Jede Vergleichskommission kann gem. Art. 200 Abs. 1 ihre eigene Verfahrensordnung selbst festlegen. Sie kann auch – allerdings nur mit Zustimmung beider Streitparteien – andere Mitgliedstaaten einladen, „to submit its views" – und zwar entweder mündlich oder schriftlich.

Nach Ablauf von drei Monaten hat die Vergleichskommission die Pflicht, einen Bericht (Report) zu erstellen, der entweder das Resultat des beigelegten Streits enthält, oder – im Falle eines Scheiterns der Vergleichsbemühungen – die Schlussfolgerungen zu allen Tatsachen- und Rechtsfragen sowie die daran geknüpften Empfehlungen der Kommission darlegt. Diese Schlussfolgerungen haben für die Streitparteien aber keine verbindliche Wirkung.

Insofern ist die karibische „Vergleichskommission" eher den außergerichtlichen, diplomatischen Methoden der Streitbeilegung zuzuordnen, als den Schieds(gerichts-)verfahren ähnelnden Kommissionen, die mit einer rechtsverbindlichen Entscheidungskompetenz ausgestattet sind. Dieser Schluss wird des Weiteren auch noch dadurch gestützt, dass ein Vergleichsverfahren auch dann als beendet gilt, wenn ein Monat nach der Übersendung des Berichts der

Kommission an die Parteien verstrichen ist – es mithin also eventuell zu gar keiner Streitbeilegung gekommen ist.[68]

7.4. Gerichtsförmige Verfahren

Unter diesen gerichtsförmigen Verfahren ist sowohl das „*Schiedsgerichtsverfahren*“ (Art. 204 bis 210) als auch das gerichtliche Verfahren vor dem „*Karibischen Gerichtshof*“ [Art. 211 bis 224 des „Revised Treaty“ (Dok. 1)] zu verstehen.

7.4.1. Schiedsgerichtsverfahren

Gemäß Art. 204 des „Revised Treaty“ kann jede Streitpartei – allerdings nur mit Zustimmung der anderen – den gegenständlichen Streitfall auch einem „*Ad-hoc-Schiedsgericht*“ unterbreiten, dessen Richter aus einer Liste gewählt werden müssen, die vom Generalsekretär der CARICOM in eigener Verantwortung zusammengestellt wird (Art. 205 Abs. 1). Diese Liste von Schiedsrichtern muss Personen enthalten, „chosen strictly on the basis of impartiality, reliability and sound judgement”, die sowohl entsprechende Erfahrung im Wirtschaftsrecht, in den Gebräuchen des internationalen Handels oder anderen vom Vertrag berührten Bereichen, als auch in der internationalen Handelsschiedsgerichtsbarkeit haben (lit. a). Sie müssen des weiteren unabhängig und weisungsfrei sein – vor allem im Hinblick auf ihren Heimatstaat (lit. b) – und sie müssen den „*Code of Judicial Conduct*“[69] **(Dok 6)** beachten. Die Bestellungsdauer eines Schiedsrichters beträgt fünf Jahre und kann um weitere fünf Jahre verlängert werden (lit. c).

Jede der Streitparteien hat gem. Art. 206 Abs. 1 innerhalb von 15 Tagen einen Schiedsrichter, dessen Name in der erwähnten Liste enthalten ist, zu nominieren. Die beiden so ernannten Schiedsrichter haben danach – ebenfalls innerhalb von 15 Tagen – einen dritten Schiedsrichter als Vorsitzenden zu wählen. So weit dies möglich ist, sollten die drei Schiedsrichter nicht die Nationalität einer der beiden Streitparteien haben. Sollte die Auswahl nicht rechtzeitig vorgenommen worden sein, kann der Generalsekretär innerhalb von 10 Tagen ersatzweise die entsprechende Auswahl vornehmen (Abs. 2).

Gemäß Art. 207 Abs. 1 kann das Ad-hoc-Schiedsgericht sich seine eigene Verfahrensordnung geben. Diese hat zumindest eine Anhörung der Parteien vorzusehen, ebenso wie auch den Austausch von Schriftsätzen der Streitparteien (Abs. 2), die beide als vertraulich zu betrachten sind (Abs. 3). Gem. Art. 208 ist auch eine Nebenintervention vorgesehen und Art. 209 erlaubt – nach Zustimmung beider Parteien – auch die Beiziehung von Experten.

Der zu begründende *Schiedsspruch*, der durch Mehrheitsentscheidung zustande kommt, hat sich nur auf den Streitgegenstand zu beziehen und ist als

[68] *Lehmann* (Fn. 54), S. 193.
[69] Siehe dazu Fn. 124; vgl. auch Fn. 32.

endgültig und *bindend* anzusehen (Art. 207 Abs. 5, 7). Innerhalb von 30 Tagen nach dem Ergehen des Schiedsspruchs können an das Schiedsgericht Fragen bezüglich der Auslegung und Umsetzung desselben gerichtet werden.

7.4.2. Gerichtliches Verfahren

Neben den außergerichtlichen und dem schiedsgerichtlichen Verfahren sieht der "Revised Treaty" auch noch ein eigenes gerichtliches Verfahren, das durch einen „*Karibischen Gerichtshof*" administriert werden soll. Dieser „Karibische Gerichtshof" weist zum einen eine interessante Entstehungsgeschichte auf und ist zum anderen mit ganz außergewöhnlichen Kompetenzen ausgestattet.

Was die einschlägigen Bestimmungen über den „Karibischen Gerichtshof" betrifft, so finden sich diese zum einen in den Art. 211 bis 224 des „Revised Treaty of Chaguaramas"[70] (Dok. 1) und zum anderen im „*Übereinkommen zur Errichtung des Karibischen Gerichtshofes*" (CCJ) (2001)[71] (**Dok. 2**) sowie in den beiden *Verfahrensordnungen* (VerfO) des Gerichtshofes (Rules) sowohl zu seiner „*original jurisdiction*" (Art. XXI CCJ-Vertrag)[72] (Dok. 4) als auch zu seiner „*appellate jurisdiction*" (Art. XXV Abs. 7)[73] (Dok. 5). Da sich die einschlägigen Bestimmungen des „Revised Treaty" und des Übereinkommens zur Errichtung des Karibischen Gerichtshofes inhaltlich decken, ist die Frage, was im Falle von Kollisionen zu gelten hat, rein hypothetisch. Hierbei würde aber die Regelung des Art. 30 Wiener Vertragsrechtskonvention 1969 und nicht der „lex posterior" - Grundsatz (zugunsten ersterer vertraglichen Regelung)[74] Anwendung finden.

---

[70] Vgl. dazu Fn. 50.

[71] *Agreement Establishing the Caribbean Court of Justice*, vom 14. Februar 2001; Text in: *Pollard* (Fn. 2), S. 258 ff.; *Pollard* (Fn. 3), S. 441 ff.; http://www.caricom.org/jsp/archives/agreement-ccj.htm.

[72] Draft Rules of Court of the Caribbean Court of Justice (Original Jurisdiction), erstellt vom Präsidenten in Zusammenarbeit mit fünf weiteren Richtern des CCJ, Rev 111 vom 20. März 2004 (Dok. 4).

[73] Caribbean Court of Justice (Appellate Jurisdiction) Rules 2005, erstellt vom Präsidenten in Zusammenarbeit mit fünf weiteren Richtern des CCJ, am 24. Juni 2005 (Dok. 5).

[74] So aber *Lehmann* (Fn. 54), S. 198 Fn. 837.

8. „Karibischer Gerichtshof" (Caribbean Court of Justice) (CCJ) (2005)

8.1. Motive für die Errichtung

Nachdem erstmals bereits 1901 in einem Zeitungsartikel die Errichtung eines karibischen Gerichtshofes gefordert wurde,[75] kam es erst wieder 1947, auf Veranlassung von Barbados, auf einem Treffen der Gouverneure West Indiens in Bridgetown (*Barbados*) zu einer neuerlichen Diskussion über die Frage der Errichtung eines „*West Indian Court of Appeal*".[76] Es bedurfte aber erst der Unabhängigwerdung der meisten dieser britischen Kolonien ab den 60er Jahren des vorigen Jhdts.,[77] damit dieser Gedanke realpolitisch mit einer größerer Chance auf Verwirklichung verfolgt werden konnte. Im Vordergrund stand dabei die Forderung, sich nach erfolgter Unabhängigkeit auch des letzten kolonialen Relikts, das einen Teil dieser Staaten noch mit dem Vereinigten Königreich verband, zu entledigen, nämlich der Gerichtsbarkeit des „Judicial Committee" des „*Privy Council*". Dabei handelte es sich um die für das gesamte „Commonwealth of Nations" (mit Ausnahme von Guyana) zuständige höchste Gerichtsinstanz, die aus rechtskundigen Angehörigen des britischen Oberhauses (sog. „Law Lords") besteht und in der Privy Council Chamber in der Downing Street in London ihren Sitz hat.[78]

Die Ersetzung des im fernen London agierenden „Judicial Committee" des „Privy Council" durch ein regionales eigenes karibisches Höchstgericht[79] wurde aber nicht nur aus politischen, „emanzipatorischen" Gründen betrieben, sondern es sollte damit auch dessen Judikatur, die auf der Basis der britischen Common Law-Tradition beruhte, hinterfragt werden, da sie dem Selbstverständnis der unabhängig gewordenen karibischen Neustaaten werthaltungsmäßig, sozialethisch, psychologisch, sozio-politisch und sozio-ökonomisch nicht mehr entsprach.

Neben diesen (rechts-)politischen Überlegungen war es aber auch die Notwendigkeit, im Rahmen der CARICOM und deren Gemeinsamen Marktes

---

[75] Der Jamaica Gleaner vom 6. März 1901 brachte einen Artikel, in dem eine eigene karibische Gerichtsbarkeit gefordert wurde, da das „Privy Council" „out of joint with the condition of the times (...)" sei; Placing the CARICOM Single Market and Economy in Court: The inauguration of the Caribbean Court of Justice (CCJ), CARICOM Press release 85/2005 vom 19. April 2005; vgl. *Pollard* (Fn. 2), S. xi.

[76] Vgl. dazu *Pollard, D.* Appellate Jurisdiction of the Caribbean Court of Justice (CCJ), November 2003; www.caricom.org/jsp/archives/appellatejurisdiction-pollard.htm

[77] Als erste Länder der Karibik wurden Jamaica am 6. August und Trinidad & Tobago am 31. August 1962 unabhängig.

[78] Vgl. dazu nachstehend auf S. 37 ff.

[79] Vgl. dazu allgemein *Vasciannie, S.* The Privy Council Versus the Caribbean Court of Appeal: Some general Observations (1996); vgl. dazu nachstehend auf S. 37 ff.

durch einen ständigen Gerichtshof für eine entsprechende Rechtmäßigkeitskontrolle zu sorgen, die die Einrichtung eines solchen „Integrationsgerichts" verstärkt fordern ließ.[80]

8.2. Entstehungsgeschichte: Fünf Phasen

Die Entstehungsgeschichte des CCJ lässt sich grob in folgende fünf Phasen einteilen:

(1) Die *erste Phase*, die mit April 1970 begann, dauerte bis Mitte der 70er Jahre;

(2) die *zweite Phase* dauerte von Mitte der 70er Jahre bis 1988;

(3) die *dritte Phase* dauerte von 1989 bis 1993;

(4) die *vierte Phase* dauerte von 1993 bis 1998 und

(5) die *fünfte Phase* dauerte von 1999 bis zur Einsetzung des CCJ im Jahre 2005.

Ad (1) Im April 1970 brachte der Premierminister von Jamaica, *Edward Seaga*, am VI. Treffen der Regierungschefs der (späteren) CARICOM in Kingston (Jamaica) einen Resolutionsentwurf ein, in dem er die Ersetzung des „Judicial Committee" des „Privy Council" durch einen „*Caribbean Court of Appeal*" forderte. Die in der Folge beschlossene Resolution wurde 1972 auch von der „Organisation of the Commonwealth Caribbean Bar Associations" (OCCBA) offiziell übernommen. Damit wurde eine intensive Debatte über diese Frage ausgelöst, die bis Mitte der 70er Jahre sehr offen und intensiv geführt wurde, sich aber eher auf „policy statements" der einzelnen CARICOM-Staaten beschränkte.

Ad (2) Ab Mitte der 70er Jahre trat man von der Periode einer heftigen politischen Debatte in eine Zeit der Reflexion über, wobei man sich aber nicht mehr politisch zu positionieren suchte, sondern eher über die Machbarkeit der Errichtung eines Appellations-Gerichtshofes und die rechtlichen Konsequenzen desselben räsonierte.[81] Auf ihrem VIII. Treffen vom 30. Juni bis 3. Juli 1987 in Castries (St. Lucia) berieten die Regierungschefs der CARICOM über einen Vorschlag von Trinidad & Tobago zur Errichtung eines „Karibischen Appellationsgerichtshofes"[82] und auf ihrem IX. Treffen in Deep Bay (Antigua) im Jahre 1988 fassten sie schließlich – auf Empfehlung ihrer Generalstaatsanwälte – den (vorläufigen) Entschluss, einen „*Caribbean Court of Appeal*" einzurichten, der als höchste Revisionsinstanz fungieren sollte.

---

80 Vgl. dazu vorstehend auf S. 2.

81 Vgl. *Rawlins* (Fn. 4), S. 34 ff.; *Liverpool, N.* The Law as a Harmonizing Instrument in the Integration Process in the Caribbean Community, in: Ramcharan, B. G. – Francis, L. B. (Hrsg.), Caribbean Perspectives on International Law and Organizations (1989), S. 295 ff.

82 Doc. HGC 87/8/13, enthalten in: REP.87/8/50 HGC vom 27. Jänner 1988, S. 34.

Ad (3) Am X. Treffen der Regierungschefs der CARICOM-Mitgliedstaaten in Grand Anse (Grenada) im Juli 1989[83] prüften die Regierungschefs die bisher erstellten Studien und fassten danach den formellen Beschluss, die Errichtung eines „*Caribbean Supreme Court*" ins Auge zu fassen. Im Bericht „*Time for Action*", der von der politisch einflussreichen „West Indian Commission" (WIC) im Jahre 1992 vorgelegt wurde,[84] wurde ebenfalls für die Errichtung eines solchen Obersten Gerichtshofes eingetreten, dem allerdings auch die Rechtsaufsicht über die CARICOM übertragen werden sollte.[85] Damit trat zu der bisherigen *politischen* Komponente – der Emanzipierung von der Zuständigkeit des britischen „Privy Council" – noch ein weiterer *rechtlicher Aspekt* hinzu, nämlich die Indienstnahme eines solchen Gerichts für die Zwecke der „Verdichtung" der wirtschaftlichen Integrationsbemühungen im CARICOM durch die Errichtung eines Ständigen *Integrationsgerichts*.[86]

Dieser Bericht der WIC, der damit erstmals (auch) ein „*Integrationsgericht*" für die CARICOM forderte, fand in der karibischen Öffentlichkeit großen Widerhall.[87] Irrigerweise bediente sich der Bericht der WIC in diesem Zusammenhang aber der Bezeichnung „Community Law", was sofort Assoziationen mit dem supranationalen Gemeinschaftsrecht der Europäischen Gemeinschaften weckte. Mit seltener Klarheit weist der ehemalige Chefjustitiar der CARICOM und heutige Richter am "Karibischen Gerichtshof", *Duke Pollard*, eine solche Analogie zurück: „*...it is important to point out that the term „Community Law" must not be construed in the same sense as regulations, directives and decisions issuing from the constituent institutions of the European Union ... Community Law in this context derives its being and uniqueness as a discrete corpus of norms from the status of the European Union as a supranational entity. In sharp contradistinction, however, the Caribbean Community, despite its misleading nomenclature, is and was always intended to be, an association of sovereign states ... In the premises, the term Community Law as employed by the West Indian Commission appears to be juridically misconceived*".[88] Mit ebensolcher Klarheit verneint er an anderer Stelle jedweden supranationalen Charakter der „Caribbean Community" und des von ihr geschaffenen Integrationsrechts": „*The Community is not a supranational organisation. Its decisions do not create legal effects directly on persons, natural or le-*

---

[83] Auf diesem Treffen wurde die „West Indian Commission" (WIC) eingesetzt.

[84] Time for Action, Report of the West Indian Commission, Black Rock, Barbados 1992.

[85] *Pollard* (Fn. 2), S. 22.

[86] In diesem Sinne spricht die Präambel des „Übereinkommens zur Errichtung des Karibischen Gerichtshofes" (Fn. 71), auch davon: „Aware that the establishment of the Court is a further step in the deepening of the regional integration process"; vgl. dazu vorstehend auf S. 21.

[87] Vgl. dazu *Pollard* (Fn. 3), S. 435.

[88] *Pollard* (Fn. 2), S. 6 f., 159.

gal, belonging to Member States. In effect the autonomy of national decision–making is safeguarded in several ways."[89]

Als das „Privy Council" aber ein Jahr nach diesem Bericht des WIC seine berühmte Entscheidung in der Rechtssache „*Pratt and Morgan versus Attorney General of Jamaica*"[90] traf, änderte sich die Stimmungslage wieder, da man nunmehr befürchtete, dass ein solches karibisches Höchstgericht zu einem „*hanging Court*" werden könnte,[91] nachdem das „Privy Council" bei den beiden bereits 1979 wegen eines 1977 begangenen Mordes verurteilten Delinquenten *Pratt* und *Morgan*, deren Hinrichtung durch den Strang - nachdem ihnen bereits dreimal das Todesurteil zur Verlesung gebracht wurde (sic) - aber erst für den 1. März 1991 vorgesehen war, das sog. „*Todeszellensyndrom*" (death row syndrom) diagnostizierte, darin eine Verletzung von Art. 17 Abs. 1 der jamaikanischen Verfassung sah und der britischen Königin die Umwandlung der Todesstrafe in eine lebenslange Haftstrafe empfahl.[92] Nach diesem Urteil des „Privy Council" wurde die Debatte über die Einführung eines karibischen Höchstgerichts wieder sehr emotional und ohne Rücksicht auf Sachargumente geführt.[93]

Beachtenswert erscheint in diesem Zusammenhang aber der des öfteren übersehene Umstand, dass der Grundstein für die Errichtung des „Karibischen Gerichtshofs" durch den Bericht der „West Indian Commission" (WIC) bereits 1992 (!), d.h. ein Jahr vor dem Ergehen des vorerwähnten „leading case" „*Pratt and Morgan*" des „Privy Council" vom 2. November 1993, gelegt und damit gerade nicht durch diesen Fall ausgelöst wurde.

Ad (4) In der Phase nach 1992/93 wurde vor allem die Funktion eines solchen Gerichts als „Motor" der karibischen Integrationsbestrebungen in der

---

[89] *Pollard* (Fn. 3), S. 8; vgl. auch *Dundas* (Fn. 40), S. 50: „La Comunidad no presenta rasgo alguno de supranacionalidad".

[90] Urteil vom 2. November 1993; (1993) 43 W.I.R. 340.

[91] Vgl. *Bennett, D.* Barbados may take first death penalty case to the CCJ, in: Caribbean Net News vom 6. Juni 2005; *Chuck, D.* Constitutional change 'Gov't's case is legally misleading, in: Jamaica Gleaner vom 12. Juni 2005; *Moxam, E.* Hang them? Is it really the answer to the crime? Yes to hanging?, in: Jamaica Gleaner vom 23. Oktober 2005; *Hamilton* (Fn. 4), S. 533; The Magistracy and the Caribbean Court of Justice: Challenges, Prospects and the Opportunities for Judicial Enhancement: Address delivered by Dr. *Abdulai O. Conteh*, Chief Justice of Belize, at the Conference of Chief Magistrates of Member States of the Caribbean Community, 25 January 2003, Georgetown, Guyana; CARICOM-Press release 06/2003 vom 28. Jänner 2003; http://www.caricom.org/pressreleases/pres06_03.htm.; vgl. auch *Lehmann* (Fn. 54), S. 294.

[92] Ein über fünfjähriger Aufenthalt in der Todeszelle wurde ganz allgemein als eine „menschenunwürdige Behandlung" eines Häftlings angesehen; vgl. *Hatchard, J.* A Question of Humanity: Delay and the Death Penalty in Commonwealth Courts, in: C.L.B 1994, S. 309 ff.

[93] Vgl. dazu *Rawlins* (Fn. 4), Part. III.

CARICOM diskutiert und dessen Errichtung auch von den Staats- und Regierungschefs auf ihrem XIX. Treffen im Jahre 1998 in Castries (St. Lucia) grundsätzlich beschlossen.[94] In diesem Zusammenhang fassten die Staats- und Regierungschefs den Beschluss, dem zu errichtenden nunmehrigen „*Caribbean Court of Justice*" (CCJ) auch die Rechtsaufsicht über den zu novellierenden Gründungsvertrag der CARICOM – den Vertrag von Chaguaramas (1973) – zu übertragen. In der Folge wurde eine solche Kompetenz auch in die Art. 211 bis 222 des „Revised Treaty of Chaguaramas" (2001)[95] (Dok.1) sowie in den Part II (Art. XI-XXIV) des „Übereinkommens zur Errichtung des Karibischen Gerichtshofes" (2001)[96] (Dok. 2) aufgenommen, wie nachstehend noch aufzuzeigen sein wird.

Ad (5) 1999 regten die Regierungschefs der CARICOM-Staaten auf ihrer XX. Tagung vom 4. bis 7. Juli 1999 in Port-of-Spain (Trinidad & Tobago) die Einsetzung eines Vorbereitungskomitees für die Errichtung des „Karibischen Gerichtshofes" (Preparatory Committee for the Establishment of the CCJ, PREPCOM)[97] an, das im Jahr 2000 seine Arbeiten aufnahm, die bereits Mitte Februar 2001 mit der Unterzeichung des Vertrags zur Errichtung des Karibischen Gerichtshofes[98] durch zehn Regierungschefs von zwölf CARICOM-Mitgliedstaaten ihr bestimmungsgemäßes Ende fanden.

8.3. Errichtung

Das „*Übereinkommen zur Errichtung des Karibischen Gerichtshofes*" (CCJ-Vertrag)[99] (Dok. 2) wurde bereits vor der Unterzeichnung des „Revised Treaty of Chaguaramas" (Dok.1), nämlich am 14. Februar 2001, in St. Michael/Bridgetown (Barbados) von allen zwölf CARICOM-Mitgliedstaaten unterzeichnet und trat – nachdem Guyana als dritter Vertragsstaat seine Ratifikationsurkunde beim Generalsekretär des CARICOM deponiert hatte – gem. seinem Art. XXXV am 23. Juli 2002 formell in Kraft.[100] Gem. Art. XXXVIII war die Implementierung dieses Abkommens so rasch als möglich vorzunehmen.[101] Diesbezüglich kam es Anfang 2003 gem. Art. V CCJ-Vertrag zur Ernennung der neun Mitglieder sowohl der „*Regionalen Kommission für richterliche*

---

[94] Die Literatur spricht in diesem Zusammenhang von einer „symbiotic relationship between the CCJ and the CSME"; *Cox, D.* The original Jurisdiction of the CCJ and its Role in the Successful Implementation of the CSME, S. 1; www.stlucia.gov.lc/agencies/attorneygeneralchambers_the original_jurisdiction...

[95] Vgl. Fn. 50.

[96] Vgl. Fn. 71.

[97] Für dessen Mandat siehe *Pollard* (Fn. 2), S. 25 f.

[98] Vgl. dazu unmittelbar nachstehend unter 8.3.

[99] Vgl. Fn 71.

[100] Vgl. CARICOM Secretariat (Fn. 18), S. 25.

[101] Vgl. dazu auch das *Agreement Establishing the Draft Enabling Bill to Implement the CCJ*; Text in: *Pollard* (Fn. 2), S. 303 ff.; *Robinson, T. – Clarke, N.* Establishment of a Caribbean Court of Justice, in: Caribbean Law Bulletin (1998), S. 69 ff.

Dienste und Rechtsdienste“ (Regional Judicial and Legal Services Commission)[102] als auch des „*Rates der Treuhänder*“ (Board of Trustees) für den „*Trust Fund*“ des CCJ,[103] auf die nachstehend noch einzugehen sein wird.

Am 4. Juli 2003 wurden von den Regierungschefs der CARICOM-Staaten auf ihrem XXIV. Treffen in Montego Bay (Jamaica) eine Reihe begleitender Verträge unterzeichnet, die sich auf die *Rechtspersönlichkeit*[104] (Dok. 3), den *Sitz*[105] (Dok. 7), die *Immunitäten* und *Privilegien*[106] (Dok. 8) und die *Finanzierung*[107] (Dok. 9) des „Karibischen Gerichtshofs“ bezogen. Nachdem die Staats- und Regierungschefs der CARICOM auf ihrem Treffen im Juli 2004 in Grenada die Inauguration des „Karibischen Gerichtshofes“ ursprünglich für den 6. November 2004 vorgesehen hatten, verschoben sie auf Ersuchen des Präsidenten des „Karibischen Gerichtshofes“ diesen Termin aber auf das erste Jahresviertel 2005, um damit vor allem den drei CARICOM-Staaten Trinidad & Tobago, Guyana und Grenada Gelegenheit zu geben, die notwendigen innerstaatlichen Voraussetzungen für eine Anrufung des „Karibischen Gerichtshofes“ vorzunehmen.[108] Die definitive Inaugurierung des „Karibischen Gerichtshofes“ fand schließlich am 16. April 2005 in Port-of-Spain (Trinidad & Tobago) statt.[109]

8.4. Besondere Charakteristika

Der „Karibische Gerichtshof“ verfügt über eine Reihe signifikanter Charakteristika, die ihn von ähnlichen Gerichten markant unterscheiden.[110] Vor allem folgende vier Charakteristika müssen in diesem Zusammenhang erwähnt werden. Zum einen

(1) werden seine Richter nicht von den Regierungen der Mitgliedstaaten no-

---

102 Sie wurde am 21. August 2003 eingesetzt; *Pollard* (Fn. 2), S. 51.

103 Vgl. dazu nachstehend auf S. 32.

104 Vgl. Fn. 114.

105 Vgl. Fn. 115, 116.

106 Vgl. Fn. 117.

107 Vgl. Fn. 129.

108 Postponement of Inauguration of the Caribbean Court of Justice (CCJ); CARICOM Press release 157/2004 vom 11. Oktober 2004.

109 Vgl. dazu auch das *Protocol to the Agreement Establishing the Court of Justice relating to the Tenure of Judges, Rules of Court, Financial Agreements and withdrawal from the Agreement, as well as the relationship between Provisions on the Original Jurisdiction of the CCJ and the Constitution of State Parties* (2005); CARICOM Secretariat (Fn. 18), S. 78.

110 Vgl. *Pollard, D.* The Caribbean Court of Justice: Challenge and Response, in: Hall, K. (Hrsg.), The Caribbean Community – Beyond Survival (2001), S. 277 ff.; Caribbean Community Secretariat (Hrsg.), The Caribbean Court of Justice in Regional Economic Development (2001).

miniert, sondern von einer unabhängigen Kommission[111] vorgeschlagen, zum anderen

(2) verfügt er zur Sicherung der Unabhängigkeit seiner Richter über ein unabhängig aufgebrachtes Budget und zum dritten hat er auch

(3) zwei völlig unterschiedliche Kompetenzbereiche, nämlich eine sog. *„original jurisdiction"* sowie eine *„appellate jurisdiction"*, für die auch unterschiedliche Verfahrensordnungen bestehen; des weiteren steht er

(4) in einer einzigartigen kollisionsrechtlichen Stellung zum „Judicial Committee" des „Privy Council", die nach wie vor nicht exakt geklärt ist.[112]

Nachstehend sollen neben diesen vier besonderen Essentialia des Gerichtshofes aber auch die wichtigsten sonstigen Charakteristika kurz dargestellt werden.

8.5. Rechtspersönlichkeit

„Due to an unfortunate oversight"[113] haben es die „drafter" des Vertrages zur Errichtung des „Karibischen Gerichtshofes" nicht für notwendig befunden, diesem eine eigene Rechtspersönlichkeit zu verleihen. Dieses Versäumnis wurde allerdings durch ein eigenes *Protokoll über die Rechtspersönlichkeit und Rechtsnatur des Gerichtshofes* vom 5. Juli 2003[114] (**Dok. 3**), das dem CCJ-Vertrag (Dok. 2) angefügt ist und einen integrierenden Bestandteil desselben darstellt (Art. III), saniert. Gemäß Art. I Abs. 1 des Protokolls genießt der Gerichtshof umfassende (völkerrechtliche) Rechtspersönlichkeit. Jede Vertragspartei des CCJ-Vertrages hat dem Gericht in seiner Rechtsordnung (meistbegünstigend) die weitestgehende (Privat-)Rechtsfähigkeit einzuräumen, die sie irgendeinem anderen (Privat-) Rechtssubjekt einräumt (Abs. 2). Sollte es dabei zu einem Verfahren kommen, wird der Gerichtshof von seinem Registrar vertreten (Abs. 3).

8.6. Sitz

Gem. Art. III Abs. 3 CCJ-Vertrag (Dok. 2) hat der Gerichtshof seinen Sitz in einem der Mitgliedstaaten der CSME, der durch eine qualifizierte Mehrheitsentscheidung der Vertragsparteien ausgewählt wird. Diesbezüglich wurde *Port-of-Spain*, die Hauptstadt von Trinidad & Tobago, als Sitz des Ge-

[111] Dabei handelt es sich um die *„Regionale Kommission für richterliche Dienste und Rechtsdienste"*; vgl. dazu Fn. 102.

[112] Vgl. dazu *McDonald, S.* The Caribbean Court of Justice: Enhancing the Law of International Organizations, in: Fordham Intl' Law Journal, Vol. 27 (2004), S. 930 ff.

[113] *Pollard* (Fn. 2), S. 161.

[114] *Protocol to the Agreement Establishing the CCJ relating to the Juridical Personality and Legal Capacity of the Court*; Text in: *Pollard* (Fn. 3), S. 286 ff.; vgl. CARICOM Secretariat (Fn. 18), S. 77 f.

richtshofes bestimmt. Der Gerichtshof kann aus gegebenem Anlass aber auch im Gebiet einer anderen Vertragspartei tagen. Gem. Abs. 4 hat die Regierung des Sitzstaates dem Gerichtshof alle für seine ordnungsgemäße Funktionsverrichtung notwendigen Ressourcen zur Verfügung zu stellen und dementsprechend mit ihm und auch der vorstehend bereits erwähnten „*Regionalen Kommission für richterliche Dienste und Rechtsdienste*" ein entsprechendes Amtssitzabkommen abzuschließen, was durch das (alte) „*Agreement Establishing the Seat of the CCJ and Offices of the Regional Judicial and Legal Services Commission*" vom 30. April 1999[115] bzw. das neue (gleichlautende) Amtssitz-Abkommen vom 23. Februar 2005[116] **(Dok. 7)** auch geschehen ist.

8.7. Immunitäten und Privilegien

Gem. Art. XXX CCJ-Vertrag (Dok. 2) sind die Immunitäten und Privilegien der Mitglieder, der Akten und Archive sowie des Vermögens des *Gerichtshofes* und laut Art. VII Abs. 2 auch die der „*Regionalen Kommission für richterliche Dienste und Rechtsdienste*" durch ein eigenes Abkommen festzulegen, was durch das „*Protocol on the Status, Privileges and Immunities of the CCJ and the Regional Judicial and Legal Services Commission*"[117] **(Dok. 8)** auch geschehen ist. Gem. Art. VIII genießen die Richter und die mit der Tätigkeit des Gerichtshofes verbundenen Mitglieder der „*Regionalen Kommission für richterliche Dienste und Rechtsdienste*" lediglich *funktionelle* Immunität, die gem. Art. IX auch den Prozessvertretern zukommt. Gem. Art. XII Abs. 1 ist für alle privatrechtlichen Streitigkeiten, in die der Karibische Gerichtshof oder die „Regionale Kommission" involviert sind, durch den Präsidenten ein entsprechendes Verfahren vorzusehen. Für Streitigkeiten zwischen der Regierung des Sitzstaates und dem Gerichtshof oder der „Regionalen Kommission" ist hingegen gem. Abs. 2 ein eigenes Tribunal einzusetzen, das aus drei Schiedsrichtern besteht, die jeweils durch die Regierung, durch den Registrar des „Karibischen Gerichtshofes" und durch gemeinsamen Beschluss beider auszuwählen sind.

8.8. Ernennung der Richter und Zusammensetzung

Der CCJ ist weltweit das einzige Gericht (einer regionalen Präferenzzone), deren Mitglieder nicht durch deren Mitgliedstaaten bestellt werden (Art.

---

[115] *Pollard* (Fn. 2), S. 310 ff.; vgl. dazu auch Art. II des *Protocol to the Agreement Establishing the CCJ relating to the Juridical Personality and Legal Capacity of the Court* (Fn. 114).

[116] CARICOM Secretariat (Fn. 18), S. 35 f; http://www.caribbeancourtofjustice.org-/legislation.html.

[117] Text in: *Pollard* (Fn. 2), S. 290 ff.; am 4. Juli 2003 in Kraft getreten; CARICOM Secretariat (Fn. 18), S. 81 f; http://www.caribbeancourtofjustice.org/legislation.html.

IV CCJ-Vertrag)[118] (Dok. 2). Die – maximal neun[119] – Richter werden von der bereits vorstehend erwähnten, neunköpfigen „*Regionalen Kommission für richterliche Dienste und Rechtsdienste*"[120] (in der Regel für drei Jahre) gewählt, deren Zusammensetzung gem. Art. V CCJ-Vertrag Garant für deren Unabhängigkeit sein soll: zwei Personen, die gemeinsam von der „Organisation of the Commonwealth Caribbean Bar Association" (OCCBA) und der „Organisation of Eastern Caribbean States (OECS) Bar Association" nominiert werden (lit. b), weitere zwei Personen, die aus der organisierten Zivilgesellschaft (civil society) stammen müssen, und die gemeinsam vom Generalsekretär der CARICOM/CSME und dem Generaldirektor der OECS gewählt werden (lit. e), zwei hervorragende Juristen, die gemeinsam vom Dekan der Rechtswissenschaftlichen Fakultät der University of the West Indies, den Dekanen der sonstigen Rechtsfakultäten der Mitgliedstaaten und dem Vorsitzenden des „Council of Legal Education" ernannt werden (lit. f), zwei Personen, die gemeinsam von der „Bar" oder den „Law Associations" der Mitgliedstaaten nominiert werden (lit. g), der Vorsitzende der „Judicial Services Commission" einer Vertragspartei, der nach dem Alphabet rotierend ausgewählt wird (lit. c), sowie der Vorsitzende einer „Public Service Commission" einer Vertragspartei, der ebenso nach dem Alphabet rotierend bestimmt wird (lit. d). Ein weiterer ist verpflichtend der jeweilige Präsident des „Karibischen Gerichtshofes" (lit. a), der der „Regionalen Kommission" auch vorsitzt.

Die durch diese „Regionale Kommission" vorgenommene Auswahl der Richter beschränkt sich dabei aber nicht nur auf solche, die aus der Karibik selbst stammen. Die Kandidaten können aus allen Commonwealth-Staaten kommen – so stammt zB Richter *David Hayton* aus dem Vereinigten Königreich.[121]

Als Präsident, der als einziger der Richter nicht von der bereits vorstehend erwähnten „*Regionalen Kommission für richterliche Dienste und Rechtsdienste*" gewählt, sondern gem. Art. IV Abs. 6 CCJ-Vertrag – allerdings auf Vorschlag der „Regionalen Kommission" – von den Regierungschefs der CARICOM-Mitgliedstaaten auf ihrem XXV. Treffen in Grand Anse (Grenada) im Juni 2004 (mit Dreiviertelmehrheit) ernannt wurde, wurde am 18. August 2004 Dr. *Michael de la Bastide* aus Trinidad & Tobago vom Präsidenten seines Heimatstaates vereidigt. Die weiteren gegenwärtigen sechs Richter sind *Désirée Bernard* aus Guyana, *David Hayton* aus Großbritannien, *Rolston Nelson* aus Trinidad & Tobago, *Duke E. E. Pollard* aus Guyana, *Adrian Saunders* aus

---

[118] Vgl. dazu den Bestellungsmodus der Richter des EuGH und des EuG in den Art. 223 Abs. 1 und 224 Abs. 2 EG-Vertrag; vgl. dazu *Pollard, D.* The Caribbean Court of Justice: What it is, what it does, CARICOM Secretariat (2000).

[119] Art. IV Abs. 1 des CCJ-Vertrages (2001); vgl. Fn. 71.

[120] Regulations of the Regional Judicial and Legal Services Commission; www.caricom.org/jsp/archives/regulationsrjlsc.htm; Vgl. Fn. 102

[121] Vgl. dazu unmittelbar nachstehend.

St. Vincent & Grenadines und *Jacob Wit* von den Niederländischen Antillen. Nicht nur der Präsident, sondern fast alle anderen Richter haben (auch) an englischen Rechtsfakultäten studiert. Präsident *de la Bastide* war auch Mitglied des „Judicial Committee“ des „Privy Council“[122] und *Adrian Saunders* war im Mai 2003 zum Richter am vorstehend bereits erwähnten „Eastern Caribbean Supreme Court“ (ECSC) ernannt worden.[123] *Jacob Wit* war seit 1986 Richter am “Joint Court of Justice of the Netherland Antilles and Aruba”.

Drei der Richter sollen Experten im Völkerrecht bzw. im internationalen Handelsrecht sein (Art. IV Abs. 1). Als berufliche Qualifikation müssen sie gem. Art. IV Abs. 10 auf mindestens fünf Jahre Berufserfahrung als Richter an einem höheren Gericht eines Mitgliedstaates oder Commonwealth-Staates verweisen können oder mindestens fünfzehn Jahre lang Rechtswissenschaften unterrichtet haben. Die Richter müssen gem. Art. IV Abs. 11 über hohe moralische Charaktereigenschaften, intellektuelle und analytische Fähigkeiten, Sachverstand, persönliche Integrität und Sozialkompetenz verfügen. Sie werden auf Dauer, d. h. bis zur Erreichung des 72. Lebensjahres, der Präsident aber lediglich auf eine (nicht erneuerbare) siebenjährige Periode ernannt (Art. IX Abs. 2 und 3 CCJ-Vertrag). Sie unterliegen einem eigenen „*Code of Judicial Conduct*“[124] (Dok. 6) und können nur – auf Antrag der „*Regionalen Kommission für richterliche Dienste und Rechtsdienste*“ – durch ein eigens dafür zusammengestelltes Gericht ihres Amtes enthoben werden (Art. IX Abs. 5 UAbs. 2 CCJ-Vertrag).

Der CCJ-Vertrag sieht formell nicht die Einrichtung von Kammern vor, was bei den beiden völlig unterschiedlichen Rechtssprechungsfunktionen des Karibischen Gerichtshofs (Art. III)[125] eigentlich zu erwarten gewesen wäre.[126] Der CCJ-Vertrag setzt aber in speziellen Fällen Mindestbesetzungsgrößen für den Gerichtshof fest, wie zB in Art. XI Abs. 1 die Mindestzahl von drei Richtern, um im Rahmen seiner „originären Gerichtsbarkeit“ entscheiden zu können.[127]

8.9. Finanzierung

Die Finanzierung der Gebarung des „Karibischen Gerichtshofes“ (Art. XXVIII CCJ-Vertrag (Dok. 2)) wird durch einen eigenen „*Trust Fund*“ sichergestellt, der auf dem XIV. Intersessional meeting der Konferenz im Februar

---

122 Caribbean Court of Justice President to be sworn in; Press release 136/2004, vom 17. August 2004.

123 The Regional Judicial and Legal Services Commission has selected six Persons to be appointed Judges of the CCJ, CARICOM Press release 189/2004, vom 19. November 2004; vgl. dazu vorstehend auf S. 9.

124 http://www.caribbeancourtofjustice.org/codeofethics.html; vgl. dazu Fn. 69.

125 Vgl. dazu nachstehend auf S. 32 ff. und 35 ff.

126 Vgl. auch *Lehmann* (Fn. 54), S. 198.

127 Vgl. dazu nachstehend auf S. 32.

2003 in Trinidad & Tobago politisch akkordiert[128] und in der Folge durch das „*Agreement Establishing the Caribbean Court of Justice Trust Fund*"[129] **(Dok. 9)** eingerichtet wurde (Art. 1). Der Fonds wird durch proportionale Beiträge der Signatarstaaten gespeist[130], wobei die drei größten Beitragszahler Trinidad & Tobago (29.73%), Jamaica (27.09%) und Barbados (12.77%) sind. Die Verwaltung der Mittel des Fonds in Höhe von 100 Mio. US-$ obliegt der Caribbean Development Bank (CDB). Jeder Vertragsstaat hat Bonds in Höhe seiner Beitragsquote für die ersten fünf Jahre zu zeichnen; sollten weitere Beitragszahlungen unterbleiben, verfallen die Bonds. Wer keine Beiträge entrichtet, kann die Dienste des „Karibischen Gerichtshofes" auch nicht in Anspruch nehmen. Die „Trustees" des CCJ Trust Fund traten ihre Funktion am 22. August 2003 an.

8.10. Zuständigkeit

Gem. Art. III Abs. 1 CCJ-Vertrag verfügt der „Karibische Gerichtshof" über zwei völlig getrennte Zuständigkeiten, nämlich zum einen über eine „*originäre Jurisdiktion*" (original jurisdiction) (lit. a) und zum anderen über eine „*Berufungs-* und *Revisionszuständigkeit*" (appellate jurisdiction) (lit. b). Nicht zu Unrecht wird er daher als „hybride" Institution bezeichnet.[131]

8.10.1. Originäre Gerichtsbarkeit (Original Jurisdiction)

Unter der „originären Jurisdiktion" des „Karibische Gerichtshofes" gemäß Art. 211 des „Revised Treaty" (Dok. 1) bzw. des Part II (Art. XI-XXIV) des CCJ-Vertrages (Dok. 2) ist seine (*völkerrechtliche*) Kompetenz zu verstehen, über Auslegungs- und Anwendungsfragen des „Revised Treaty of Chaguaramas" (2001)[132] zu entscheiden, mittels dessen der „Gemeinsame Wirtschaftsmarkt der CARICOM" (CSME) eingerichtet werden soll. Über den engen Wortlaut hinaus, der an sich nur auf das Primärrecht der CSME abstellt, wird darunter aber auch das Sekundärrecht der Organe der CSME zu verstehen sein. In Ausübung dieser seiner „originären Gerichtsbarkeit" agiert der Gerichtshof als „*Gemeinschaftsgericht*".[133]

---

[128] Vgl. *Pollard* (Fn. 3), S. 436.

[129] Text in: *Pollard* (Fn. 2), S. 322 ff.; CARICOM Leaders sign Instruments on the Caribbean Court of Justice; vgl. dazu CARICOM Press Release 96/2003, vom 4. Juli 2003; vgl. dazu das Revised Agreement establishing the Caribbean Court of Justice Trust Fund (2004), das am 27. Januar 2004 in Kraft getreten ist; CARICOM Secretariat (Fn. 18), S. 83; http://www.caribbeancourtofjustice.org/legislation.html

[130] Vgl. dazu Annex zum "Agreement Establishing the CCJ Trust Fund"; Text in: *Pollard* (Fn. 2), S. 335.

[131] *Pollard, D.* The Caribbean Court of Justice: What it is, what it does; http://www.caricom.org/ccjq&a.htm.

[132] Vgl. Fn. 50.

[133] Vgl. dazu das *Protocol to the Revised Treaty of Chaguaramas establishing the Caribbean Community, including the CSME regarding the Relationship between*

Der Gerichtshof wird in Wahrnehmung seiner „original jurisdiction" – wie vorstehend bereits erwähnt – in einer Zusammensetzung von mindestens drei Richtern oder in einer anderen ungeraden Zusammensetzung derselben tätig (Art. XI Abs. 1). Dabei übernimmt der dienstälteste Richter den Vorsitz (Abs. 3), der auch einen Einzelrichter zur Sachentscheidung ermächtigen kann (Abs. 4).

Die „originäre Gerichtsbarkeit" ist *obligatorisch,*[134] *ausschließlich*[135] und *verbindlich*[136] (Art. XV und XVI CCJ-Vertrag) und erstreckt sich (in streitigen Verfahren) gem. Art. XII auf folgende Arten von Streitfällen:

(1) Streitigkeiten zwischen den Vertragsparteien des „Karibischen Gerichtshofes"[137];

(2) Streitigkeiten zwischen einer Vertragspartei und der Gemeinschaft;[138]

(3) Anrufung des „Karibischen Gerichtshofes" durch nationale Gerichte[139] einer Vertragspartei und

(4) Befassung des „Karibischen Gerichtshofes" gem. Art. XXIV durch Staatsangehörige von Vertragsparteien wegen einer Interpretations- oder Anwendungsfrage des „Revised Treaty of Chaguaramas".[140]

Damit verfügen folgende vier Kategorien von Klägern über eine entsprechende *Aktivlegitimation*: Vertragsparteien des „Karibischen Gerichtshofes", die CSME selbst, nationale (Höchst-)Gerichte und Staatsangehörige von Vertragsparteien. *Natürliche* und *juristische Personen* haben aber nur dann „locus standi" vor dem „Karibischen Gerichtshof", wenn sie sich auf ein sie unmittelbar begünstigendes Recht berufen können und dessen Verletzung geltend machen (Art. XXIV CCJ-Vertrag bzw. Art. 222 des „Revised Treaty"). Das Gericht muss jedoch die Klage von Privaten ausdrücklich zugelassen und der Heimatstaat muss entweder den beantragten „diplomatischen Schutz"[141]

---

provisions on the Original Jurisdiction of the CCJ and the Constitutions of State Parties; CARICOM Secretariat (Fn. 18), S. 78.

134 Auch gem. Art. 216 des „Revised Treaty" anerkennen die Vertragsparteien ipso facto und ohne weitere spezielle Übereinkunft die obligatorische Gerichtsbarkeit des „Karibischen Gerichtshofes".

135 Vgl. dazu Art. 211 des „Revised Treaty" (Fn. 50).

136 Vgl. dazu Art. 215 des „Revised Treaty" (Fn. 50).

137 Vgl. auch Art. 211 Abs. 1 lit. (a) des "Revised Treaty" (Fn. 50).

138 Vgl. auch Art. 211 Abs. 1 lit. (b) des "Revised Treaty" (Fn. 50).

139 Vgl. auch Art. 211 Abs. 1 lit. (c) des "Revised Treaty" (Fn. 50); gem. Art. XII Abs. 2 CCJ-Vertrag bzw. Art. 211 Abs. 2 des „Revised Treaty" ist unter "*nationalen Gerichten*" auch der "*Ostkaribische Oberste Gerichtshof*" zu verstehen; vgl. dazu vorstehend auf S. 8 f.

140 Vgl. auch Art. 211 Abs. 1 lit. (d) sowie Art. 222 des "Revised Treaty" (Fn. 50).

141 Vgl. dazu *Seidl-Hohenveldern, I. – Hummer, W.* Die Staaten, in: Neuhold/Hummer/Schreuer (Hrsg.), Österreichisches Handbuch des Völkerrechts, Bd. 1-Textteil, 4. Aufl. 2002, S. 140 ff.

abgelehnt oder die Privaten ausdrücklich zur eigenen Rechtsverfolgung ermächtigt haben. Daraus geht hervor, dass die Antragsberechtigung von Privatpersonen zum einen eine Ausnahme darstellt, und zum anderen, dass der Gerichtshof darüber „gestuft“[142] entscheidet: zunächst muss er hinsichtlich des geltend gemachten Rechts entscheiden, ob dieses eine Privatperson unmittelbar begünstigt. Erst danach kann er darüber befinden, ob eine Verletzung desselben vorliegt oder nicht.

Gemäß Art. XIII CCJ-Vertrag verfügt der Gerichtshof hinsichtlich der Auslegung und Anwendung des „Revised Treaty“ auch über eine *gutachterliche Funktion*[143] und Art. XIV verleiht nationalen (Schieds-)Gerichten eine Art „*Vorabentscheidungsklage*“ iSv Art. 234 EGV.[144] Gem. Art. XIX kann das Gericht auch *einstweilige Verfügungen*[145] erlassen. Art. XVIII wiederum regelt die Voraussetzungen für eine *Nebenintervention* Dritter.

Bereits am 20. März 2004 wurde für die hinsichtlich der Ausübung der „original jurisdiction“ notwendige VerfO ein Entwurf (Draft version)[146] (**Dok. 4**) ausgearbeitet. Im Frühjahr hat der Präsident des CCJ – in Beratung mit fünf weiteren von ihm selbst dazu ausgewählten Richtern des Gerichtshofes (Art. XXI Abs. 1)[147] – die (Original Jurisdiction) Rules, 2006[148] erlassen. Diese wurden aber bereits im Juli 2006 erstmals novelliert **(Dok. 4a)**[149].

Was das *materiell anzuwendende Recht* im Rahmen der „originären Jurisdiktion“ betrifft, so hat der „Karibische Gerichtshof“ im Falle von Streitigkeiten zwischen einer Vertragspartei und der CSME sowie der Anrufung des Gerichtshofes durch nationale Gerichte einer Vertragspartei die entsprechenden Bestimmungen des *allgemeinen Völkerrechts* anzuwenden (Art. XVII Abs. 1 CCJ-Vertrag).[150] Gem. Abs. 2 ist dem Gericht dabei ein „*non liquet*“ untersagt, nach Abs. 3 wiederum kann es von den Streitparteien (auch) zu einer Entscheidung „*ex aequo et bono*“ ermächtigt werden.[151]

Was die Beilegung *internationaler* (privater) *Handelsstreitigkeiten* zwischen Staatsangehörigen von Mitgliedstaaten oder zwischen ihnen und An-

---

142 *Lehmann* (Fn. 54), S. 198: „Technisch gesehen (handelt es sich) um eine Art Stufenklage …“.

143 Vgl. auch Art. 212 des “Revised Treaty” (Fn. 50).

144 Vgl. auch Art. 214 des „Revised Treaty“ (Fn. 50).

145 Vgl. auch Art. 218 des “Revised Treaty” (Fn. 50).

146 Draft Rules of Court of the Caribbean Court of Justice (Original Jurisdiction), Rev. 111, 20 March 2004 (Dok. 4); vgl. dazu vorstehend auf S. 21 (Fn. 72).

147 Vgl. auch Art. 220 des „Revised Treaty“ (Fn. 50).

148 Caribbean Court of Justice, (Original Jurisdiction) Rules, 2006.

149 Caribbean Court of Justice, (Original Jurisdiction) (Amendment) Rules, 2006 vom 14. Juli 2006; http://www.caribbeancourtofjustice.org/rules.html.

150 Vgl. auch Art. 217 Abs. 1 des “Revised Treaty” (Fn. 50); vgl. *Pollard* (Fn. 2), S. 184 ff.

151 Vgl. dazu auch Art. 217 Abs. 2 des “Revised Treaty” (Fn. 50).

gehörigen von Drittstaaten betrifft, so verpflichtet Art. XXIII CCJ-Vertrag bzw. Art. 223 des „Revised Treaty“ die Mitgliedstaaten ausdrücklich dazu, so weit als möglich schiedsgerichtliche oder andere „alternative Streitbeilegungsmechanismen“ für deren Lösung einzusetzen.

8.10.2. Berufungs- und Revisionszuständigkeit (Appellate Jurisdiction)

Unter der „*Berufungs-* und *Revisionszuständigkeit*“ (appellate jurisdiction) des „Karibischen Gerichtshofes“ gem. Part III (Art. XXV) des CCJ-Vertrages (Dok. 2) ist hingegen seine (*staatsrechtliche*) Kompetenz – die ihm entweder durch seinen Gründungsvertrag oder durch die Verfassung eines Vertragsstaates eingeräumt wurde – zu verstehen, als *oberstes Appellationsgericht* (superior Court of Record) in Zivil- und Strafsachen in *mitgliedstaatlichen Verfahren* zu fungieren.[152]

Die Kompetenzen des Gerichtshofes in Berufungs- und Revisionsangelegenheiten sehen gemäß Art. XXV grundsätzlich 2 Fallgruppen vor: (a) jene, bei denen der Gerichtshof immer letztinstanzlich tätig werden kann (Abs. 2) sowie andere, (b) bei denen die höchste nationale Instanz die Berufung bzw. Revision zum Karibischen Gerichtshof erst für zulässig erklären muss (Abs. 3).

Ad (a) Als (automatische) Revisionsinstanz gegen Entscheidungen von Appellationsgerichten der Mitgliedstaaten fungiert der Gerichtshof in folgenden Angelegenheiten:

(1) Endurteile in Zivilrechtssachen mit einer (unteren) Streitwertgrenze von 25.000 Ostkaribischen Dollars (East Caribbean Dollars, EC$)[153] oder in Fällen, in denen die Berufung oder Revision direkt oder indirekt einen Anspruch über ein bestrittenes Eigentumsrecht oder ein sonstiges Recht im Wert von über 25.000 EC$ betrifft;

(2) Endurteile hinsichtlich der Auflösung oder Nichtigkeit von Eheschließungen;

(3) Endurteile in irgendeinem zivilrechtlichen oder sonstigen Verfahren, in dem Fragen der Auslegung der Verfassung eines Mitgliedstaates involviert sind;

(4) Endurteile, die in Ausübung der Zuständigkeit ergangen sind, die einem höheren Gericht eines Mitgliedstaates in Bezug auf die Ab-

---

[152] „No other regional judicial institution in the world can lay a claim to being vested with an appellate jurisdiction in respect of municipal law matters and an original jurisdiction in respect of international law issues arising in relation to the interpretation and appliaction of a treaty“; *Pollard* (Fn. 2), S. 37.

[153] Der „East Caribbean Dollar“ (EC$) – Nachfolger des „West Indies Dollar“ – ist die Landeswährung von acht Mitgliedern der „Organisation der Ostkaribischen Staaten“ (OECS) und wurde 1965 eingeführt. Er ist an den US-Dollar im Wechselkursverhältnis 1 US$ = 2,7000 EC$ gebunden. Der EC$ wird von der Eastern Caribbean Central Bank in St. Kitts & Nevis herausgegeben, die 1983 als Rechtsnachfolgerin der „Eastern Caribbean Currency Authority“ gegründet wurde.

hilfe gegen einen Verstoß gegen die Bestimmungen der Verfassung eines Mitgliedstaates zum Schutz von Grundrechten eingeräumt wurden;

(5) Endurteile, die in Ausübung der Zuständigkeit ergangen sind, die einem höheren Gericht eines Mitgliedstaates in Bezug auf die Entscheidung über irgendeine Frage, für die ein Recht auf Zugang zu einem höheren Gericht eines Mitgliedstaates verfassungsgesetzlich ausdrücklich vorgesehen ist, eingeräumt wurden;

(6) jede andere Rechtssache, die durch eine mitgliedstaatliche Rechtsordnung als "revisionsfähig" qualifiziert wird.

In den Fällen (3) und (4) wird dabei der „Karibische Gerichtshof" ermächtigt, in Appellationssachen zu entscheiden, die einen *verfassungsrechtlichen Bezug* aufweisen. Damit legt er auch verbindlich und letztgültig Bestimmungen mitgliedstaatlicher Verfassungen aus.

Ad (b) Darüber hinaus ist der Gerichtshof auch für von einem Höchstgericht der Mitgliedstaaten gegen dessen eigene Urteile zugelassene Revisionen zuständig, die folgende Rechtsachen betreffen:

(1) Gegen ein endgültiges Urteil in Zivilrechtssachen, da die mit dem Revisionsbegehren verbundene Rechtsfrage entweder von großer öffentlicher Bedeutung oder grundlegender juristischer Tragweite ist;

(2) In jeder anderen Rechtssache, die von den Rechtsordnungen der Vertragsparteien als appellabel bezeichnet wird.

In diesen beiden Kompetenzbereichen soll der „Karibische Gerichtshof" in Zukunft das bisher dafür zuständig gewesene „Judicial Committee" des „Privy Council" ersetzen.[154]

Die für seine „appellate jurisdiction" gem. Art. XXV Abs. 7 UAbs. 1 CCJ-Vertrag notwendige VerfO (Rules) hat der Präsident des „Karibischen Gerichtshofes" – unter Mitwirkung von fünf von ihm selbst ausgewählten Richtern des Gerichtshofes – bereits am 17. Juni 2005 erlassen[155] (**Dok. 5**). Am 27. Juli 2006 erfolgte aber bereits die erste Novellierung dieser Rules 2005 **(Dok. 5a)**.[156]

---

[154] Vgl. dazu nachstehend auf S. 37 ff.

[155] Caribbean Court of Justice (Appellate Jurisdiction) Rules 2005; http://www.caricom.org/ccappellate.htm; http://www.caribbeancourtofjustice.org/rules.html; in Kraft getreten am 24. Juni 2005.

[156] Caribbean Court of Justice (Appellate Jurisdiction) (Amendment) Rules, 2006 vom 27. Juni 2006; http://www.caribbeancourtofjustice.org/rules.html.

8.11. Befolgung und Durchsetzung der Urteile

Gem. Art. 215 des „Revised Treaty“ (Dok. 1) leisten alle von einem Urteil des Gerichtshofes betroffenen Staaten, Organe und Personen diesem unverzüglich Gefolgschaft. Gem. Art. XXVI CCJ-Vertrag (Dok. 2) haben die Mitgliedstaaten alle notwendigen Schritte zu ergreifen, um sicherzustellen, dass zum einen die Urteile und Anordnungen des Gerichtshofes in ihren Rechtsordnungen so umgesetzt werden, wie wenn es sich um Sprüche von Höchstgerichten handeln würde (lit. a) sowie zum anderen, dass dem Gerichtshof alle angeforderten Beweismittel zur Verfügung gestellt werden, wie wenn sie von einem Höchstgericht eines der Mitgliedstaaten angefordert worden wären (lit. b). Jeder Vertragsstaat hat dem Generalsekretär des CSME diejenigen Maßnahmen mitzuteilen, die er ergriffen hat, um für eine effektive Umsetzung der Urteile des Gerichts zu sorgen (Art. 1 Abs. 4 des Protokolls über die Rechtspersönlichkeit und Rechtsnatur des Gerichtshofes (Dok. 3)).[157] Sanktionen bei Nichtbefolgung bzw. Nichtvollstreckung von Urteilen sind nicht vorgesehen.

Die Urteile des Gerichtshofes sind bindend und endgültig und bilden gem. Art. XXII des CCJ-Vertrag bzw. Art. 221 des „Revised Treaty“ rechtsverbindliche Präzedenzfälle iSe *„stare decisis“-Wirkung*. Nur im Falle der „originären Gerichtsbarkeit“ sind Revisionen von Urteilen des Gerichtshofs möglich. Gem. Art. XX Abs. 1 CCJ-Vertrag kann nämlich gegen die Urteile des Gerichts im Rahmen der „originären Jurisdiktion“ dann *Revision* eingelegt werden, wenn es sich um „nova reperta“ handelt, die auch bei entsprechender Sorgfalt nicht hätten bekannt sein können. In diesem Fall hat der Gerichtshof zunächst die Evidenz des neuen Umstandes festzustellen und danach eine entsprechende Zulässigkeitserklärung des Revisionsbegehrens auszusprechen (Abs. 2). Der Gerichtshof hat danach über die Revision innerhalb von sechs Monaten nach Kenntnis des neuen Umstandes zu entscheiden (Abs. 4). Nach dem Verstreichen einer 5-jährigen Zeitspanne kann allerdings kein Revisionsbegehren mehr gestellt werden (Abs. 5).[158]

9. Stellung des Karibischen Gerichtshofs zum „Judicial Committee“ des „Privy Council“

Was die bereits mehrfach angezogene Frage der Stellung des „Karibischen Gerichtshofes“ zum „Judicial Committee“ des „Privy Council“ betrifft, so ist sie nach wie vor ungeklärt,[159] wenngleich in der einschlägigen Literatur die Meinung überwiegt, dass „the Caribbean Court of Justice will no longer be

[157] Vgl. Fn. 114.

[158] Vgl. auch Art. 219 des “Revised Treaty” (Fn. 50).

[159] Vgl. dazu die Ausführungen bei *Pollard* (Fn. 2), S. 89 ff.; vgl. auch *Pollard* (Fn. 3), S. 126 ff., 227 ff.

bound by decisions of the former body past and future".[160] Damit wird aber die bisher in der Literatur ebenfalls vertretene „stare decisis"-Wirkung der Urteile des „Privy Council" geleugnet.

Das „Judicial Committee" des „Privy Council" fungiert als oberste Instanz in mitgliedstaatlichen Zivil- und Strafverfahren und ist – trotz seiner Zusammensetzung – ein echtes Höchstgericht. Es setzt sich aus den sog. „Law Lords" des britischen Oberhauses zusammen, wie zB dem Lord Chancellor, den ehemaligen Lords Chancellor und den Lords of Appeal in Ordinary sowie amtierenden und ehemaligen Richtern oberer Instanzen aus den Commonwealth Staaten.[161] Der Hauptteil der Judikatur des „Judicial Committee" des „Privy Council" sind Appellationsverfahren aus den ehemaligen britischen Kolonien, die heute noch als unabhängige Staaten oder abhängige Territorien Mitglieder des Commonwealth sind. Außerhalb der Karibik sind nur mehr vier unabhängige Staaten unter der Judikatur des „Privy Council", nämlich Brunei, Sambia, Mauritius und Neuseeland. Von den unabhängigen Territorien sind nur noch die britischen Kanalinseln[162] als Teil dieses Jurisdiktionssystems übrig geblieben.[163]

Was die eben angesprochene grundlegende Frage betrifft, ob der „Karibische Gerichtshof" dem common law-Grundsatz der Präjudizwirkung iSv „*stare decisis*" (judicial precedent) umfassend verpflichtet ist oder nicht,[164] so sieht dies für seine eigenen Judikate sein eigener Gründungsvertrag ja selbst vor (Art. XXII CCJ-Vertrag (Dok. 2)),[165] für die verpflichtende Beachtung der bisherigen Judikate des „Privy Council" gehen die Meinungen aber auseinander.[166] In diesem Zusammenhang hatte Richter *J. A. Crane* vom Appellationsgericht von Guyana bereits 1971 in einem ähnlichen Zusammenhang in der Rechtssache *Persaud versus Plantation Versailles*[167] festgestellt: "*It is my con-*

[160] *Pollard* (Fn. 2), S. 245.

[161] Vgl. *Rawlins* (Fn. 4), Part. II; vgl. auch *Pollard, D.* The Caribbean Court of Justice. Closing the Circle of Independence (2004), S. 126 ff.; *Antoine, R.-M.* Commonwealth Caribbean Law and Legal Systems (1999); *Pollard, D.* The Caribbean Court of Justice: What It Is: What It Does, vom 17. April 2000; http://www.caricom.org.

[162] Vgl. dazu *Hummer, W.* Die Kategorie des „Kleinst"- bzw. „Mikrostaates" im Völkerrecht: Vom „Kleinststaat" über den „künstlichen" zum „virtuellen" Staat, in: Busek, E. - Hummer, W. (Hrsg.), Der Kleinstaat als Akteur in den internationalen Beziehungen, Liechtenstein Politische Schriften Bd. 39 (2004), S. 23 ff. (103 f.).

[163] *Bastide, M. de la* The Privy Council vs. A Caribbean Court of Appeal, in: Caribbean Affairs 1995, S. 36; *Lehmann* (Fn. 54), S. 190.

[164] Vgl. dazu *Pollard, D.* Appellate Jurisdiction of the Caribbean Court of Justice (CCJ); httzp://www.caricom.org/archives/appellatejurisdiction-pollard.htm.

[165] Vgl. *Pollard* (Fn. 3), S. 25; vgl. dazu vorstehend auf S. 21

[166] Vgl. *Pollard* (Fn. 2), S. 96 ff.; *Pollard, D.* Appellate Jurisdiction of the Caribbean Court of Justice (CCJ); www.caricom.org/jsp/archives/appellatejurisdiction-pollard.htm

[167] 1971 W.I.R 107, S. 132; vgl. *Anderson, W.* Access to environmental justice and existing mechanism for the settlement of environmental disputes: the Caribbean

sidered opinion that consequent on the removal of the Privy Council as our final court of appeal, the doctrine of stare decisis in so far as that court is considered is a dead letter with us: its former judgements are now only of persuasive authority (...) but henceforth it will be our privilege, if not our duty, to decline to follow them if we think fit to do so".

Das „Privy Council" hat allerdings in einem Urteil vom Februar 2005 festgestellt, dass die Gesetzgebung Jamaicas, mittels derer der „Karibische Gerichtshof" auch zu einer eigenen Instanz in der Gerichtsorganisation von Jamaica gemacht wurde, verfassungswidrig und nichtig war. Das Hauptargument des „Privy Council" dabei war aber nicht der Verlust seiner eigenen Zuständigkeit, sondern vielmehr „*that the CCJ, as the replacement for the Privy Council could not be validly incorporated into the judicial system of Jamaica except by way of entrenchment in the Constitution of Jamaica*".[168] Dabei machte das "Privy Council" interessanterweise aber keinen Unterschied zwischen der „appellate" und der „original jurisdiction" des CCJ.

Nachdem das „Privy Council" in den letzten zehn Jahren insgesamt lediglich 214 Rechtsachen aus karibischen Staaten zur Entscheidung vorgelegt bekommen hatte,[169] scheint es sich damit – nach einer über 150 Jahren (sic) langen Periode – mit dem Verlust seiner bisherigen Rolle als oberstes Appellationsgericht auch für die Karibik offensichtlich abzufinden.

In der Zwischenzeit wurde in einer Reihe von mitgliedsstaatlichen Rechtsordnungen das „Judicial Committee" des „Privy Council" formal durch den Karibischen Gerichtshof ersetzt, wie zB in *Barbados* durch zwei Akte des Parlaments, nämlich den „Caribbean Court of Justice Act, 2003" und den „Constitution (Amendment) Act, 2003", die beide am 8. April 2005 in Kraft getreten sind. In *Guyana* wiederum geschah dieser Vorgang durch den „Caribbean Court of Justice Act, 2004 (No 16)" („the CCJ Act"), durch den das Übereinkommen zur Errichtung des Karibischen Gerichtshofes vom 14. Februar 2001[170] in die Rechtsordnung Guayanas inkorporiert wurde. Der „CCJ Act" trat gemäß der Order No. 10 (2005) des Attorney General and Minister of Legal Affairs am 1. April 2005 in Kraft.

Court of Justice, Konferenzpapier, präsentiert auf der Konferenz der Höchstrichter der Karibik in Trelawny, Jamaica vom 11./12. Juni 2004, S. 6.

[168] Privy Council rules on Jamaica´s legislation on the CCJ, CARICOM Press release 31/2005 vom 4. Februar 2005.

[169] Vgl. *Bastide* (Fn. 163), S. 37; *Rawlins* (Fn. 4), S. 48.

[170] Vgl. dazu Fn. 71.

10. Die ersten Urteile des Karibischen Gerichtshofs

Bereits wenige Monate nach seiner Errichtung und dem Erlass der VerfO für seine „appellate jurisdiction“[171] wurde der „Karibische Gerichtshof“ am 8. August 2005 mit seiner ersten Rechtssache befasst[172], in der er bereits am 26. Oktober 2005 sein Urteil (Appellate Jurisdiction), erließ. In der Rechtssache *Barbados Rediffusion Service Ltd versus Asha Mirchandani, Ram Mirchandani und McDonalds Farms Ltd*[173] (**Dok 10**) ging es um die Zulässigkeit der Anrufung des „Karibischen Gerichtshofes“ gegen eine Entscheidung des Appellationsgerichts von Barbados („Court of Appeal of Barbados“), mittels derer eine Berufung des Radiosenders Husbands J. wegen übler Nachrede bzw. Verleumdung der nunmehrigen Beklagten abgewiesen wurde. Die Beklagten beschwerten sich gegen die vom Kläger durch seine Radiostation („The Voice of Barbados“) im Juni und Juli 1989 (!) – während des „run-up“ für das jährliche „Crop Over“-Festival – ausgestrahlten drei Calypso-Gesänge („The Madd Chicken Song“, „Pluck It“ und „Tit for Tat“), in denen behauptet wurde, dass die Beklagten an Krankheiten verendete und nicht ordnungsgemäß geschlachtete Hühner verkauft hätten. Nach längeren Ausführungen zu seiner Zuständigkeit, ließ der CCJ die Revision letztlich zu und „granted the applicant special leave to appeal in order to eliminate the risk that leaving matters as they are, may result in a miscarriage of justice“ (Erwägungsgründe Nr. 44 und 46 des Urteils).

In seinem Revisionsurteil (Appellate Jurisdiction), das der Karibische Gerichtshof in der Folge am 16. März 2006 in der selben Rechtssache erließ[174] (**Dok. 11**), bedauerte der Gerichtshof zunächst die beinahe unglaubliche Verzögerung in diesem Verfahren, für die er auch die Untergerichte verantwortlich machte, und stellte in der Folge eine Reihe von Überlegungen an, wie der Berufung des Radiosenders im meritorischen Endurteil letztlich doch nachgekommen werden könnte.

Am 12. Mai 2006 erließ der Karibische Gerichtshof (Appellate Jurisdiction) bereits sein drittes Urteil *On Appeal from the Court of Apppeal of the Co-operative Republic of Guyana in the Matter of an Application by Brent Griffith in terms of Arts. 142 and 146 of the Constitution.*[175] (**Dok. 12**) In diesem arbeitsrechtlichen Streitfall ging es um die fristlose Entlassung von Brent Griffith, einem ursprünglichen Zollwachebeamten, der im Zuge der Privatisierung des „Customs Department“ und Ersetzung desselben durch die nunmehri-

---

[171] Vgl. dazu Fn. 73 (Dok. 5).

[172] First sitting of the CCJ; www.caribbeancourtofjustice.org/press/pr_080705.htm.

[173] CCJ Application No. AL 0001 of 2005, BB Civil Appeal No. 18 of 2000.

[174] Appeal from the Court of Appeal of Barbados, CCJ Appeal No CV 1 of 2005, BB Civil Appeal No 18 of 2000, Judgment delivered on 16th March, 2006.

[175] CCJ Application No 1 of 2006, GY Civil Appeal No 27 of 2003, Judgement delivered on the 12th of May 2006.

ge „Revenue Authority" auf eigenen Wunsch in das neue Unternehmen überwechselte.

Nach einem halben Jahr seiner Tätigkeit in der „Revenue Authority" wurde Griffith krank, verständigte davon seinen Arbeitgeber aber erst wenige Tage vor dem Ende seines einmonatigen Krankenstandes mittels ärztlichen Attestes. Gemäß den einschlägigen arbeits- und sozialrechtlichen Bestimmungen hätte ein solches Attest aber innerhalb der ersten drei Tage einer Erkrankung vorgelegt werden müssen. Daraufhin wurde Griffith von der „Revenue Authority" fristlos entlassen. Gegen seine Entlassung ging Griffith öffentlichrechtlich mit einer Verfassungsbeschwerde vor, drang damit aber nicht durch, da das Gericht in seinem Urteil vom 22. April 2003 seine Anstellung nicht als einen öffentlich-rechtlichen Dienstvertrag sondern vielmehr als privatrechtlichen Arbeitsvertrag qualifizierte. Nachdem auch der Court of Apppeal of the Co-operative Republic of Guyana seine Klage mit Urteil vom 8. Dezember 2005 abgewiesen hatte, wendete sich Griffith – ohne dafür allerdings vom Court of Appeal innerhalb von 30 Tagen nach dessen Urteil eine Zustimmung erbeten zu haben – an den Karibischen Gerichtshof in seiner „appellate jurisdiction"-Funktion und ersuchte sowohl um einen „special leave to appeal" als auch um die Zuerkennung des Armenrechts („in forma pauperis"). Nach einer genauen Prüfung sowohl der verfahrensrechtlichen als auch materiellrechtlichen Seite dieses Streitfalles beschied der Gerichtshof: „The applicant has not succeeded in demonstrating that his intended appeal has any real prospect of success by showing either that he held public office during his service with the Revenue Authority or that he had an existing right to property in the form of superannuation benefits or that he had a constitutional right to natural justice in respect of the termination of this employment with the Revenue Authority. We therefore refuse to grant him special leave to appeal against the decision of the Court of Appeal" (Erwägungsgrund 56). Konsequenterweise wurde Griffith auch das Armenrecht verweigert (Erwägungsgrund 57).

11. Schlussbetrachtungen

Lässt man die Bemühungen der karibischen Staaten zur Einrichtung eines eigenen *staatsrechtlichen* und *völkerrechtlichen Höchstgerichts* Revue passieren, dann erkennt man, wie unterschiedlich die einzelnen Motive waren, die letztlich zur Errichtung des „Karibischen Gerichtshofs" im Jahre 2002 geführt haben. Waren es Ende der 40er Jahre des vorigen Jhdts. zunächst *politische*, emanzipatorische Überlegungen einer „Abnabelung" vom „*Judicial Committee*" des „*Privy Council*", das als britisches Höchstgericht für Commonwealth-Angelegenheiten über 150 Jahre (auch) als höchstes Verfassungsgericht in der Karibik fungierte, so trat mit der Gründung der ersten regionalen Präferenzzonen in der Karibik im Jahre 1968 – „*Karibische Freihandelsassoziation*" (CARIFTA) und „*Gemeinsamer Markt der Ostkaribik*" (ECCM) – noch die weitere Überlegung hinzu, zugleich auch ein „*Integrationsgericht*“ einzurichten, das für die Streitbeilegung und Rechtmäßigkeitskontrolle in diesen Integrationszonen zuständig sein sollte.

In der Praxis erwiesen sich diese Pläne zunächst aber als nicht realisierbar, sodass sowohl die CARIFTA als auch der ECCM lediglich außergerichtliche Streitbeilegungsverfahren in ihren Satzungen verankert bekamen. Selbst die Dynamisierung dieser Integrationszonen durch die „*Karibische Gemeinschaft*“ (CARICOM) und den dieser angeschlossenen „*Karibischen Gemeinsamen Markt*“ (CCM) im Jahre 1973 führte nicht zur Errichtung eines eigenen Gerichtshofes sondern lediglich zur Ausgestaltung eines schiedsgerichtlichen Verfahrens im Rahmen des CCM. Es bedurfte erst einer weiteren Dynamisierung der CARICOM und ihres Gemeinsamen Marktes durch den „*Gemeinsamen Wirtschaftsmarkt der CARICOM*“ (CSME) im Jahre 2001, die dem immer stärker artikulierten Wunsch nach einer eigenen (supranationalen) Gerichtsbarkeit in der Karibik zum Durchbruch verhalf.

Bereits im „Revisionsvertrag von Chaguaramas“ zur Überführung der CARICOM und ihres Gemeinsamen Marktes in den „Gemeinsamen Wirtschaftsmarkt der CARICOM“ vom 5. Juli 2001 angelegt (Art. 211 bis 224), bedurfte es für die definitive Errichtung des „*Karibischen Gerichtshofes*“ aber noch des Inkrafttretens des „*Übereinkommens zur Errichtung des Karibischen Gerichtshofes*“ am 23. Juli 2002. Nach seiner offiziellen Inauguration am 16. April 2005 wurde der „Karibische Gerichtshof“ bereits am 8. August 2005 mit seiner ersten Rechtssache im Rahmen seiner „appellate jurisdiction“ befasst, in der am 26. Oktober 2005 auch schon das erste Urteil erging. Am 16. März 2006 folgte dann sein zweites und am 12. Mai 2006 bereits sein drittes Urteil – und zwar ebenso in seiner Funktion einer „appellate jurisdiction“.

Der „Karibische Gerichtshof“ ist ein Höchstgericht, das weltweit seinesgleichen sucht. Vor allem die Zweiteilung seiner Judikatur – in eine „*original jurisdiction*“ und eine „*appellate jurisdiction*“ – ist präzedenzlos und macht ihn zum einen zu einem *völkerrechtlichen* Gericht zur Auslegung und Anwendung des Rechts des „Gemeinsamen Wirtschaftsmarkts der CARICOM“ und zum anderen zu einem *staatsrechtlichen* Berufungs- und Appellationsgericht für mitgliedstaatlich abgeführte Zivil- und Strafsachen. Ein solcher „Kompetenzmix“ ist weltweit einzigartig und lässt sich nur aus den speziellen (historischen) Gegebenheiten in der Karibik erklären.

Während der „Karibische Gerichtshof“ im Rahmen seiner staatsrechtlichen Berufungs- und Appellationszuständigkeit bereits zwei Urteile erlassen hat, steht ein solches im Rahmen seiner völkerrechtlichen Kompetenz als „Integrationsgericht“ noch aus. Es wird daher erst die Zukunft zeigen, wie effektiv sich der „Karibische Gerichtshof“ im Rahmen der Streitbeilegung und Rechtmäßigkeitskontrolle im Rahmen des „Gemeinsamen Wirtschaftsmarkts der CARICOM“ erweist und damit die regionale Integration befördert.[176]

[176] Vgl. dazu die Textzitate bei den Fn. 1, 2 und 3 auf S. 1.

Anhang

DOK 1

REVISED TREATY OF CHAGUARAMAS ESTABLISHING THE CARIBBEAN COMMUNITY INCLUDING THE CARICOM SINGLE MARKET AND ECONOMY,

vom 5. Juli 2001

(Auszug: Art. 187 – 224)

CHAPTER NINE
DISPUTES SETTLEMENT

ARTICLE 187
Scope of the Chapter

The provisions of this Chapter shall apply to the settlement of disputes concerning the interpretation and application of the Treaty, including:

(a) allegations that an actual or proposed measure of another Member State is, or would be, inconsistent with the objectives of the Community;

(b) allegations of injury, serious prejudice suffered or likely to be suffered, nullification or impairment of benefits expected from the establishment and operation of the CSME;

(c) allegations that an organ or body of the Community has acted ultra vires: or

(d) allegations that the purpose or object of the Treaty is being frustrated or prejudiced.

ARTICLE 188
Modes of Dispute Settlement

1. Subject to the provisions of this Treaty, the disputes mentioned in Article 187 shall be settled only by recourse to anyone of the following modes for the settlement of disputes, namely, good offices, mediation, consultations, conciliation, arbitration and adjudication.
2. Where a dispute has not been settled following the adoption of one of the modes referred to in paragraph 1 other than arbitration or adjudication, either party may have recourse to another mode.
3. Subject to the procedural rules applicable in respect of arbitration or adjudication, the parties may agree, pending a settlement, to have recourse to good offices, mediation or conciliation in order to arrive at a settlement.
4. Without prejudice to the exclusive and compulsory jurisdiction of the Court in the interpretation and application of this Treaty under Article 211, the parties may use any of the voluntary modes of dispute settlement provided for in this Article in 113, the settlement of a dispute.

ARTICLE 189

Expeditious Settlement of Disputes

Where a dispute arises between Member States, the parties shall proceed expeditiously to an exchange of views for the purpose of agreeing on:

(a) a mode of settlement and where an agreed mode has been terminated, to another mode of settlement; or

(b) a mutually satisfactory method of implementation where a settlement has been reached and the circumstances require consultation regarding its implementation.

ARTICLE 190

Notification of Existence and Settlement of Disputes

1. Member States parties to a dispute shall notify the Secretary-General of
   (a) the existence and nature of the dispute; and
   (b) any mode of dispute settlement agreed upon or initiated.
2. Where a settlement is reached the Member States concerned shall notify the Secretary-General of the settlement and the mode used in arriving at the settlement.
3. The Secretary-General shall, as soon as practicable after receiving the information pursuant to paragraphs 1 and 2, notify other Member States of the information received.

ARTICLE 191

Good Offices

1. Member States parties to a dispute may agree to employ the good offices of a third party, including those of the Secretary-General, to settle the dispute.
2. Good offices may begin or be terminated at any time. Subject to the procedural rules applicable in respect of arbitration or adjudication, good offices may continue during the course of arbitration or adjudication.

ARTICLE 192

Mediation

1. Where Member States parties to a dispute agree to settle the dispute by recourse to mediation, the parties may agree on a mediator or may request the Secretary-General to appoint a mediator from the list of conciliators mentioned in Article 196.
2. Mediation may begin or be terminated at any time. Subject to the procedural rules applicable in respect of arbitration or adjudication, mediation may continue during the course of arbitration or adjudication.
3. Proceedings involving mediation and, in particular, positions taken by parties during the proceedings, shall be confidential and without prejudice to the rights of the parties in any further proceedings.

ARTICLE 193

Obligation to Enter Consultations

1. A Member State shall enter into consultations upon the request of another Member State where the requesting Member State alleges that an action taken by the requested Member State constitutes a breach of obligations arising from or under the provisions of this Treaty.
2. Where a request for consultations is made pursuant to paragraph 1, the requested Member State shall enter into consultations within 14 days of the receipt of the request or a mutually agreed period.
3. Where:
   (a) consultations have not been entered into within the period referred to in paragraph 2; or
   (b) the consultations fail to settle the dispute within 45 days of the receipt of the request for consultations or the dates mutually agreed, the requesting Member State may resort to any mode of dispute settlement including arbitration and adjudication.
4. Requests for consultations shall be in writing. The request shall state the reasons for the consultations and identify the measure at issue and the legal basis for the complaint.
5. The Secretary-General shall be notified of any request for consultations.
6. Consultations shall be confidential and without prejudice to the rights of the Member States in any further proceedings. However, before resorting to further proceedings, the Member States shall employ their best endeavours to settle the dispute.
7. In cases of urgency including those concerning perishable goods, the requested Member State shall enter into consultations within 3 days of the receipt of the request, and where such consultations are not entered into, the requesting Member State may resort to arbitration and adjudication.
8. Where consultations under paragraph 7 fail to settle the dispute within 7 days of the receipt of the request for such consultations, the requesting Member State may resort to arbitration and adjudication.
9. Whenever a Member State, other than the consulting Member States, considers that it has a legitimate interest in consultations being held pursuant to this Article, such Member State may notify the consulting Member States and the Secretary- General, within 10 days after the date of the circulation of the request for consultations, of its desire to be joined in the consultations. Such Member State shall be joined in the consultations, provided that the requested Member State agrees that the claim of legitimate interest is well-founded and based on similar facts and circumstances. In that event, the Member States concerned shall notify the Secretary-General. If the request to be joined in the consultations is not granted, the applicant Member State may request consultations under paragraph 1 of this Article.

ARTICLE 194
Obligations of Consulting Parties

Where Member States parties to a dispute agree to settle the dispute by consultations, they shall endeavour to arrive at a mutually satisfactory settlement of the dispute through the consultations, and to this end shall:

(a) provide sufficient information to enable a full examination of how the action complained of constitutes a breach of obligations arising from or under the provisions of this Treaty referred to in Article 193; and

(b) treat any confidential or proprietary information exchanged in the course of consultations on the same basis as it is treated by the Member State providing the information.

ARTICLE 195
Initiation of Conciliation Proceedings

Where Member States parties to a dispute have agreed to submit the dispute to conciliation under this Part, any such Member State may institute proceedings by notification addressed to the other party or parties to the dispute.

ARTICLE 196
Establishment of a List of Conciliators

1. A List of Conciliators shall be established and maintained by the Secretary-General. Every Member State shall be entitled to nominate two conciliators, each of whom shall be a person enjoying the highest reputation for fairness, competence and integrity. The names of the persons so nominated shall constitute the List. If at any time the number of conciliators nominated by a Member State is less than two, the Member State concerned shall be entitled to make such nominations as are necessary. The name of a conciliator shall remain on the List until withdrawn by the Member State which made the nomination and where a conciliator has been appointed to serve on any mediation or conciliation commission, the conciliator shall continue to serve on such commission until the completion of the relevant proceedings.
2. The term of a conciliator, including that of a conciliator appointed to fill a vacancy, shall be five (5) years and may be renewed.

ARTICLE 197
Constitution of Conciliation Commission

A conciliation commission shall be constituted from time to time as follows:

(a) subject to the provisions of this Article, a conciliation commission shall consist of three members;

(b) unless the parties otherwise agree, the party instituting the proceedings shall appoint one conciliator to be chosen from the List mentioned in Article 196. The conciliator appointed may be a national of the party making the appointment. Such an appointment shall be included in the notification mentioned in Article 195;

(c) the other party to the dispute shall appoint a conciliator in the manner set forth in sub-paragraph (b) within ten days of the notification referred to in Article 195. If the appointment is not made within that period, the party instituting the proceedings may, within one week of the expiration of that period, either terminate the proceedings by notification addressed to the other party or request the Secretary-General to make the appointment in accordance with sub-paragraph (e);

(d) within ten days after both conciliators have been appointed, they shall appoint a third conciliator chosen from the List referred to in Article 196, and who shall be the Chairman. If the appointment is not made within that period either party may, within the week of the expiration of that period, request the Secretary-General to make the appointment in accordance with sub-paragraph (e);

(e) within ten days of the receipt of a request under sub-paragraphs (c) and (d), the Secretary-General shall make the necessary appointments from the List referred to in Article 196 in consultation with the parties to the dispute;

(f) any vacancy on a conciliation commission shall be filled in the manner prescribed for the initial appointment;

(g) two or more Member States parties to the dispute which determine by agreement that they are of the same interest shall appoint one conciliator jointly;

(h) in disputes involving more than two parties having separate interests, or where there is disagreement as to whether they are of the same interest, the parties shall apply sub-paragraphs (a) to (f) in so far as may be possible.

ARTICLE 198

Amicable Settlement

A conciliation commission may draw to the attention of the Member States parties to the dispute any measures which might facilitate an amicable settlement of the dispute.

ARTICLE 199

Functions of Conciliation Commission

A conciliation commission shall hear the Member States parties to the dispute, examine their claims and objections, and make proposals to the parties with a view to reaching an amicable settlement.

ARTICLE 200
Procedure

1. A conciliation commission shall, unless the Member States parties to the dispute otherwise agree, determine its own procedure. A conciliation commission may, with the consent of the parties to the dispute, invite any Member State to submit its views to the commission, orally or in writing. The report and recommendations and decisions of the commission regarding procedural matters shall be made by a majority vote of its members.
2. The Member States parties to the dispute may, by agreement applicable solely to that dispute, modify the procedure referred to in paragraph 1.

ARTICLE 201
Report

1. A conciliation commission shall report within three months of its constitution. Its report shall record any agreements reached and, failing agreement, its conclusions on all questions of fact or law relevant to the matter in dispute and such recommendations as a conciliation commission may deem appropriate for an amicable settlement.
2. The conclusions or recommendations of a conciliation commission shall not be binding upon the parties.

ARTICLE 202
Termination

The conciliation proceedings shall be deemed to be terminated when a settlement has been reached, when the parties have accepted or one party has rejected the recommendations of the report by notification addressed to the Secretary-General, or when a period of one month has expired from the date of transmission of the report to the parties.

ARTICLE 203
Fees and Expenses

The fees and expenses of a conciliation commission shall be borne by the Member States parties to the dispute.

ARTICLE 204
Arbitration

A Member State party to a dispute may, with the consent of the other party, refer the matter to an arbitral tribunal constituted in accordance with the provisions of this Chapter.

ARTICLE 205

Constitution of the List of Arbitrators

1. For the purposes of constituting the arbitral tribunal referred to in Article 206, the Secretary-General shall establish and maintain a List of Arbitrators comprising persons chosen strictly on the basis of impartiality, reliability and sound judgment and who shall:
   (a) have expertise or experience in law, international trade, other matters covered by this Treaty, or the settlement of disputes arising under international trade agreements;
   (b) be independent of and not be affiliated with or take instructions from any Member State; and
   (c) comply with the Code of Judicial Conduct governing the behaviour of judges of the Court. The term of an arbitrator, including that of any arbitrator nominated to fill a vacancy, shall be five years and may be renewed.

ARTICLE 206

Constitution of Arbitral Tribunal

1. Each of the Member States parties to a dispute shall be entitled to appoint one arbitrator from the List of Arbitrators. The two arbitrators chosen by the parties shall be appointed within fifteen days following the decision to refer the matter to arbitration. The two arbitrators shall, within fifteen days following the date of their appointments, appoint a third arbitrator from the List who shall be the Chairman. As far as practicable, the arbitrators shall not be nationals of any of the parties to the dispute.
2. Where either party to the dispute fails to appoint its arbitrator under paragraph 1, the Secretary-General shall appoint the arbitrator within ten days. Where the arbitrators fail to appoint a Chairman within the time prescribed, the Secretary- General shall appoint a Chairman within ten days.
3. Where more than two Member States are parties to a dispute, the parties concerned shall agree among themselves on the two arbitrators to be appointed from the List of Arbitrators within fifteen days following the decision to refer the matter to arbitration and the two arbitrators shall within fifteen days of their appointment appoint a third arbitrator from the List who shall be the Chairman.
4. Where no agreement is reached under paragraph three, the Secretary-General shall make the appointment within ten days and where the arbitrators fail to appoint a Chairman within the time prescribed the Secretary-General shall make the appointment within ten days.
5. Notwithstanding paragraphs 1, 2, 3 and 4, Member States parties to a dispute may refer the matter to arbitration and consent to the Secretary-

General appointing a sole arbitrator from the list who shall not be a national of a Party to the dispute.

ARTICLE 207

Rules of Procedure of Arbitral Tribunal

1. Subject to the relevant provisions of this Chapter, the arbitral tribunal shall establish its own rules of procedure.
2. The procedures shall assure a right to at least one hearing before the arbitral tribunal as well as the opportunity to provide initial and rebuttal written submissions.
3. The arbitral tribunal's hearings, deliberations and initial report, and all written submissions to and communications with the arbitral tribunal, shall be confidential.
4. The arbitral tribunal may invite any Member State to submit views orally or in writing.
5. The award of the arbitral tribunal shall be confined to the subject matter of the dispute and shall state the reasons on which it is based.
6. Where the parties cannot agree on the interpretation or implementation of the award, either party may apply to the arbitral tribunal for a ruling within thirty days of the award. The term of the arbitral tribunal shall come to an end unless an application for a ruling has been received, in which case it shall continue for such reasonable time, not exceeding thirty days, as may be required to make the ruling.
7. Decisions of the arbitral tribunal shall be taken by a majority vote of its members and shall be final and binding on the Member States parties to the dispute.

ARTICLE 208

Third Party Intervention

A Member State which is not a party to a dispute, on delivery of a notification to the parties to a dispute and to the Secretary-General, shall be entitled to attend all hearings and to receive written submissions of the parties to a dispute and may be permitted to make oral or written submissions to the arbitral tribunal.

ARTICLE 209

Additional Information from Experts

Where proceedings have commenced, the arbitral tribunal may, on its own initiative or on the request of a party to the dispute, seek information and technical advice from any expert or body that it considers appropriate, provided that the parties to the dispute so agree and subject to such terms and conditions as the parties may agree.

ARTICLE 210

Expenses of Arbitral Tribunal

1. The expenses of the arbitral tribunal, including the fees and subsistence allowances of arbitrators and experts engaged for the purposes of a dispute, shall be borne equally by the Member States parties to the dispute unless the arbitral tribunal, taking into account the circumstances of the case, otherwise determines.
2. Where a third party intervenes in the proceedings, the party shall bear the costs associated with the intervention.

ARTICLE 211

Jurisdiction of the Court in Contentious Proceedings

1. Subject to this Treaty, the Court shall have compulsory and exclusive jurisdiction to hear and determine disputes concerning the interpretation and application of the Treaty, including:
   (a) disputes between the Member States parties to the Agreement;
   (b) disputes between the Member States to the parties to the Agreement and the Community;
   (c) referrals from national courts of the Member States parties to the Agreement;
   (d) applications by persons in accordance with Article 222, concerning the interpretation and application of this Treaty.
2. For the purpose of this Chapter, "national courts" includes the Eastern Caribbean Supreme Court.

ARTICLE 212

Advisory Opinions of the Court

1. The Court shall have exclusive jurisdiction to deliver advisory opinions concerning the interpretation and application of the Treaty.
2. Advisory opinions shall be delivered only at the request of the Member States parties to a dispute or the Community.

ARTICLE 213

Institution of Proceedings

Any party to a dispute may institute proceedings in accordance with the Rules of Court governing Original Jurisdiction.

ARTICLE 214

Referral to the Court

Where a national court or tribunal of a Member State is seized of an issue whose resolution involves a question concerning the interpretation or application of this Treaty, the court or tribunal concerned shall, if it considers that a decision on the question is necessary to enable it to deliver judgment, refer the question to the Court for determination before delivering judgment.

ARTICLE 215

Compliance with Judgments of the Court

The Member States, Organs, Bodies of the Community, entities or persons to whom a judgment of the Court applies, shall comply with that judgment promptly.

ARTICLE 216

Compulsory Jurisdiction of the Court

1. The Member States agree that they recognise as compulsory, ipso facto and without special agreement, the original jurisdiction of the Court referred to in Article 211.
2. In the event of a dispute as to whether the Court has jurisdiction, the matter shall be determined by decision of the Court.

ARTICLE 217

Law to be applied by the Court in the Exercise of its Original Jurisdiction

1. The Court, in exercising its original jurisdiction under Article 211, shall apply such rules of international law as may be applicable.
2. The Court may not bring in a finding of non liquet on the ground of silence or obscurity of the law. The provisions of paragraphs 1 and 2 shall not prejudice the power of the Court to decide a dispute ex aequo et bono if the parties so agree.

ARTICLE 218

Application for Interim Measures

The Court shall have the power to prescribe, if it considers the circumstances so require, any interim measures that ought to be taken to preserve the rights of either party.

ARTICLE 219

Revision of Judgments of the Court in the Exercise of its Original Jurisdiction

1. The Court shall, in the exercise of its Original Jurisdiction, be competent to revise its judgment on an application made in that behalf
2. An application for the revision of a judgment of the Court in the exercise of its original jurisdiction may be made only when it is based upon the discovery of some fact of such a nature as to be a decisive factor; which fact was, when the judgment was given, unknown to the Court and to the party claiming revision: provided always the ignorance of that fact was not due to negligence on the part of the applicant.
3. Proceedings for a revision shall be opened by a judgment of the Court expressly recording the existence of the new fact, recognising that it has such a character as to lay the case open to revision, and declaring the application admissible on this ground.

4. The Court may require previous compliance with the terms of the judgment before it admits proceedings for a revision.
5. The application for a revision shall be made within six months of the discovery of the new fact.
6. No application for a revision may be made after the lapse of five years from the date of the judgment.

ARTICLE 220

Rules of Court Governing Original Jurisdiction

The Rules of Court established by the President of the Court in accordance with Article 221 of the Agreement shall apply in the exercise of the original jurisdiction of the Court.

ARTICLE 221

Judgment of the Court to Constitute *Stare Decisis*

Judgments of the Court shall constitute legally binding precedents for parties in proceedings before the Court unless such judgments have been revised in accordance with Article 219.

ARTICLE 222

Locus Standi of Private Entities

Persons, natural or juridical, of a Contracting Party may, with the special leave of the Court, be allowed to appear as parties in proceedings before the Court where:

(a) the Court has determined in any particular case that this Treaty intended that a right or benefit conferred by or under this Treaty on a Contracting Party shall enure to the benefit of such persons directly; and
(b) the persons concerned have established that such persons have been prejudiced in respect of the enjoyment of the right or benefit mentioned in paragraph (a) of this Article; and
(c) the Contracting Party entitled to espouse the claim in proceedings before the Court has:
    (i) omitted or declined to espouse the claim, or
    (ii) expressly agreed that the persons concerned may espouse the claim instead of the Contracting Party so entitled; and
(d) the Court has found that the interest of justice requires that the persons be allowed to espouse the claim.

ARTICLE 223

Alternative Disputes Settlement

1. The Member States shall, to the maximum extent possible, encourage and facilitate the use of arbitration and other modes of alternative disputes settlement for the settlement of private commercial disputes among

Community nationals as well as among Community nationals and nationals of third States.

2. Each Member State shall provide appropriate procedures in its legislation to ensure observance of agreements to arbitrate and for the recognition and enforcement of arbitral awards in such disputes.
3. A Member State which has implemented the 1958 United Nations Convention on the Recognition and Enforcement of Foreign Arbitral Awards or the Arbitration Rules of the United Nations Commission on International Trade Law shall be deemed to be in compliance with the provisions of paragraph 2 of this Article.

ARTICLE 224

General Undertaking

Each Member State undertakes to employ its best endeavours to complete the constitutional and legislative procedures required for its participation in the regime establishing the Court as soon as possible.

Quelle: http://www.sice.oas.org/trade/caricom/caric7.asp#CHAPNINE

DOK 2

AGREEMENT ESTABLISHING THE CARIBBEAN COURT OF JUSTICE,

vom 14. Februar 2001

The contracting parties,

convinced that the Caribbean Court of Justice, (hereinafter referred to as "the Court"), will have a determinative role in the further development of Caribbean jurisprudence through the judicial process;

convinced also of the desirability of entrenching the Court in their national Constitutions;

aware that the establishment of the Court is a further step in the deepening of the regional integration process; recognizing the sovereignty of Members of the Caribbean Community;

hereby agree as follows:

ARTICLE I

USE OF TERMS

In this Agreement, unless the context otherwise requires:

"Commission" means the Regional Judicial and Legal Services Commission established by Article V;

"Conference" means the Conference of Heads of Government of Member States of the Caribbean Community;

"Contracting Party" means an entity referred to in Article II which has satisfied the requirements of membership and in relation to which this Agreement is in force;

"Heads of Government" means the Heads of Government of the Contracting Parties;

"President" means the President of the Court;

"Secretary-General" means the Secretary-General of the Caribbean Community;

"Treaty" means the Treaty establishing the Caribbean Community signed at Chaguaramas on 4 July 1973 and any amendments thereto which take effect either provisionally or definitively.

PART I
MEMBERSHIP, ESTABLISHMENT OF THE COURT, THE COMMISSION AND RELATED MATTERS

ARTICLE II

MEMBERSHIP

This Agreement shall be open to

(a) Member States of the Caribbean Community;

(b) Any other Caribbean country which is invited by the Conference to become a Party to this Agreement.

ARTICLE III

ESTABLISHMENT AND SEAT OF THE CARIBBEAN COURT OF JUSTICE

1. The Court is hereby established with:
   (a) original jurisdiction in accordance with the provisions of Part II, and
   (b) Appellate jurisdiction in accordance with the provisions of Part III.
2. The decisions of the Court shall be final.
3. The Seat of the Court shall be in the territory of a Contracting Parties determined by a qualified majority of the Contracting Parties but, as circumstances warrant, the Court may sit in the territory of any other Contracting Party.
4. The Government of the Contracting Party in whose territory the Seat of the Court is situated shall provide suitable accommodation for the Seat of the Court and the offices of the Commission and shall conclude with the Court and the Commission an Agreement relating to the Seat of the Court and the offices of the Commission.
5. The Court shall have and use, as occasion may require, a seal having a device or impression with the inscription "The Caribbean Court of Justice".

ARTICLE IV

CONSTITUTION OF THE COURT

1. Subject to paragraph 2 of this Article, the Judges of the Court shall be the President and not more than nine other Judges of whom at least three shall possess expertise in international law including international trade law.
2. The number of Judges, excluding the President, may be increased by the Heads of Government, upon the recommendation of the Commission.
3. The Court shall be duly constituted as set out in Parts II and III and may sit in such number of divisions as may be directed by the President but every Judge of the Court may sit in any division.
4. The determination of any question before the Court shall be according to the opinion of the majority of the Judges of the Court hearing the case.
5. Notwithstanding the provisions of this Article, the President may appoint one or more judges to determine interlocutory matters.
6. The President shall be appointed or removed by the qualified majority vote of three-quarters of the Contracting Parties on the recommendation of the Commission.
7. The Judges of the Court, other than the President, shall be appointed or removed by a majority vote of all of the members of the Commission.
8. The President shall take precedence over all other Judges of the Court and the seniority of the other Judges of the Court shall be determined in accordance with the dates of their appointment.

9. The appointment of the President shall be signified by letter under the hand of the Chairman for the time being of the Conference acting on the advice of the Heads of Government and the appointment of any other Judge of the Court shall be signified by letter under the hand of the Chairman of the Commission.
10. A person shall not be qualified to be appointed to hold or to act in the office of Judge of the Court, unless that person satisfies the criteria mentioned in paragraph 11 and
    (a) is or has been for a period or periods amounting in the aggregate to not less than five years, a Judge of a court of unlimited jurisdiction in civil and criminal matters in the territory of a Contracting Party or in some part of the Commonwealth, or in a State exercising civil law jurisprudence common to Contracting Parties, or a court having jurisdiction in appeals from any such court and who, in the opinion of the Commission, has distinguished himself or herself in that office; or
    (b) is or has been engaged in the practice or teaching of law for a period or periods amounting in the aggregate to not less than fifteen years in a Member State of the Caribbean Community or in a Contracting Party or in some part of the Commonwealth, or in a State exercising civil law jurisprudence common to Contracting parties, and has distinguished himself or herself in the legal profession.
11. In making appointments to the office of Judge, regard shall be had to the following criteria: high moral character, intellectual and analytical ability, sound judgment, integrity, and understanding of people and society.
12. The Commission may, prior to appointing a Judge of the Court, consult with associations representative of the legal profession and with other bodies and individuals that it considers appropriate in selecting a Judge of the Court.

ARTICLE V
ESTABLISHMENT OF THE REGIONAL JUDICIAL AND LEGAL SERVICES COMMISSION

1. There is hereby established a Regional Judicial and Legal Services Commission which shall consist of the following persons:
    (a) the President who shall be the Chairman of the Commission;
    (b) two persons nominated jointly by the Organisation of the Commonwealth Caribbean Bar Association (OCCBA) and the Organisation of Eastern Caribbean States (OECS) Bar Association;
    (c) one chairman of the Judicial Services Commission of a Contracting Party selected in rotation in the English alphabetical order for a period of three years;
    (d) the Chairman of a Public Service Commission of a Contracting Party selected in rotation in the reverse English alphabetical order

for a period of three years;

(e) two persons from civil society nominated jointly by the Secretary-General of the Community and the Director General of the OECS for a period of three years following consultations with regional non-governmental organisations;

(f) two distinguished jurists nominated jointly by the Dean of the Faculty of Law of the University of the West Indies, the Deans of the Faculties of Law of any of the Contracting Parties and the Chairman of the Council of Legal Education; and

(g) two persons nominated jointly by the Bar or Law Associations of the Contracting Parties.

2. Where any person or body required to nominate a candidate for appointment to the Regional Judicial and Legal Services Commission in accordance with paragraph 1, fails to make such nomination within thirty (30) days of a written request in that behalf, the nomination shall be made jointly by the heads of the judiciaries of the Contracting Parties.

3. (1) The Commission shall have responsibility for:

(a) making appointments to the office of Judge of the Court, other than that of President;

(b) making appointments of those officials and employees referred to in Article XXVII and for determining the salaries and allowances to be paid to such officials and employees;

(c) the determination of the terms and conditions of service of officials and employees; and

(d) the termination of appointments in accordance with the provisions of this Agreement.

(2) The Commission shall, in accordance with the Regulations, exercise disciplinary control over Judges of the Court, other than the President, and over officials and employees of the Court.

4. The term of office of members of the Commission, other than the Chairman shall be three years, but such members shall be eligible for re- appointment for another term of office.

5. The members of the Commission referred to in paragraph 1 (b), (c), (d), (f) and (g) shall be appointed by letter under the hand of the President.

6. If the office of a member of the Commission, other than the Chairman is vacant or the holder thereof is unable to perform the functions of his office, a person may be appointed to perform the functions of that office for the unexpired term of the holder of the office or until the holder resumes office.

7. Subject to paragraph 13 of this Article, the Commission shall not be:

(a) disqualified from the transaction of business by reason of any vacancy in its membership and its proceedings shall not be invalidated by the presence or participation of any person not entitled to be present or to participate in those proceedings;

(b) disqualified from the transaction of neither business nor its proceedings invalidated by reason of the non-receipt by a member of the Commission, of a notice for a meeting of the Commission.

8. The Commission may, by directions in writing and subject to such conditions as it thinks fit, delegate any of its powers under paragraph 3 (1) (b) and (c) of this Article to any one or more of its members or to the Registrar.
9. A member of the Commission, other than the Chairman may, by writing under the hand of that member, addressed to the Chairman of the Commission, resign from the Commission.
10. The Commission shall, no later than 31 March in every year, submit to the Heads of Government, an Annual Report of its work and operations during the previous year.
11. The Registrar of the Court shall perform the functions of Secretary of the Commission and shall be the chief administrative officer of the Commission.
12. In the exercise of their functions under this Agreement, the members of the Commission shall neither seek nor receive instructions from any body or person external to the Commission.
13. A quorum for the transaction of business by the Commission shall consist of not less than six members of the Commission including the Chairman or, where the Deputy Chairman is presiding, the Deputy Chairman.
14. Subject to this Article, the Commission shall have power to regulate its own procedure.

ARTICLE VI

THE FIRST APPOINTMENT OF THE PRESIDENT AND MEMBERS OF THE COMMISSION

1. For the purposes of the first appointment of the President and Commissioners and notwithstanding the provisions of paragraph 6 of Article IV, the members of the Commission appointed pursuant to the Agreement shall make a recommendation for the appointment of the President.
2. Notwithstanding the provisions of paragraphs 4 and 5 of Article V:
   (a) the term of office of the members of the Commission appointed in accordance with paragraph 1 of this Article shall be one year; and
   (b) the members of the Commission mentioned in sub-paragraph (a) of this paragraph shall be appointed by letter under the hand of the heads of the judiciary of the Contracting Parties.

ARTICLE VII

LEGAL STATUS OF THE COMMISSION

1. The Commission shall possess full juridical personality including, in particular, full capacity to contract.
2. The privileges and immunities to be accorded the Commission and its members in the territories of the Contracting Parties shall be laid down

in a Protocol to this Agreement.

3. The Contracting Parties undertake to make provision to ensure that the proceedings of the Commission shall not be enquired into in any Court.

ARTICLE VIII
ACTING APPOINTMENTS

1. If the office of President is vacant, or if the President is for any reason unable to perform the functions of that office, then, until some other person has been appointed to and has assumed the functions of that office or, as the case may be, until the President has resumed those functions, they shall be performed by the Judge of the Court who is most senior according to the date of his appointment and he shall be appointed by letter under the hand of the Chairman for the time being of the Conference.
2. When none of the other Judges is senior by appointment, the functions of President shall be performed by such one of the other Judges of the Court appointed by letter.
3. An appointment referred to in paragraph 2 shall be made in accordance with the advice of the Heads of Government tendered after consultations with the President and such other persons or bodies of persons as the Heads of Government may think fit.
4. If one of the Judges of the Court is acting as the President of the Court or if the office of a Judge of the Court, other than the President, is vacant or if such a Judge is for any reason unable to perform the functions of that office, then, until some other person has been appointed to act and has assumed the functions of that office or, as the case may be, until the Judge has resumed those functions, they shall be performed by a person qualified for appointment as a Judge of the Court to be appointed by the Commission by letter under the hand of the Chairman of the Commission.
5. The person appointed in accordance with paragraph 4 shall continue to perform the functions of the office until a person is appointed to the office and has assumed the functions thereof or, as the case may be, until the holder resumes office.

ARTICLE IX
TENURE OF OFFICE OF JUDGES

1. The office of a Judge of the Court shall not be abolished while there is a substantive holder thereof.
2. Subject to the provisions of this Article, the President shall hold office for a non-renewable term of seven years or until he attains the age of seventy-two years, whichever is earlier, except that the President shall continue in office, if necessary, for a further period not exceeding three months to enable him to deliver judgment or to do any other thing in relation to any proceedings part-heard by him.
3. Subject to the provisions of this Article, a Judge of the Court shall hold office until he attains the age of seventy-two years, except that he

shall continue in office, if necessary, for a further period not exceeding three months to enable him to deliver judgment or to do any other thing in relation to any proceedings part-heard by him.

4. A Judge may be removed from office only for inability to perform the functions of his office, whether arising from illness or any other cause or for misbehaviour, and shall not be so removed except in accordance with the provisions of this Article.

5. (a) Subject to Article IV, paragraph 5, the President shall be removed from office by the Heads of Government on the recommendation of the Commission, if the question of the removal of the President has been referred by the Heads of Government to a tribunal and the tribunal has advised the Commission that the President ought to be removed from office for inability or misbehaviour referred to in paragraph 4.

(b) Subject to Article IV, paragraph 6, a Judge other than the President shall be removed from office by the Commission if the question of the removal of the Judge has been referred by the Commission to a tribunal; and the tribunal has advised the Commission that the Judge ought to be removed from office for inability or misbehaviour referred to in paragraph 4.

6. If at least three Heads of Government in the case of the President jointly represent to the other Heads of Government, or if the Commission decides in the case of any other Judge, that the question of removing the President or the Judge from office ought to be investigated, then

(a) the Heads of Government or the Commission shall appoint a tribunal which shall consist of a chairman and not less than two other members, selected by the Heads of Government or the Commission, as the case may be, after such consultations as may be considered expedient, from among persons who hold or have held office as a Judge of a court of unlimited jurisdiction in civil and criminal matters in some part of the Commonwealth, or in a State exercising civil law jurisprudence common to Contracting Parties, or a court having jurisdiction in appeals from any such court; and

(b) the tribunal shall enquire into the matter and advise the Heads of Government or the Commission, as the case may be, whether or not the President or the Judge ought to be removed from office.

7. The provisions of any law relating to the holding of commissions of inquiry in the Member State of the Caribbean Community where the inquiry is held shall apply as nearly as may be in relation to tribunals appointed under paragraph 6 of this Article or, as the context may require, to the members thereof as they apply in relation to Commissions or Commissioners appointed under that law.

8. If the question of removing the President or any other Judge of the Court from office has been referred to a tribunal under paragraph 6 of this Article, the Heads of Government in the case of the President, or the Commission,

in the case of any other Judge of the Court, may suspend such Judge from performing the functions of his office, and any such suspension may at any time be revoked by the Heads of Government or the Commission, as the case may be, and shall in any case cease to have effect if the tribunal advises the Heads of Government or the Commission that the Judge ought not to be removed from office.

9. (a) The President may at any time resign the office of President by writing under the hand of the President addressed to the Chairman for the time being of the Conference.
   (b) Any other Judge of the Court may at any time resign the office of Judge of the Court by writing under the hand of the Judge addressed to the Chairman of the Commission.

ARTICLE X
OATH OF OFFICE

1. A Judge of the Court shall not enter upon the duties of that office unless he has taken and subscribed the oath of office as set out in Appendix I to this Agreement.
2. The oath of office shall be taken and subscribed before the Head of State of any Contracting Party.

PART II
ORIGINAL JURISDICTION OF THE COURT

ARTICLE XI
CONSTITUTION OF THE COURT

1. The Court, in the exercise of its original jurisdiction, shall be duly constituted if it consists of not less than three judges being an uneven number of judges.
2. The judges referred to in paragraph 1 shall possess the expertise necessary for the Court to adjudicate the matter.
3. The deliberations of the Court shall be under the authority and control of a Chairman, who shall be the most senior of the judges appointed by the President.
4. Notwithstanding paragraph 1, the original jurisdiction of the Court may be exercised by a sole judge appointed by the Chairman.
5. The decision of a sole judge exercising jurisdiction under paragraph 4 may, on application of a Party aggrieved, be reviewed by a panel comprising not more than five judges.

ARTICLE XII
JURISDICTION OF THE COURT IN CONTENTIOUS PROCEEDINGS

1. Subject to the Treaty, the Court shall have exclusive jurisdiction to hear and deliver judgment on:
   (a) disputes between Contracting Parties to this Agreement;
   (b) disputes between any Contracting Parties to this Agreement and the

Community;

(c) referrals from national courts or tribunals of Contracting Parties to this Agreement;

(d) applications by nationals in accordance with Article XXIV, concerning the interpretation and application of the Treaty.

2. For the purposes of this part, "national courts" includes the Eastern Caribbean Supreme Court.

ARTICLE XIII
ADVISORY OPINIONS OF THE COURT

1. The Court shall have exclusive jurisdiction to deliver advisory opinions concerning the interpretation and application of the Treaty.
2. Advisory opinions shall be delivered only at the request of Contracting Parties or the Community.

ARTICLE XIV
REFERRAL TO THE COURT

Where a national court or tribunal of a Contracting Party is seized of an issue whose resolution involves a question concerning the interpretation or application of the Treaty, the court or tribunal concerned shall, if it considers that a decision on the question is necessary to enable it to deliver judgment, refer the question to the Court for determination before delivering judgment.

ARTICLE XV
COMPLIANCE WITH JUDGMENTS OF THE COURT

Member States, Organs, Bodies of the Community or persons to whom a judgment of the Court applies, shall comply with that judgment.

ARTICLE XVI
COMPULSORY JURISDICTION OF THE COURT

1. Contracting Parties agree that they recognise as compulsory, ipso facto and without special agreement, the original jurisdiction of the Court provided for in Article XII.
2. In the event of a dispute as to whether the Court has jurisdiction, the matter shall be determined by decision of the Court.

ARTICLE XVII
LAW TO BE APPLIED BY THE COURT IN THE EXERCISE OF ITS ORIGINAL JURISDICTION

1. The Court, in exercising its original jurisdiction under Article XII (b) and (c), shall apply such rules of international law as may be applicable.
2. The Court may not bring in a finding of non liquet on the ground of silence or obscurity of the law.
3. The provisions of paragraphs (1) and (2) shall not prejudice the power of the Court to decide a dispute ex aequo et bono if the parties so agree.

ARTICLE XVIII
INTERVENTION BY THIRD PARTIES

1. Should a Member State, the Community or a person consider that it has a substantial interest of a legal nature which may be affected by a decision of the Court in the exercise of its original jurisdiction, it may apply to the Court to intervene and it shall be for the Court to decide on the application.
2. Whenever the construction of a convention to which Member States and persons other than those concerned in the case are parties, is in question, the Registrar shall notify all such States and persons forthwith.
3. Every State or person so notified has the right to intervene in the proceedings; but if the right is exercised, the construction given by the judgment will be equally binding on all parties.

ARTICLE XIX
APPLICATION FOR INTERIM MEASURES

The Court shall have the power to prescribe if it considers the circumstances so require, any interim measures that ought to be taken to preserve the rights of a Party.

ARTICLE XX
REVISION OF JUDGMENTS OF THE COURT IN THE EXERCISE OF ITS ORIGINAL JURISDICTION

1. An application for the revision of a judgment of the Court in the exercise of its original jurisdiction may be made only when it is based upon the discovery of some fact of such a nature as to be a decisive factor, which fact was, when the judgment was given, unknown to the Court and to the party claiming revision: provided always that such ignorance was not due to negligence on the part of the applicant.
2. Proceedings for a revision shall be opened by a judgment of the Court expressly recording the existence of the new fact, recognising that it has such a character as to lay the case open to revision, and declaring the application admissible on this ground.
3. The Court may require previous compliance with the terms of the judgment before it admits proceedings in revision.
4. The application for revision shall be made within six months of the discovery of the new fact.
5. No application for revision may be made after the lapse of five years from the date of the judgment.
6. Nothing in this Article shall affect the rights of third parties accrued since the delivery of the judgment mentioned in paragraph 1.

ARTICLE XXI
RULES OF COURT GOVERNING ORIGINAL JURISDICTION

1. The President shall, in consultation with five other Judges of the Court selected by him, establish rules for the exercise of the original jurisdiction of the Court.

2. Without prejudice to the generality of the preceding sub-paragraph, Rules of Court may be made for all or any of the following purposes:
   (a) Regulating the sittings of the Court, the selection of Judges for any purpose, and the period to be observed as a vacation in the Court and the transaction of business during any such vacation;
   (b) Regulating the pleading, practice, procedure, execution of the process of the Court and the duties of the officers of the Court;
   (c) Regulating matters relating to practice in the Court by Attorneys-at-Law, Legal Practitioners or advocates and the representation of persons concerned in any proceedings in the Court;
   (d) Providing for the summary determination of any matter which appears to the Court to be frivolous or vexatious or to be brought for the purpose of delay;
   (e) Regulating matters relating to the costs and the taxation thereof, of proceedings in the Court;
   (f) Providing for the delivery of judgments in an expeditious manner;
   (g) Prescribing forms and fees in respect of proceedings in the Court;
   (h) Prescribing the time within which any requirement of the rules of Court is to be complied with;
   (i) Regulating or prescribing or doing any other thing which may be regulated, prescribed or done by rules of Court.

ARTICLE XXII
JUDGMENT OF THE COURT TO CONSTITUTE STARE DECISIS

Judgments of the Court shall be legally binding precedents for parties in proceedings before the Court unless such judgments have been revised in accordance with Article XX.

ARTICLE XXIII
ALTERNATIVE DISPUTE RESOLUTION

1. Each Contracting Party shall, to the maximum extent possible, encourage and facilitate the use of arbitration and other means of alternative dispute resolution for the settlement of international commercial disputes.
2. To this end, each Contracting Party shall provide appropriate procedures to ensure observance of agreements to arbitrate and for the recognition and enforcement of arbitral awards in such disputes.

ARTICLE XXIV
LOCUS STANDI OF PRIVATE ENTITIES

Nationals of a Contracting Party may, with the special leave of the Court, be allowed to appear as parties in proceedings before the Court where:

(a) The Court has determined in any particular case that the Treaty intended that a right conferred by or under the Treaty on a Contracting

Party shall enure to the benefit of such persons directly; and

(b) The persons concerned have established that such persons have been prejudiced in respect of the enjoyment of the benefit mentioned in sub-paragraph (a) of this Article; and

(c) The Contracting Party entitled to espouse the claim in proceedings before the Court has:
    (i) omitted or declined to espouse the claim, or
    (ii) expressly agreed that the persons concerned may espouse the claim instead of the Contracting Party so entitled; and

(d) The Court has found that the interest of justice requires that the persons be allowed to espouse the claim

PART III
APPELLATE JURISDICTION OF THE COURT

ARTICLE XXV
APPELLATE JURISDICTION OF THE COURT

1. In the exercise of its appellate jurisdiction, the Court is a superior Court of record with such jurisdiction and powers as are conferred on it by this Agreement or by the Constitution or any other law of a Contracting Party.
2. Appeals shall lie to the Court from decisions of the Court of Appeal of a Contracting Party as of right in the following cases:
    (a) final decisions in civil proceedings where the matter in dispute on appeal to the Court is of the value of not less than twenty-five thousand dollars Eastern Caribbean currency (EC$ 25,000) or where the appeal involves directly or indirectly a claim or a question respecting property or a right of the aforesaid value;
    (b) final decisions in proceedings for dissolution or nullity of marriage;
    (c) final decisions in any civil or other proceedings which involve a question as to the interpretation of the Constitution of the Contracting Party;
    (d) final decisions given in the exercise of the jurisdiction conferred upon a superior court of a Contracting Party relating to redress for contravention of the provisions of the Constitution of a Contracting Party for the protection of fundamental rights;
    (e) final decisions given in the exercise of the jurisdiction conferred on a superior court of a Contracting Party relating to the determination of any question for which a right of access to the superior court of a Contracting Party is expressly provided by its Constitution;
    (f) such other cases as may be prescribed by any law of the Contracting Party.

3. An appeal shall lie to the Court with the leave of the Court of Appeal of a Contracting Party from the decisions of the Court of Appeal in the following cases:
   (a) final decisions in any civil proceedings where, in the opinion of the Court of Appeal, the question involved in the appeal is one that by reason of its great general or public importance or otherwise, ought to be submitted to the Court; and
   (b) such other cases as may be prescribed by any law of the Contracting Party.
4. Subject to paragraph 2, an appeal shall lie to the Court with the special leave of the Court from any decision of the Court of Appeal of a Contracting Party in any civil or criminal matter.
5. Nothing in this Article shall apply to matters in relation to which the decision of the Court of Appeal of a Contracting Party is, at the time of the entry into force of the Agreement pursuant to the Constitution or any other law of that Party, declared to be final.
6. The Court shall, in relation to any appeal to it in any case, have all the jurisdiction and powers possessed in relation to that case by the Court of Appeal of the Contracting Party from which the appeal was brought.
7. (1) The President shall in consultation with five other Judges of the Court selected by him, make Rules of Court for regulating the practice and procedure of the Court in exercise of the appellate jurisdiction conferred on the Court and, in relation to appeals brought before the Court, the practice and procedure of any court in respect of such appeals.
   (2) Without prejudice to the generality of the preceding sub-paragraph, Rules of Court may be made for all or any of the following purposes
      (a) regulating the sittings of the Court, the selection of Judges for any purpose, and the period to be observed as a vacation in the Court and the transaction of business during any such vacation;
      (b) regulating the pleading, practice, procedure, execution of the process of the Court and the duties of the officers of the Court;
      (c) regulating matters relating to practice in the Court by Attorneys-at-Law or Legal Practitioners and the representation of persons concerned in any proceedings in the Court;
      (d) prescribing the cases in which, and the conditions upon which an appellant in a criminal appeal to the Court shall be entitled to be present at the hearing of the appeal;
      (e) providing for the summary determination of any appeal which appears to the Court to be frivolous or vexatious or to be brought for the purpose of delay;
      (f) regulating matters relating to the costs and the taxation thereof, of proceedings in the Court;

(g) providing for the delivery of judgments in an expeditious manner;
(h) prescribing forms and fees in respect of proceedings in the Court;
(i) prescribing the time within which any requirement of the rules of Court is to be complied with;
(j) regulating or prescribing or doing any other thing which may be regulated, prescribed or done by rules of Court.

PART IV
ENFORCEMENT, FINANCIAL AND FINAL PROVISIONS

ARTICLE XXVI
ENFORCEMENT OF ORDERS OF THE COURT

The Contracting Parties agree to take all the necessary steps, including the enactment of legislation to ensure that:
(a) all authorities of a Contracting Party act in aid of the Court and that any judgment, decree, order or sentence of the Court given in exercise of its jurisdiction shall be enforced by all courts and authorities in any territory of the Contracting Parties as if it were a judgment, decree, order or sentence of a superior court of that Contracting Party;
(b) the Court has power to make any order for the purpose of securing the attendance of any person, the discovery or production of any document, or the investigation or punishment of any contempt of court that any superior court of a Contracting Party has power to make as respects the area within its jurisdiction.

ARTICLE XXVII
OFFICIALS AND EMPLOYEES OF THE COURT

1. There shall be a Registrar of the Court, Deputy Registrars and other officials and employees of the Court as the Commission may consider necessary. The holders of those offices shall be paid such salaries and allowances and shall have such other terms and conditions of service as may, from time to time, be determined by the Commission.
2. With the concurrence of the competent authority of a Contracting Party, the Commission may appoint the Registrar of a superior court in the territory of that Contracting Party to be a Deputy Registrar of the Court.
3. The Commission may, by directions in writing and subject to such condition as it thinks fit, delegate any of its powers under paragraph 1 to any one or more of its members or to the Registrar of the Court.
4. For the purposes of paragraph 2 of this Article, "competent authority" means the authority vested with power to make appointments to the office of Registrar of a superior court and to exercise disciplinary control over persons holding or acting in that office.

ARTICLE XXVIII
FINANCIAL PROVISIONS

1. The expenses of the Court and of the Commission, including the cost of the maintenance of the Seat of the Court and the remuneration and allowances and other payments referred to in Article XXVII and this Article shall be borne by the Contracting Parties in such proportions as may be agreed by the Contracting Parties. The assessed contributions to be paid by a Contracting Party shall be charged by law on the Consolidated Fund or public revenues of that Contracting Party.
2. (a) Subject to this Agreement and with the approval of the Conference, the Commission shall determine the terms and conditions and other benefits of the President and other Judges of the Court.
   (b) The salaries and allowances referred to in sub-paragraph 1 shall be set out in Appendix II to this Agreement.
   (c) Notwithstanding the provisions of Article XXXII, the Commission may, with the approval of the Conference, make regulations to amend Appendix II.
3. The salaries and allowances payable to the President and the other Judges of the Court and their other terms and conditions of service shall not be altered to their disadvantage during their tenure of office. For the purposes of this paragraph, in so far as the terms and conditions of service of any Judge of the Court depend upon the option of that Judge, the terms for which that Judge opts shall be taken to be more advantageous to that Judge than any other terms and conditions for which the Judge might have opted.
4. There shall be paid to members of the Commission, other than the Chairman, the actual travelling expenses and subsistence allowance at such rate per day as the Heads of Government may, from time to time, decide for the purpose of performing official duties as a member of the Commission.

ARTICLE XXIX
RIGHT OF AUDIENCE

Attorneys-at-Law, legal practitioners or advocates duly admitted to practise law in the courts of a Contracting Party shall, subject to the powers of the Court, not be required to satisfy any other condition in order to practise before the Court wherever the Court is sitting in exercise of its jurisdiction and they shall enjoy the privileges and immunities necessary for the independent exercise of their duties.

ARTICLE XXX
PRIVILEGES AND IMMUNITIES

The privileges and immunities to be recognised and granted by the Contracting Parties to the Judges and officers of the Court necessary to protect their independence and impartiality shall be laid down in a Protocol to this Agreement.

ARTICLE XXXI
REGULATIONS

The Commission may make Regulations -
(a) governing the appointment, discipline, termination of employment and other terms and conditions of service and employment for
   (i) judges, other than the President; and
   (ii) officials and employees of the Court;
(b) prescribing the procedure governing the conduct of disciplinary proceedings;
(c) generally giving effect to this Agreement.

ARTICLE XXXII
AMENDMENT

1. This Agreement may be amended by the Contracting Parties.
2. Every amendment shall be subject to ratification by the Contracting Parties in accordance with their respective constitutional procedures and shall enter into force one month after the date on which the last Instrument of ratification or accession is deposited with the Secretary-General (hereinafter in this Agreement referred to as "the Depositary").

ARTICLE XXXIII
SIGNATURE

This Agreement is open for signature by any of the States or countries referred to in Article II.

ARTICLE XXXIV
RATIFICATION

This Agreement shall be subject to ratification by the signatory countries in accordance with their respective constitutional procedures. Instruments of ratification shall be deposited with the Depositary who shall transmit certified copies to the Government of each Contracting Party.

ARTICLE XXXV
ENTRY INTO FORCE

This Agreement shall enter into force upon the deposit of Instruments of Ratification or Accession in accordance with Article XXXIV, by at least three Member States of the Caribbean Community.

ARTICLE XXXVI
ACCESSION

1. Any country to which paragraph (b) of Article II applies may accede to this Agreement and become a Contracting Party on such terms and conditions as the Conference may decide.
2. Instruments of Accession shall be deposited with the Depositary.

ARTICLE XXXVII
WITHDRAWAL

1. A Contracting Party may withdraw from this Agreement by giving three years' notice in writing to the Depositary who shall promptly notify the other Contracting Parties accordingly and the withdrawal shall take effect five years after the date on which the notice has been received by the Depositary, unless the Contracting Party before the withdrawal becomes effective notifies the Depositary in writing of the cancellation of its notice of withdrawal.
2. A Contracting Party that withdraws from this Agreement undertakes to honour any financial or other obligations duly assumed as a Contacting Party; this includes any matter relating to an appeal filed before withdrawal becomes effective.

ARTICLE XXXVIII
IMPLEMENTATION

The Contracting Parties shall take all necessary action, whether of a legislative, executive or administrative nature, for the purpose of giving effect to this Agreement. Such action shall be taken as expeditiously as possible, and the Secretary-General shall be informed accordingly.

ARTICLE XXXIX
RESERVATIONS

A reservation may be entered to Article XXV of this Agreement with the consent of the Contracting Parties. In witness whereof the undersigned duly authorised in that behalf by their respective Governments have executed this Agreement.

Done at St. Michael, Barbados on the 14th day of February 2001.

Signed by Lester Bird for the Government of Antigua and Barbuda on the 14th day of February 2001 at St. Michael, Barbados

Signed by Owen Arthur for the Government of Barbados on the 14th day of February 2001 at St. Michael, Barbados

Signed by Said Musa for the Government of Belize on the 14th day of February 2001 at St. Michael, Barbados

Signed by ... for the Government of the Commonwealth of Dominica on the 15th day of February 2003 at Port of Spain, Trinidad and Tobago

Signed by Keith Mitchell for the Government of Grenada on the 14th day of February 2001 at St. Michael, Barbados

Signed by Clement Rohee for the Government of the Co-operative Republic of Guyana on the 14th day of February 2001 at St. Michael, Barbados

Signed by ... for the Government of Haiti on the day of 2001
at ...

Signed by Percival J. Patterson for the Government of Jamaica on the 14th day of February 2001 at St. Michael, Barbados

Signed by ... for the Government of Montserrat on the day of 2001 at ...

Signed by Denzil Douglas for the Government of St. Kitts and Nevis on the 14th day of February 2001 at St. Michael, Barbados

Signed by Kenny D. Anthony for the Government of Saint Lucia on he 14th day of February 2001 at St. Michael, Barbados

Signed by Ralph E. Gonsalves for the Government of St. Vincent and the Grenadines on the 15th day of February 2003 at Port of Spain, Trinidad and Tobago—subject to the reservation in respect of Article XXV of this Agreement -Appellate Jurisdiction

Signed by R. Venetiaan for the Government of The Republic of Suriname on the 14th day of February 2001 at St. Michael, Barbados

Signed by Basdeo Panday for the Government of The Republic of Trinidad and Tobago on the 14th day of February 2001 at St. Michael, Barbados

Caribbean Community Secretariat

APPENDIX I

I ......do hereby swear (or solemnly affirm) that I will faithfully exercise the office of President/Judge of the Caribbean Court of Justice without fear or favour, affection or ill-will and in accordance with the Code of Judicial Conduct.

(so help me God (to be omitted in affirmation).

APPENDIX II

				Annual Salary
1.	(a)	The President of the Court	-	[EC$]
	(b)	Any other Judge of the Court	-	EC$]

2. Judges of the Court shall be paid superannuation benefits in respect of their service as Judge of the Court as follows -

(a)	less than 5 years' service	-	a gratuity of 20 per cent of the Judge's pension able emoluments at the time of retirement for every year of service;
(b)	5 to 10 years' service	-	a monthly pension equivalent to two-thirds of the Judge's monthly pension able emoluments at the time of retirement;
(c)	more than 10 years' service	-	a monthly pension equivalent to the Judge's monthly pension able emoluments at the time of retirement.

3. Every Judge of the Court shall be paid a monthly allowance for housing to be determined by the Heads of Government of the Contracting

Parties in respect of the Judge's occupation of a fully furnished residence.

4. Every Judge shall be paid a monthly allowance to be determined by the Heads of Government of the Contracting Parties to meet the expenses incurred by the Judge in respect of the employment of a chauffeur.
5. Every Judge shall be paid a travelling allowance to be determined by the Heads of Government of the Contracting Parties in respect of the use by the Judge of a motor car owned by the Judge on official duty, subject to the conditions of payment as determined by the Heads of Government of the Contracting Parties.
6. Every Judge of the Court shall be provided with telephone services at the Judge's residence, without charge, except for unofficial overseas telephone calls.
7. Every Judge of the Court shall be paid a subsistence allowance to be determined by the Heads of Government of the Contracting Parties for each day on which the Judge is on official duty in the territory of a Contracting Party other than that of the seat of the Court.

Caribbean Community Secretariat

Quelle: http://www.caribbeancourtofjustice.org/courtadministration/ccj_agreement.pdf

DOK 3

PROTOCOL TO THE AGREEMENT ESTABLISHING THE CARIBBEAN COURT OF JUSTICE RELATING TO THE JURIDICAL PERSONALITY AND LEGAL CAPACITY OF THE COURT,

vom 5. Juli 2003

The Contracting Parties:

Noting that the Agreement Establishing the Caribbean Court of Justice (hereinafter referred to as "the Agreement") entered into force on 23 July 2002;

Conscious that Article VI of the Agreement confers on the Regional Judicial and Legal Services Commission (hereinafter referred as "the Commission") full juridical personality, including, in particular, full capacity to contract;

Aware that the Government of Trinidad and Tobago, the Contracting Party in whose territory the Seat of the Caribbean Court of Justice (hereinafter referred to as "the Court") is situated, in accordance with Article III (4) of the Agreement, intends to conclude an Agreement relating to the Seat of the Court and the Headquarters of the Commission;

Desirous of conferring on the Court full juridical personality and legal capacity,

Have agreed as follows:

Article I

Juridical Personality and Legal Capacity of the Court

1. The Court shall have full juridical personality.
2. Each Contracting party to the Agreement shall, in its territory, accord to the Court the most extensive legal capacity accorded to legal persons under its municipal law.
3. In any legal proceedings, the Court shall be represented by the Registrar of the Court.
4. Each Contracting Party to the Agreement shall take such action as is necessary to make effective in its territory the provisions of this Article and shall promptly inform the Secretary- General of the Caribbean Community of such action.

Article II

Privileges and Immunities of the Court and the Commission

The President of the Court shall conclude with the Government of Trinidad and Tobago an Agreement relating to the Seat of the Court and the Headquarters of the Commission setting out, inter alia:

(a) the terms respecting the facilitation of the administration and Operation of the Court and the Commission; and

(b) the Privileges and immunities to be accorded to the Commission and its members, the Court, the Judges and officers of the Court, parties, their counsel and other persons required to appear before the Court.

Article III

Relationship between this Protocol and the Agreement

This Protocol shall be read as one with the Agreement.

Article IV

Signature

This Protocol shall be open for signature by the Contracting Parties to the Agreement.

Article V

Entry into Force

This Protocol shall enter into force on signature by the Contracting Parties to the Agreement.

Article VI

Accession

1. Any Contracting Party to the Agreement may accede to this Protocol.
2. Instruments of accession shall be deposited with the Secretary-General who shall transmit certified copies to the Governments.

In witness whereof the undersigned representatives, being duly authorised by their respective Governments or Institutions, have signed this Protocol.

Done at on the day of 2003

Signed by for the Government of Antigua and Barbuda
on the day of 2003 at

Signed by for the Government of Barbados on the day of 2003 at

Signed by for the Government of Belize on the day of 2003 at

Signed by for the Government of the Commonwealth of Dominica
on the day of 2003 at

Signed by for the Government of Grenada on the day of 2003 at

Signed by for the Government of the Cooperative Republic of Guyana
on the day of 2003 at

Signed by for the Government of Jamaica
on the day of 2003 at

Signed by for the Government of Montserrat on the day of 2003 at

Signed by for the Government of St. Kitts and Nevis
on the day of 2003 at

Signed by for the Government of Saint Lucia
on the day of 2003 at

Signed by for the Government of St. Vincent and the Grenadines
on the day of 2003 at

Signed by for the Government of the Republic of Suriname
on the day of 2003 at

Signed by for the Government of Trinidad and Tobago
on the day of 2003 at

Quelle: Dokument bloß interner Verbreitung

DOK 4

DRAFT RULES OF COURT
OF THE
CARIBBEAN COURT OF JUSTICE
(ORIGINAL JURISDICTION),
vom 20. März 2004[1]

PART 1
PRELIMINARY

Citation

Rule 1.1. These Rules may be cited as The Caribbean Court of Justice (Original Jurisdiction) Rules, 2004.

Interpretation

1.2. In these Rules, unless the context otherwise requires

"ADR" means any procedure for alternative dispute resolution, including mediation;

"Agreement" means the Agreement Establishing the Caribbean Court of Justice signed in Bridgetown, Barbados on 14 February 2001;

"applicant" means a person who brings a claim;

"attorney-at-law" means an attorney-at-law, a legal practitioner or advocate duly admitted to practise law in the courts of a Contracting Party;

"Chairman" means the Chairman of the Court;

"claim" means the assertion of a right by an applicant under these Rules and cognate expressions shall be construed accordingly;

"Commission" means the Regional Judicial and Legal Services Commission established by Article V of the Agreement;

"Community" means the Caribbean Community including the Caricom Single Market and Economy;

"Contracting Party" has the meaning assigned to it by Article II of the Agreement;

---

[1] Diese Draft-Version der Verfahrensordnung des Karibischen Gerichtshofes wurde in der Zwischenzeit – nämlich am 24. März 2006 – durch eine definitive Version ersetzt, die auf der website des Caribbean Court of Justice (http://www.caribbean-courtofjustice.org/rules.html) einsehbar, aber nicht ausdruckbar ist.

"Court" means the Caribbean Court of Justice in the exercise of its original jurisdiction set out in Part II of the Agreement;
"defendant" means a person against whom a principal claim has been brought by an applicant;
"documents" includes papers relating to pleadings, proceedings, evidence, judgments [and exhibits] required by these Rules to be filed or laid before the Court in the hearing of a case and includes documents in electronic form;
"exhibits" includes all books, papers and documents and all other property, matters and things whatsoever connected with the proceedings;
"file" means to file in the Registry in accordance with these Rules, and includes transmission by electronic or any other prescribed means;
"Gazette" means in relation to a Contracting Party, the gazette published on the authority of the Government of that Contracting Party and includes any supplement thereto and any extraordinary gazette so published;
"judgment" includes an order, ruling, final decision [or advisory opinion of the Court];
"original jurisdiction" means the jurisdiction of the Court set out in Part 11 of the Agreement;
"overriding objective" means the objective set out in rule 1.3;
"party" and "parties" include the applicant, defendant and,

a) the parties to proceedings before the Court and any attorney-at-law on record for any party unless a rule otherwise specifies or it is clear from the context that it relates to the client or to the attorney-at-law only;
b) the Contracting Parties or any person representing the Contracting Parties;
c) a person not originally a party against whom an ancillary claim form is served;

"person" includes a Contracting Party;
"pleading" includes the application, defence, counterclaim, ancillary claim, reply and rejoinder;
"President" means the President of the Court;
"proceedings" includes pleadings, action and matter;
"Registrar" means the Registrar of the Court and includes a Deputy Registrar or other officer for the time being discharging the duties of the Registrar or Deputy Registrar;
"Registry" means the Registry of the Court;

"respondent" means a person against whom an ancillary claim is brought;
"Seat of the Court" means the principal premises occupied by the Court for its official use;
"territory" means the territory of a Contracting Party.

Overriding objective

1.3. The overriding objective of these Rules is to enable the Court to deal with cases fairly and expeditiously to ensure a just result.

Application of Rules

1.4. (1) Where by these Rules any step is required to be taken in connection with proceedings, such step shall be taken in the Registry.

(2) Any matter within the jurisdiction of the Court under the Agreement shall be commenced, proceeded with and disposed of by the Court in accordance with these Rules.

(3) Nothing in these Rules shall

(a) limit or otherwise affect the inherent power of the Court to make such orders as may be necessary to meet the ends of justice or to prevent abuse of the process of the Court;

(b) empower the Court to bring in a finding of *non liquet;* or

(c) prejudice the power of the Court to decide a dispute *ex aequo et bono* if the parties so agree.

Sealing of documents issued by Court

1.5. (1) The following documents are required to be sealed with the seal of the Court on issue

(a) an application; and

(b) judgments and directions of the Court.

(2) The Court may place the seal on a document by

(a) hand; or

(b) printing a facsimile of the seal on the document electronically or by any other means.

(3) All judgments and directions of the Court shall be signed by the Registrar.]

(4) A document purporting to bear the seal of the Court shall be admissible in evidence without further proof.

PART 2
ORGANISATION OF THE COURT

Term of office

2.1. (1) The term of office of a Judge shall begin on the date laid down in his instrument of appointment.

(2) In the absence of any provisions regarding the date, the term shall begin on the date of the instrument.

Seniority of Judges

2.2. (1) Except for the President, who shall rank first, Judges shall rank equally in status and precedence shall be determined according to the dates of their appointment.

(2) Where there is equal seniority in office, precedence shall be determined by the order in which the Judges are sworn.

Oath/Affirmation

2.3. (1) Before taking up his duties, a Judge shall at the first public sitting of the Court which he attends after his appointment take the following oath or affirmation

(a) "I swear that I will perform my duties impartially and conscientiously and that I will preserve the secrecy of the deliberations of the Court"; or

(b) "I affirm that I will perform my duties impartially and conscientiously and that I will preserve the secrecy of the deliberations of the Court".

(2) Immediately after taking the oath or affirmation, as the case may be, a Judge shall sign a declaration by which he solemnly undertakes that, both during and after his term of office, he will respect the obligations arising there from, and in particular the duty to behave with integrity and discretion as regards the acceptance, after he has ceased to hold office, of certain appointments and benefits.

Composition and powers of the Court

2.4. (1) The Court shall be constituted by not less than three Judges, being an uneven number.

(2) The Judges, referred to in paragraph (1) shall possess the expertise necessary for the Court to adjudicate the matter.

(3) Notwithstanding paragraph (1), the original jurisdiction of the Court may be exercised by a sole Judge appointed by the Chairman.

(4) The Chairman shall preside at the hearings and deliberations of the Court.

(5) Where, a Judge is unable to take part in the proceedings, and there is an even number of Judges, the President may order that the Court be reconstituted or the matter be heard *de novo*.

General power of Court to rectify non-compliance

2.5. (1) Where the consequence of a failure to comply with a rule, practice direction or Court order has not been specified by any rule, practice direction or order of the Court, the failure to comply shall not invalidate any step taken in the proceedings, unless the Court so orders.

(2) The Court may on its own motion or upon an application by a party, make an order to rectify the failure.

Powers of President

2.6. (1) The President shall direct the judicial business and the administration of the Court.

(2) The President may issue to the Registrar such instructions as may be necessary for the proper administration of these Rules.

Absence of President

2.7. Where the President is absent or unable to perform the functions of President, such functions shall be performed by another Judge entitled to act in that behalf, in accordance with Article VIII of the Agreement.

PART 3
REGISTRY

Registrar to take Oath/Affirmation

3.1. The Registrar and Deputy Registrars shall take the following oath or make the following affirmation before the President:

"I solemnly swear /affirm that I will perform the duties incumbent upon me as Registrar/Deputy Registrar of the Caribbean Court of Justice in all loyalty, discretion and good conscience, and that I will faithfully observe all the provisions of the Rules of the Court."

Absence of Registrar and Deputy Registrar

3.2. Where the Registrar and the Deputy Registrar are absent or prevented from performing their duties or their posts are vacant, the President shall designate an officer to perform temporarily the Registrar's duties.

Register

3.3. (1) There shall be kept in the Registry, under the control of the Registrar, a register initialled by the [Chairman], in which all pleadings and supporting documents shall be entered in the order in which they are filed.

(2) When a document has been filed, the Registrar shall make a note to that effect on the original and, if a party so requests, on any copy submitted for the purpose.

(3) Entries in the register and the notes provided for in paragraph (2) shall be deemed to be authentic.

(4) Rules for keeping the register shall be prescribed in the instructions to the Registrar referred to in rule 2.6.

(5) Subject to rule 31.2.

(a) a person having an interest in a matter before the Court may consult the register at the Registry and may obtain copies or extracts of the documents referred to in paragraph (1) on payment of a fee on a scale determined by the Court;

(b) a party to a cause or matter may on payment of the appropriate fee, obtain copies of pleadings and authenticated copies of judgments and orders;

(i) the fees payable under paragraph (5) shall be those stipulated in Schedule 1;

(ii) the Registrar may, with the approval of the President, amend Schedule 1, from time to time.

Powers and duties of Registrar

3.4. (1) The Registrar shall be responsible, under the authority of the President, for

(a) the administrative work of the Court, its financial management and its accounts;

(b) the acceptance, transmission and custody of documents;

(c) effecting service as provided for by these Rules;

(d) keeping a register of all documents filed in the Registry;

(e) having custody of the seals and stamps of the Court, of the archives of the Court and of such other archives as may be entrusted to the Court;
(f) stamping all documents and affixing the official seal of the Court to all [originating documents] and judgments of the Court;
(g) maintaining indexes of all the titles of the cases filed in the Registry;
(h) keeping, in such form as may be prescribed by the President, a list of all cases, entered and numbered in the order in which the documents instituting proceedings or requesting an advisory opinion are received in the Registry;
(i) transmitting to the parties copies of all documents which are to be served by the Registrar;
(j) communicating to the Government of the Contracting Party of the country in which the Court is sitting, the necessary information as to the persons from time to time entitled, under the Agreement, to privileges, immunities or facilities;
(k) making arrangements for such provision or verification of translations and interpretations into the Court's official language as the Court may require;
(l) signing all judgments of the Court, and the minutes of meetings of the Judges;
(m) the printing and publication of the Court's judgments and of such other documents as the Court may direct to be published;
(n) responding to inquiries concerning the Court and its work;
(o) assisting in maintaining relations between the Court and organs of the Community the institutions, and international bodies and conferences concerned with the progressive development of international law;
(p) ensuring that information concerning the Court and its activities is made accessible to governments, the highest national courts of justice, professional and learned societies, law faculties and schools of law, and public information media of a Contracting Party.

(2) The Registrar shall assist the Court, the President, the Chairman and the Judges in the discharge of their official functions.

(3) Communications including requests made by a party to the Court under these Rules shall, unless otherwise stated, be addressed to the Registrar.

(4) A Deputy Registrar may subject to the direction of the Registrar, exercise and perform all or any of the powers and duties of the Registrar.

(5) The Registrar and Deputy Registrars shall have the power to administer oaths and witness the swearing of affidavits for proceedings in the Court and the like power may be exercised by any person duly authorised by or under the law in operation in a Contracting Party to administer oaths for the purpose of a superior court of that Contracting Party.

(6) Notice shall be given in the Gazette of each Contracting Party of

(a) the date of filing of an application initiating proceedings;
(b) the names and addresses of the parties;
(c) the subject-matter of the proceedings; and
(d) the form of order sought by the applicant.

PART 4
SITTINGS OF THE COURT

Sittings of the Court

4.1. (1) General sittings of the Court shall be held at such times and in such places as the President may direct.

(2) Where the President considers it necessary, he may direct that sittings of the Court (to be known as special sittings) be held at any time of the year other than during a general sitting.

(3) The Court may sit in the territory of a Contracting Party other than that in which the Court has its Seat.

(4) Notice of each sitting of the Court shall be published by the Registrar

a) in the case of general sittings, in the *Gazette* of the Contracting Parties and if the Registrar considers it necessary, in at least one local newspaper of general circulation in the territories of the parties to proceedings before the Court, at least two weeks before the date appointed for the commencement of the sitting; and
b) in the case of special sittings, by any public medium at least twenty four hours before the date appointed for the

commencement of the sitting, unless the urgency of the case prevents such publication of the notice (in which case a shorter notice shall be deemed to satisfy the requirement of this paragraph).

(5) Except in cases of emergency, the Court shall not sit

(a) on Saturdays and Sundays;

(b) in the territory of a Contracting Party, on any day that is a public holiday in that territory;

(c) on such other days as the President may direct.

Terms

4.2. The Court shall have four terms as follows

(a) (First Monday in October) 1st October to 21st December;

(b) First Wednesday in January to the Wednesday before Easter;

(c) First Thursday after Easter to 3 1st May; and

(d) 7th Juneto31st July.

Hearings in vacations

4.3. (1) In urgent cases a party may apply for a matter to be heard during the vacation.

(2) An application under paragraph (1) may be determined by a single Judge of the Court.

(3) During vacation

(a) the functions of the President shall be exercised at the Seat either by the President keeping in touch with the Registrar, or the Judge entitled to act in that behalf;

(b) the Court shall hear only such matters as it determines to be urgent or requiring prompt attention.

(4) For the purpose of this rule "vacation" means a period between the end of one term and the beginning of the next.

Deliberations of Judges

4.4. (1) The Judges shall deliberate in closed session.

(2) Only those Judges who were present at the oral proceedings of the case may take part in its deliberations.

(3) Every Judge taking part in the deliberations shall state his opinion and the reasons therefore.

(4) (a) The conclusions reached by the majority of the Judges after final deliberations shall be the decision of the Court.

(b) Votes shall be cast in reverse order to the order of precedence laid down in rule 2.2.

(5) Differences of view on the substance, wording or order of questions, or on the interpretation of the voting shall be settled by decision of the Court.

(6) Where deliberations of the Court concern question of its own administration, the Registrar shall be present, unless the Court decides otherwise.

(7) The deliberations of the Judges shall be and shall remain secret.

Forms

4.5. (1) The forms in Schedule 3 to these Rules and, where appropriate, practice forms shall be used in the cases to which they apply.

(2) A form may be varied if the variation is required by the circumstances of a particular case.

(3) A form shall not be varied so as to omit any information or guidance which the form or practice direction should give to the intended recipient of the form.

(4) A form marked with the word 'Seal' shall bear the seal of the Court.]

PART 5
LANGUAGE AND INTERPRETATION

Official Language of the Court

5.1. The official language of the Court shall be English and shall, subject to rule 5.2, be used in all documents, oral submissions and decisions in proceedings before the Court.

Translation of documents

5.2. (1) A document expressed in a language other than the official language shall be accompanied by

(a) a translation rendered by a translator approved by the Court; and.

(b) an affidavit

(i) by the party submitting the document; and

(ii) by the translator,

that the translation is true and correct.

(2) In the case of lengthy documents, translations may be confined to extracts, accompanied by an explanatory note indicating the document from which the extract is translated, unless otherwise ordered by the Court on its own motion or at the instance of a party.

(3) The Court may however on its own motion or at the instance of a party, call for a complete or fuller translation.]

Translation of evidence

5.3. (1) Where a witness or expert is unable to adequately express himself in the official language, the Court may authorize that the evidence be given in another language.

(2) Where a language other than the official language is used, the Registrar shall make the necessary arrangements for interpretation or translation of that evidence into the official language.

Verification of translation

5.4. At the request of the Court, the Registrar shall arrange for anything said or written in the course of proceedings before the Court to be translated into the official language.

Arrangements and costs for interpretation, translation or verification

5.5. (1) A party on whose behalf an interpretation or translation from a language other than the official language is to be made shall notify the Registrar in sufficient time, for him to make the necessary arrangements.

(2) The costs of any interpretation, translation or verification of any language shall be borne by the Court.

Speeches or statements in a language other than official language

5.6. (1) If a speech or statement is made in a language other than the official language, the party on whose behalf it is made shall supply to the Registrar (in advance) a text of it in the official language and such text shall constitute the relevant part of the verbatim record.

(2) The transcript of the verbatim record shall be preceded by the names of the Judges present, and the attorneys-at-law for the parties;

(3) Copies of the transcript shall be circulated to the Judges sitting in the case and to the parties.

(4) Witnesses and experts shall be shown that part of the transcript that relates to the evidence given, or the statements made by them.

(5) Under the supervision of the Court, the transcript may be corrected.

(6) One certified copy of the final corrected transcript signed by the Registrar shall constitute the authentic minutes of the sitting.]

PART 6
RIGHTS AND OBLIGATIONS OF ATTORNEYS-AT-LAW

Representation

6.1. (1) In all proceedings before the Court a party shall have an attorney-at-law on the record.

(2) A party may appear at any hearing in person or by an attorney-at-law.

Qualification of attorney-at-law

6.2. (1) An attorney-at-law may not appear on behalf of a party before the Court unless he has a right of audience within the meaning of Article XXIX of the Agreement.

(2) Notwithstanding paragraph (1) the Court may admit an attorney-at-law for the purposes of a particular matter.

Rights of attorneys-at-law

6.3. An attorney-at-law appearing in proceedings before the Court while present in the territory of a Contracting Party shall, in the performance of his functions connected with such proceedings, enjoy

(a) inviolability of all papers, documents and materials relating to the proceedings before the Court;

(b) immunity from personal arrest or detention and legal process in relation to words spoken or written or acts performed by him in relation to proceedings before the Court;

(c) exemption from immigration restrictions, alien registration requirements and national service obligations;

(d) the same privileges and facilities in respect of currency and exchange restrictions in relation to proceedings before the

Court as are accorded to representatives of foreign governments on temporary official missions.

Proof of status

6.4. In order to qualify for the privileges, immunities and facilities specified in rule 6.3, an attorney-at-law shall furnish proof of his status by producing

(a) an official document issued by the party which he represents, a copy of which shall be forwarded without delay to the Registrar by the party concerned; and

(b) a certificate signed by the Registrar whose validity shall be limited to a specified period, which may be varied by the Registrar according to the length of the proceedings.

Grant of privileges, immunities in interest of proceedings

6.5. (1) The privileges, immunities and facilities specified in rule 6.3 are granted exclusively in the interest of the proper conduct of proceedings.

(2) The privileges and immunities may be waived in accordance with Article X of the Protocol on the Status, Privileges and Immunities of The Caribbean Court of Justice and the Regional Judicial And Legal Services Commission.

Exclusion of attorneys-at-law for misconduct

6.6. (1) An attorney-at-law whose conduct towards the Court, a Judge or the Registrar is incompatible with the dignity of the Court, or who uses his rights for purposes other than those for which they are granted, may, at any time be excluded from the proceedings by an order of the Court after having been given an opportunity to be heard.

(2) An order issued under this rule shall have immediate effect.

(3) Where an attorney-at-law is excluded from the proceedings, the proceedings shall be suspended for a period fixed by the [President] in order to allow the party concerned to appoint another attorney-at-law.

(4) Decisions taken under this rule may be rescinded by the Court.

Change of attorney-at-law

6.7. Where there is a change in the attorney-at-law on the record, the new attorney-at-law shall

(a) file a notice of acting stating his business name, address, telephone number and facsimile number (if applicable);

(b) serve a copy of the notice on every other party and the former attorney-at-law; and

(c) file a certificate of service.

Application to remove name of attorney-at-law from the record

6.8. (1) Where

(a) an attorney-at-law on record for a party has ceased to be entitled to practise law in the superior courts of any of the Contracting Parties; and

(b) notice of the appointment of a new attorney-at-law under rule 6.7. has not been received,

a party may apply to the Court for an order declaring that the attorney-at-law in question has ceased to act.

(2) An application under this rule shall be

(a) supported by evidence on affidavit; and

(b) served on the attorney-at-law (if practicable) and personally on the client.

(3) An order made pursuant to paragraph (1) shall be served by the applicant on the attorney-at-law in question and personally on the client.

(4) Upon service of the order in accordance with paragraph (3), the applicant shall file a certificate of service of the order.

(5) A declaration granted under paragraph (1) in respect of an attorney-at-law, shall not affect the validity of any step taken in the proceedings by that attorney-at-law.

Application by attorney-at-law to be removed from the record

6.9. (1) An attorney-at-law who wishes to be removed from the record as acting for a party may apply to the Court for an order for removal from the record.

(2) The application shall

(a) be served on the client and all other parties; and

(b) be supported by evidence on affidavit, served on the client.

(3) Any order made shall be served by the applicant on the other parties' attorney-at- law and personally on the former client.

(4) The applicant shall file a certificate of service f the order.

Effective time of notice or order

6.10. (1) A notice under rule 6.7 shall not take effect unless it is served in accordance with paragraph (b) of that rule.

(2) An order made pursuant to rule 6.8 or 6.9 shall not take effect unless served in accordance with the respective rule.

6.11. Where an attorney-at-law on record for a party has ceased to be entitled to practise law in the superior courts of any of the Contracting Parties, the Registrar of that Contracting Party shall notify in writing, the Registrar of the Court.]

PART 7
FILING AND SERVICE

Submission and filing of documents

7.1. (1) A document may be submitted for filing by
- (a) delivering it;
- (b) posting it; or
- (c) sending it by facsimile or other electronic means, to the Registry.

(2) A document is filed on the day when it is received at the Registry or, if it is received at a time when the Registry is closed, on the next day on which the Registry is open.

(3) Where a fee is to be paid, a document is not to be treated as filed until
- (a) the fee is paid; or
- (b) an undertaking to pay the fee, acceptable to the Registrar, is received.

Documents and service

7.2. (1) Every document prepared for use in the Court must be on "letter size" paper approximately 11 inches (28 cm) long by 8.5 inches (21.5 cm) wide. Margins of 1" (2.5 cm) must be left at the top and bottom and of 1.5" (3.5 cm) at the left side and 1" (2.5 cm) at the right side.

(2) Every document to be filed shall be in the prescribed form.

(3) Where a document is required to be signed, the full name of the signatory must be set out legibly below the signature.

Filing and service by facsimile

7.3. (1) In addition to any conditions contained in a practice direction, a party filing or serving a document by facsimile transmission, shall include a cover page stating
(a) the name, address and telephone number of the sender;
(b) the date and time of transmission;
(c) the total number of pages transmitted, including the cover page;
(d) the number of the facsimile machine at which documents may be received; and;
(e) the name and telephone number of a person to contact if problems occur in transmission.
(2) Where a document is sent by facsimile transmission, the original shall be submitted promptly to the Registry.

Address for service

7.4. (1) Every document filed shall contain an address for service in the territory of the Contracting Party where the Seat of the Court is located.
(2) A party who changes his address for service shall notify the Court and all other parties immediately of the change.
(3) A document is regarded as validly served where it is sent to the original address before notice of change of address for service is received by the party serving the document.

Service of documents

7.5. (1) The application shall be served by the Registrar except where
(a) the Court orders otherwise; or
(b) the Registrar has failed to serve and has sent a notice of non- service to the party on whose behalf the document is to be served in accordance with rule7.8.
(2) All other documents should be served by leaving them at the address for service.

Court may order service by specified method

7.6. (1) The Court may, on an application made in that behalf, order that a notice of application be served by a specified method.

(2) A notice of application served by a method specified by the Court shall constitute service for the purpose of these Rules.

(3) An application for an order for service by a specified method may be made *ex parte* on affidavit.

(4) An affidavit under paragraph (3) shall

(a) specify the method of service proposed; and

(b) show that that method of service is likely to enable the person to be served to ascertain the contents of the document.

Proof of service

7.7. Service is proved by an affidavit, made by the person who served the document showing that

(a) the provisions of rule 7.4 have been complied with; or

(b) the terms of the order under rule 7.6 have been complied with.

Notice of non-service

7.8. Where an application is to be served by the Registrar and the Registrar is unable to serve it, the Registrar shall send to the applicant a notice of non-service stating the method attempted.

Certificate of truth

7.9. (1) Every application shall be verified by a certificate of truth in the prescribed form, signed by the applicant.

(2) Where it is impracticable for the applicant to sign the certificate required by paragraph (1), the certificate may be given by his attorney-at-law stating

(a) the reasons why it is impractical for the applicant to give the certificate; and

(b) that the certificate is given on the applicant's instructions.

(3) A certificate given by the attorney-at-law for a party shall be in the prescribed form.

Failure to give certificate of truth

7.10. The Court may, on the application of a party, strike out an application which has not been verified by a certificate of truth in accordance with rule 7.9.

Right to inspect

7.11. (1) On payment of the prescribed fee, a person may, during office hours, search for, inspect and take a copy of any of the following documents
(a) an application;
(b) a judgment; and
(c) with the permission of the Court, any other document.
(2) The Court may make an order under paragraph (1) (c) on an application made *ex parte*
(3) Nothing in paragraph (1) shall be construed so as to prevent a party in any proceedings from searching for, inspecting or taking a copy of any affidavit or other document filed in those proceedings or filed before the commencement of those proceedings but with a view to its commencement.
(4) A document filed or in the custody of, the Registrar may not be taken out of the Registry without the permission of the Court.

PART 8
AFFIDAVITS

Affidavit evidence

8.1. (1) The Court may require evidence to be given by affidavit instead of, or in addition to, oral evidence.
(2) In this Part "deponent" means the maker of an affidavit.
(3) Whenever an affidavit is to be used in evidence, a party may apply to the Court for an order requiring the deponent to attend to be cross-examined.
(4) An application under paragraph (3) shall be made not less than seven days before the date of the hearing at which it is intended that the deponent be cross-examined.
(5) Where the deponent does not attend as required by the Court order, the affidavit may not be used as evidence unless the Court permits.

(6) An affidavit may not be used in any proceedings unless it is first filed.

(7) Notwithstanding paragraph (6), in cases of urgency, the Court may make an order on an affidavit which has not been filed, upon the undertaking of the party tendering it to file it.

Contents of affidavit

8.2. An affidavit may contain only such facts as the deponent is able to prove from his own knowledge.

Form of affidavits

8.3. (1) An affidavit shall
- (a) be headed with the title of the proceedings;
- (b) be in the first person and state the name, address and occupation of the deponent and, if more than one, of each of them;
- (c) state if any deponent is employed by a party to the proceedings or by an attorney-at-law in the matter;
- (d) be divided into paragraphs numbered consecutively; and
- (e) be marked on the top right hand corner of the affidavit with
  - (i) the name of the party on whose behalf it is filed;
  - (ii) the initial s and surname of the deponent;
  - (iii) (where the deponent swears more than one affidavit in any proceedings,) the number of the affidavit in relation to the deponent;
  - (iv) the identifying reference of each exhibit referred to in the affidavit;
  - (v) the date when sworn; and
  - (vi) the date when filed.

(2) Notwithstanding paragraph (1), an affidavit may contain statements of information and belief where
- (a) permitted by these Rules ; and
- (b) where the affidavit is for use in an application under Part 10 or for interim relief under Part 11;

(3) An affidavit under paragraph (2) shall indicate
- (a) the statements that are made from the deponent's own knowledge and those statements which are matters of information or belief; and

(b) the source of any matters of information and belief.

(4) An affidavit shall not contain any scandalous, irrelevant or otherwise oppressive matter.

(5) An affidavit containing any alteration may not be used in evidence unless all such alterations have been initialled both by the deponent and by the person before whom the affidavit was sworn or affirmed.

Making of affidavits

8.4. (1) An affidavit shall
(a) be signed by each deponent;
(b) be sworn or affirmed by each deponent;
(c) be completed and signed by the person before whom the affidavit is sworn or affirmed; and
(d) contain the full name, address and qualifications of the person before whom it was sworn or affirmed.

(2) The statement authenticating the affidavit ("the jurat") shall follow immediately from the text (and not be on a separate page).

(3) An affidavit may not be admitted into evidence if sworn or affirmed before
(a) the attorney-at-law of the party on whose behalf it is to be used; or
(b) any agent, partner, employee or associate of such attorney-at-law.

(4) Where it appears that the deponent is illiterate or blind, the person before whom the affidavit is sworn or affirmed must certify in the jurat that
(a) the affidavit was read to the deponent by him or in his presence;
(b) the deponent appeared to understand it; and
(c) the deponent signed or made his mark in his presence.

(5) An affidavit shall not be admissible unless it is sworn or affirmed in accordance with this Part or the law of the State where the affidavit is made.

(6) An affidavit which purports to have been sworn or affirmed in accordance with the law and procedure of any place outside the jurisdiction of a Contracting Party shall be presumed to have been so sworn.

(7) Any affidavit relating to any proceedings, application or any other matter pending before the Court may be sworn before the Registrar.

Documents to be used in conjunction with affidavit

8.5. (1) A document to be used in conjunction with an affidavit shall be exhibited to it.

(2) Where there are two or more such documents, those documents may be included in a bundle which is in date or some other convenient order and is properly paginated.

(3) Photocopies of original documents may be exhibited, provided that

(a) they are clearly legible; and

(b) the originals are made available for inspection to other parties before the hearing and by the Court at the hearing.

(4) Each exhibit or bundle of exhibits shall be

(a) verified by the deponent;

(b) accurately identified by an endorsement on the exhibit or on a certificate attached to it, signed by the person before whom the affidavit is sworn or affirmed; and

(c) marked in accordance with rule 8.3. (1) (e).

Service of affidavit

8.6. (1) A party giving evidence by affidavit shall serve a copy of the affidavit on every other party.

(2) Paragraph (1) does not apply where the affidavit is being used in support of an application that may be made *ex parte.*

PART 9
PARTIES

Parties- General

9.1. Any number of applicants or defendants may be joined as parties to an application.

Change of parties - general

9.2. (1) After an application has been filed, an applicant may seek leave to add a new defendant or respondent.

(2) The Court may add a new party to proceedings on its own notion, if
   (a) it is desirable to add the new party so that the Court can resolve all the matters in dispute in the proceedings; or
   (b) there is an issue involving the new party which is connected to the matters in dispute in the proceedings and it is desirable to add the new party so that the Court can resolve that issue.

(3) The Court may order any person to cease to be a party if it considers that it is not desirable for that person to be a party to the proceedings.

(4) The Court may order a new party to be substituted for an existing one if
   (a) the existing party's interest or liability has passed to the new party; or
   (b) the Court can resolve the matters in dispute more effectively by substituting the new party for the existing party.

(5) The Court may add, remove or substitute a party at the case management conference.

(6) The Court may not add a party (except by substitution) after the case management conference unless the party applying for the addition can satisfy the Court that
   (a) the addition is necessary because of some change in circumstances;
   (b) the circumstances became known after the case management conference.

Procedure for adding and substituting parties

9.3. (1) The Court may add, substitute or remove a party on or without an application.

(2) An application for leave to add, substitute or remove a party may be made by
   (a) an existing party; or
   (b) a person who wishes to become a party.

(3) An application for an order under rule 9.2

(4) (a) may bc madc cx parte on affidavit.
   (b) A person may not be added or substituted as an applicant except with the written consent of that person,

is filed with the Registry.

(5) An order for the addition, substitution or removal of a party shall be served on

(a) all parties to the proceedings;

(b) any party added or substituted; and

(c) any other person affected by the order.

(6) Where the Court makes an order for the removal, addition or substitution of a party, it shall consider whether to give consequential directions regarding

(a) filing of application and any written submission on any new defendant;

(b) serving relevant documents on the new party; and

(c) the management of the proceedings.

(7) Where

(a) the Court makes an order for the addition or substitution of a new defendant or respondent as the case may require; and

(b) the notice of application is served on the new defendant or respondent,

these Rules apply to the new defendant or respondent as they apply to any other defendant or respondent.

PART 10
APPLICATIONS FOR ORDERS OR DIRECTIONS

General Rules about Applications for Court Orders

10.1. This Part applies to applications for Court orders made before, during or after the course of proceedings.

Making of application

10.2. (1) An application for orders or directions in proceedings shall be made to the Court.

(2) An application shall be in writing consisting of numbered paragraphs.

(3) Notwithstanding paragraph (2), an application may be made orally if

(a) permitted by a rule or practice direction; or

(b) the Court dispenses with the requirement for the application to be made in writing.

(4) Where an application is to be made within a specified period, it is so made if it is received by the Registrar or made orally to the Court within that period.

Contents of application

10.3. An application shall be in the form prescribed as Form [ ] in Schedule 3.

Notice of application

10.4. Except where a rule or practice direction provides otherwise, an applicant shall give notice of the application to each respondent.

Evidence in support of application

10.5. Evidence in support of an application shall be contained in an affidavit unless a rule, a practice direction or a Court order, otherwise provides.

Contents of notice of application

10.6. (1) A notice of application shall state the date, time and place when the application is to be heard.

(2) Where a hearing is not required but notice of the application is required, the notice shall state how the Court will deal with the application.

Service of notice of application

10.7. (1) A notice of an application shall be served at least seven days before the date of the hearing.

(2) Paragraph (1) does not apply where any rule or practice direction specifies some other period for service.

(3) Where notice of an application has been given, but the period of notice is shorter than the period required, the Court may nevertheless direct that, in all the circumstances of the case, sufficient notice has been given and may accordingly deal with the application.

(4) The notice shall be accompanied by

(a) any evidence in support; and

(b) a copy of the draft order prepared by the applicant.

Notice to parties of hearing of application

10.8. The Registrar shall, as soon as a date and time has been fixed for the hearing of an application, notify all parties concerned.

Applications which may be dealt with without hearing

10.9. The Court may deal with an application without a hearing in accordance with a practice direction issued under Part 38.

Service of application where order made *ex parte*

10.10. (1) After the Court has disposed of an application made *ex parte,* the applicant shall serve a copy of the application and any evidence in support on all other parties.

(2) An order made on an *ex parte* application shall contain a statement informing the respondent of the right to make an application under this rule for the order to be set aside or varied or for the application to be heard *inter partes.*

Power of the Court to proceed in the absence of party

10.11. Where the applicant or any person on whom the notice of application has been served fails to attend the hearing of the application, the Court may proceed in the absence of that party.

Application to set aside or vary order made with notice

10.12. (1) Where notice of the application was given a party who was not present when an order was made may apply, not later than fourteen days of the service of the order on him, for any order made on the application to be set aside or varied.

(2) The application to set aside or vary the order shall be supported by evidence on affidavit showing

(a) good reason for failing to attend the hearing; and

(b) that it is likely that had the applicant attended some other order might have been made.

Powers of Court in relation to the conduct of application

10.13. (1) The Court may

(a) issue a witness summons requiring a party or other person to attend the Court on the hearing of the application;

(b) require a party to produce documents or things at such a hearing; and

(c) question any party or witness at such a hearing.

(2) The Court may question a party or witness orally or by putting written questions and asking the witness to give written answers.

(3) Any party may then cross-examine the witness.

Consequences of not asking for order in application

10.14. An applicant may not seek an order which was not sought in the application, except with the permission of the Court

Withdrawal of application

10.15. (1) An applicant who wishes to withdraw his application shall give notice in writing to that effect to the Registrar.

(2) Where the application is opposed, the opposing party shall, subject to any agreement between the parties to the contrary, be entitled to his costs.

PART 11
INTERIM MEASURES

Orders for interim measures

11. The President may issue a practice direction as to the procedure for applying for interim measures.

PART 12
APPLICATIONS

Originals of pleadings

12.1. (1) The original of every pleading shall be signed by the party's attorney-at-law.

(2) The original, accompanied by all annexes referred to therein, shall be filed together with [seven] copies for the Court and a copy for each party to the proceedings. Copies shall be certified by the party filing them.

(3) All pleadings shall bear a date.

(4) In the reckoning of time limits for taking steps in proceedings, only the date of filing shall be taken into account.

(5) To every pleading there shall be annexed a file containing the documents relied on in support of it, together with a schedule listing the documents.

(6) Where in view of the length of a document only extracts from it are annexed to the pleading, the whole document or a full copy of it shall be filed.

Contents of application

12.2. (1) An applicant wishing to commence proceedings shall file an application addressed to the Registrar.

(2) An application shall state
- (a) the name, address and residence of the applicant;
- (b) the designation, name, address and residence of the respondent;
- (c) the subject-matter of the proceedings and a summary of the points of law on which the application is based;
- (d) the form of order sought by the applicant;
- (e) where appropriate, the nature of any evidence offered in support.

(3) For the purpose of the proceedings, the application shall state an address for service in accordance with rule 7.4 and the name of the person who is authorized to accept service.

(4) If the application does not comply with the requirements in paragraph (3), service on the party concerned for the purpose of the proceedings shall be invalid, for so long as the defect has not been cured.

(5) The attorney-at-law of a party shall file with the Registrar a certificate that he is certified to practice before a court of a Contracting Party.

(6) Where the application seeks the annulment of a decision of an organ of the Community, the application shall be accompanied by
- (a) documentary evidence of the decision the annulment of which is sought; or
- (b) in the case of proceedings against an implied decision, documentary evidence of the date on which the decision was by implication made.

(7) If an application does not comply with the requirements set out in paragraphs (3), (5) and (6), the Registrar shall prescribe a reasonable period within which the applicant is to comply with

them whether by putting the reference itself in order or by producing any of the above-mentioned documents.

(8) Where an applicant fails to put his application in order or to produce the required documents within the time prescribed, the Court shall, after hearing the attorneys- at-law, decide whether the non-compliance with these conditions render the application formally inadmissible.

12.3. Proceedings are commenced when the application is filed.

12.4. A person who seeks a remedy

(a) before proceedings have been started; or

(b) in relation to proceedings which are taking place, shall seek that remedy by an application under Part 10.

Right to make an application which includes two or more claims

12.5. An application may include other claims provided they can be conveniently disposed of in the same proceedings.

Application not to fail by adding or failing to add parties

12.6. (1) An application shall not fail by reason only that

(a) a person or a Contracting Party who should not have been added was added as a party to the proceedings; or

(b) a person or a Contracting Party who should have been made a party was not made a party to the proceedings.

(2) Not withstanding paragraph (1)

(a) where an applicant claims a remedy to which some other person is jointly entitled all persons jointly entitled to the remedy shall be made parties to the proceedings, unless the Court orders otherwise; and

(b) if any such person does not agree to be an applicant, that person or Contracting Party shall be made a defendant, unless the Court orders otherwise.

Contents of application

12.7. (1) An application shall state

(a) the name, address and residence of the applicant;

(b) the designation, name, address and residence of the party against whom the claim is brought;

(c) the precise nature of the claim, together with succinct statements of the facts and grounds on which the claim is based;

(d) specify any remedy that the applicant seeks (though this does not limit the power of the Court to grant any other remedy to which the applicant may be entitled);
(e) where appropriate, the nature of any evidence offered in support;
(f) the legal grounds on which the jurisdiction of the Court is alleged to be based;
(g) an address for service in accordance with rule 7.4;
(h) in the case of an individual, his occupation;
(i) the legal interest pursuant to statute or contract.

(2) An application made by a legal person shall be accompanied by
(a) the instruments or instruments constituting or regulating that legal person or other proof of its existence in law; and
(b) proof that the authority granted to the applicants attorney-at-law has been properly conferred on him by a competent authority.

Applicant's duty to set out case

12.8. (1) The application shall identify or annex a copy of any document which the applicant considers is necessary to his case.
(2) The application shall include a certificate of truth in accordance with rule 7.9.

Notice to Secretary General and Contracting Parties

12.9. The Registrar shall within two weeks of the filing of an application notify the Secretary-General of the Community and Contracting Parties.

PART 13
DEFENCE

Filing of defence

13.1. Within [one month] of service on him of the application, the defendant shall file a defence, stating the
(a) name and address of the defendant;
(b) arguments of fact and law relied on;

(c) form of order sought by the defendant;
(d) nature of any evidence offered by him;
(e) which allegations in the application are admitted and which are denied; and
(f) which allegations are neither admitted nor denied but which the defendant wishes the applicant to prove.

Extension of time

13.2. The time limit laid down in rule 13.1 may be extended by the President on a reasoned application by the defendant.

Consequences of not setting out defence

13.3. (1) The defendant may not rely on any allegation or factual argument which is not set out in the defence, but which could have been set out there, except with the leave of the Court.
(2) The Court may give the defendant such leave at the case management conference.
(3) The Court may not give the defendant such leave after the case management conference unless the defendant satisfies the Court that there has been a significant change in circumstances which became known only after the date of the case management conference.

Reply and rejoinder

13.4. (1) The application initiating the proceedings and the defence may be supplemented by a reply from the applicant and by a rejoinder from the defendant.
(2) The President shall, by order, determine the time limits within which pleadings are to be filed.

Further evidence in reply or rejoinder

13.5. (1) In the reply or rejoinder a party may offer further evidence but shall give reasons for the delay in offering it.
(2) No new point of fact may be introduced in the course of proceedings unless it is based on matters of fact which came to light in the course of the proceedings. In such a case, the Court may even after the expiry of the normal procedural time limits, after hearing the attorneys-at-law, allow the other party time to answer on that point.

Joinder of causes

13.6. (1) The Court may, at any time, after hearing the parties, order that two or more causes concerning the same subject-matter shall, on account of the connection between them, be joined for the purposes of the written or oral submissions or of the final judgment.

(2) The causes may subsequently be disjoined.

Consolidation of actions

13.7. Where two or more applications are pending before the Court and it appears to the Court that

(a) some common questions of law or fact arise in both or all of them;

(b) the rights or relief claimed therein are in respect of or arise out of the same transaction or series of transactions; or

(c) for some other reason it is desirable to make an order under this rule,

the Court may order

(i) the applications to be consolidated on such terms as it thinks just;

(ii) the applications to be tried at the same time or one immediately after another; or

(iii) an application to be stayed until after the determination of any other of them.

PART 14
AMENDMENT OF PLEADINGS

Leave to amend

14.1. (1) Upon application by a party, the Court may at any time before delivering its judgment, grant leave to amend that party's pleadings.

(2) An amendment under paragraph (1) shall be made as may be necessary for the purposes of determining the real questions in controversy between the parties.

Refusal to grant leave

14.2. The Court shall not grant leave to amend any pleadings

(a) if the amendment sought involves the addition or substitution of a new cause of action, which does not arise out of the same or substantially the same facts as a cause of action already pleaded; or

(b) if the amendment is sought to be made after the expiry of the period of limitation pertinent to the particular cause of action pleaded.

Amendment of particulars

14.3. Particulars of an application may be amended only by leave of the Court upon application by a party; provided that the Court may grant leave if it appears that the defendant or respondent will not be prejudiced thereby.

Grant of leave

14.4. Where leave to amend is granted by the Court under this rule

(a) the applicant shall, within fourteen days of the date of the Court's order, or such other time as the Court may specify, file the amended pleadings and serve a copy thereof on every party to the proceedings, unless the Court orders otherwise; and

(b) the defendant or respondent shall be afforded an opportunity to reply or otherwise respond to the amendment within such time as the Court may order.

Request for further and better particulars

14.5. The Court may, upon application by the defendant or respondent, order the applicant to provide further and better particulars.

Amendment at hearing

14.6. Any variance between the issues contained in the pleadings and the issues proved at the hearing may be amended at the hearing.

PART 15
PRODUCTION OF DOCUMENTS, INFORMATION AND AUTHORITIES

Documents and lists of authorities

15.1. The Court may require the parties to produce all documents and to supply all information, which the Court considers desirable. Formal note shall be taken of any refusal.

Court may require non-parties to supply information

15.2. The Court may also require the Member States and organs of the Community not being parties to the case, to supply all information which the Court considers necessary for the proceedings.

Time for filing list of authorities

15.3. Fourteen days before the date of the hearing of an application, the parties shall file their list of authorities and obtain a stamped copy from the Registrar and serve it on the other party.

PART 16
DISCLOSURE, INSPECTION OF DOCUMENTS AND REQUEST FOR INFORMATION

Scope of this Part

16.1. (1) In this Part
"document" means anything on or in which information of any description is recorded; and
"copy" in relation to a document, means anything onto which information recorded in the document has been copied, by whatever means and whether directly or indirectly.

(2) A party discloses a document by revealing that the document exists or has existed.

(3) For the purposes of this Part a document is directly relevant only if
- (a) the party with control of the document intends to rely on it;
- (b) it tends to adversely affect that party's case; or
- (c) it tends to support another party's case.

Duty of disclosure limited to documents which are or have been in party's control

16.2. (1) A party's duty to disclose documents is limited to documents which are or have been in the control of that party.

(2) A party has or had control of a document if
- (a) it is or was in the physical possession of the party;
- (b) the party has or had a right to possession of it; or
- (c) the party has or had a right to inspect or take copies of it.

Disclosure of copies

16.3. (1) Except where required by paragraph (2), a party need not disclose more than one copy of a document.

(2) A party must however disclose a copy if it contains a modification, obliteration or other marking or feature which is not present in the original or any copy of the document which is being disclosed.

Standard disclosure

16.4. (1) Where a party is required by any direction of the Court to give standard disclosure that party shall disclose all documents which are directly relevant to the matters in question in the proceedings.

(2) The Court may dispense with or limit standard disclosure.

(3) The parties may agree in writing to dispense with or limit standard disclosure.

Duty of search

16.5. (1) When giving standard disclosure, a party is required to make a reasonable search for documents falling within rule 16.4.

(2) The factors relevant in deciding the reasonableness of a search include the following
- (a) the number of documents involved;
- (b) the nature and complexity of the proceedings;
- (c) the ease and expense of retrieval of any particular document; and
- (d) the significance of any document which is likely to be located during the search.

(3) Where a party has not searched for a category or class of documents on the grounds that to do so would be unreasonable this shall be stated in that party's list of

documents which shall identify the category or class of document.

Specific disclosure

16.6. (1) An order for specific disclosure is an order that a party shall do one or more of the following things

(a) disclose documents or classes of documents specified in the order;

(b) carry out a search for documents to the extent stated in the order;

(c) disclose any documents located as a result of that search.

(2) An order for specific disclosure may be made on or without an application.

(3) An application for specific disclosure may be made without notice at a case management conference.

(4) An application for specific disclosure may identify documents

(a) by describing the class to which they belong; or

(b) in any other manner.

(5) An order for specific disclosure may require disclosure only of documents which are directly relevant to one or more matters in issue in the proceedings.

Criteria for ordering specific disclosure

16.7. (1) When deciding whether to make an order for specific disclosure, the Court shall consider whether specific disclosure is necessary in order to dispose fairly of the claim or to save costs.

(2) The Court shall have regard to

(a) the likely benefits of specific disclosure;

(b) the likely cost of specific disclosure; and

(c) whether the financial resources of the party against whom the order would be made are likely to be sufficient to enable that party to comply with any such order.

(3) Where, having regard to paragraph (2)(c), the Court would otherwise refuse to make an order for specific disclosure, it may make such an order on terms that the party seeking that order shall pay the other party's costs of such disclosure in any event.

Procedure for disclosure

16.8. (1) Each party shall make, and serve on every other party, a list of documents.

(2) The list shall identify the documents or categories of documents in a convenient order and manner and as concisely as possible.

(3) The list shall state

(a) what documents are no longer in the party's control;

(b) what has happened to those documents; and

(c) where each such document is to be found to the best of the party's knowledge, information or belief.

(4) The list shall include documents already disclosed.

(5) A list of documents served by a company, firm, association or other organisation shall

(a) state the name and official designation of the person responsible for identifying individuals who might be aware of any document which should be disclosed; and

(b) identify the individuals who have been asked whether they are aware of any such documents and state the official designation of those individuals.

Duty of attorney-at-law

16.9. The attorney-at-law for a party shall

(a) explain to the maker of the list of documents

(i) the necessity of making full disclosure in accordance with the terms of the order for disclosure and these Rules; and

(ii) the possible consequences of failing to do so; and

(b) certify on the list of documents under rule 16.8(2) that the explanation required by paragraph (a) (i) has been given.

Maker of list to certify understanding of duty of disclosure

16.10. (1) The maker of the list shall certify in the list of documents

(a) that he understands the duty of disclosure; and

(b) that to the best of the maker's knowledge the duty has been carried out.

(2) In the case of a list served on behalf of a company, firm, association or other organisation the certificate referred to in paragraph (1) shall be made by the person who made the list.

(3) Where it is impracticable for the maker of the list to sign the certificate required by paragraph (1) it may be given by that party's attorney-at-law certifying
(a) the reasons why it is impracticable for the maker of the list to give the certificate; and
(b) that the certificate is given on the instructions of the maker of the list.

Disclosure in stages

16.11. The parties may agree in writing or the Court may direct that disclosure or inspection or both may take place in stages.

Inspection and copying of listed documents

16.12. (1) When a party has served a list of documents on any other party, that party has a right to inspect any document on the list, except documents
(a) which are no longer in the physical possession of the party who served the list; or
(b) for which a right to withhold from disclosure is claimed.
(2) The party wishing to inspect the documents shall give the party who served the list written notice of the wish to inspect documents in the list.
(3) The party who is to give inspection shall permit inspection not more than seven days after the date on which the notice is received.
(4) Where the party giving the notice undertakes to pay the reasonable cost of copying, the party who served the list shall supply the other with a copy of each document requested not more than seven days after the date on which the notice was received.

Duty of disclosure continuous during proceedings

16.13. (1) The duty of disclosure in accordance with any order for standard or specific disclosure continues until the proceedings are concluded.
(2) Where documents to which that duty extends come to a party's notice at any time during the proceedings, that party shall immediately notify every other party and serve a supplemental list of those documents.

(3) the supplemental list must be served not more than fourteen days after the documents to which that duty extends have come to the notice of the party required to serve it.

Consequence of failure to disclose documents under order for disclosure

16.14. (1) A party who fails to make a disclosure by the date ordered or to permit inspection may not rely on or produce any documents not so disclosed or made available for inspection at the hearing.

(2) A party seeking to enforce an order for disclosure may apply to the Court for an order that the other party's application or some part of it be struck out.

(3) An application under paragraph (2) relating to an order for specific disclosure may be made *ex parte* on affidavit that the other party has not complied with the order.

(4) On an application under paragraph (2) the Court may order that unless the party in default complies with the order for disclosure by a specific date that party's application or some part of it be struck out.

Claim of right to withhold disclosure or inspection of document

16.15. (1) A person who claims a right to withhold disclosure or inspection of a document or part of a document shall

(a) make such claim for the document; and

(b) state the grounds on which such a right is claimed, in the list or otherwise in writing to the person wishing to inspect the document.

(2) A person may apply to the Court, *ex parte,* for leave not to disclose a document on the ground that such disclosure would be prejudicial to the public interest.

(3) A person who applies under paragraph (2) shall

(a) identify the document, documents or parts of documents for which a right to withhold disclosure is claimed; and

(b) give evidence on affidavit showing

(i) that the applicant has a right or duty to withhold disclosure; and

(ii) the grounds on which such right or duty is claimed.

(4) Unless the Court orders otherwise, an order of the Court under paragraph (2) is not to be served on nor open for inspection by, any person.

(5) A person who does not agree with a claim of right to withhold inspection or disclosure of a document may apply to the Court for an order that such document be disclosed or made available for inspection.

(6) On hearing such an application the Court shall make an order that the document be disclosed unless it is satisfied that there is a right to withhold disclosure.

(7) Where a person

(a) claims a right to withhold inspection; or

(b) applies for an order permitting that person not to disclose the existence of, a document or part of a document,

the Court may require the person to produce that document to the Court to enable it to decide whether the claim is justified.

(8) On considering any application under this rule, the Court may invite any person to make representations on the question of whether the document ought to be withheld.

Restrictions on use of a privileged document inspection of which has been inadvertently allowed

16.16. Where a party inadvertently allows a privileged document to be inspected, the party who has inspected it may use it only with

(a) the leave of the Court; or

(b) the agreement of the party disclosing the document.

Documents referred to in pleadings

16.17. (1) A party may inspect and copy a document referred to in

(a) the application;

(b) a pleading;

(c) a witness statement or summary;

(d) an affidavit; or

(e) an expert's report.

(2) A party who wishes to inspect and copy such a document shall give written notice to the party who, or whose witness, mentioned the document.

(3) The party to whom the notice is given shall comply with the notice not more than seven days after the date on which the notice is served.

Subsequent use of disclosed documents

16.18. (1) A party to whom a document has been disclosed may use the document only for the purpose of the proceedings in which it is disclosed except where

(a) the document has been read to or by the Court, or referred to, in open Court; or

(b) the party disclosing the document and the person to whom the document belongs or the Court gives permission.

(2) The Court may make an order restricting or prohibiting the use of a document which has been disclosed, even where the document has been read to or by the Court, or referred to in open Court.

(3) An application for such an order may be made

(a) by a party; or

(b) by any person to whom the document belongs.

Notice to prove a document

16.19. (1) A party shall be deemed to admit the authenticity of any document disclosed to that party under this Part unless that party serves notice that the document is required to be proved at hearing.

(2) A notice to prove a document shall be served not less than forty-two days before the hearing.

Notice to admit or produce documents

16.20. (1) A party ("the first party") may serve notice on another party ("the second party") requiring the second party to admit the authenticity of any document specified in the notice.

(2) A notice under paragraph (1) must be served not less than forty-two days before the hearing.

(3) The second party may give notice to the first party within twenty-one days of service of the notice under paragraph (1) that the authenticity of the document is not admitted.

(4) Unless the second party gives notice under paragraph (3) that party shall be deemed to have admitted the authenticity of the documents specified in the notice under paragraph (1) unless the Court otherwise orders.

(5) A party may serve on another party a notice requiring that party to produce at the hearing any documents specified in the notice.

(6) A notice under paragraph (5) shall be served not less than forty-two days before the hearing.

Right of parties to obtain information

16.21. A party who wishes to obtain from any other party information about any matter which is in dispute in the proceedings shall serve a request identifying the information sought on the other party.

Orders compelling reply to request for information

16.22. (1) Where a party does not give information which another party has requested under rule 16.21 within a reasonable time, the party who served the request may apply for an order compelling the other party to do so.

(2) An order may not be made under this rule unless it is necessary in order to dispose fairly of the claim or to save costs.

(3) When considering whether to make an order the Court shall have regard to

(a) the likely benefit which will result if the information is given;

(b) the likely cost of giving it; and

(c) whether the financial resources of the party against whom the order is sought are likely to be sufficient to enable that party to comply with the order.

Information obtained under rule 16.22 not to be used in other proceedings

16.23. A party may use information obtained

(a) in response to a request under rule 16.21; or

(b) in compliance with an order under rule 16.22,

only in the proceedings in which the request or order was made.

Certificate of truth

16.24. Any information provided under this Part shall be verified by a certificate of truth in accordance with rule 7.9.

PART 17
CASE MANAGEMENT – THE COURT'S POWERS

The Court's general powers of management

17.1. (1) Except where these Rules provide otherwise, the Court may

(a) consolidate actions;
(b) extend or shorten the time for compliance with any rule, practice direction, order or direction of the Court even if the application for an extension is made after the time for compliance has passed;
(c) adjourn or bring forward a hearing to a specific date;
(d) stay the whole or part of any proceedings generally or until a specified date or event;
(e) decide the order in which issues are to be tried;
(f) direct a separate hearing of any issue;
(g) try two or more claims on the same occasion;
(h) direct that part of any proceedings (such as a counterclaim or other ancillary claim) be dealt with as separate proceedings;
(i) dismiss or make an order on a claim after a decision on a preliminary issue;
(j) exclude an issue from determination if it can do substantive justice between the parties on the other issues and determining it would therefore serve no worthwhile purpose;
(k) require the maker of an affidavit or witness statement to attend for cross-examination;
(l) require any party or a party's attorney-at-law to attend the Court;
(m) deal with a matter without the attendance of any parties;
(n) hold a hearing and receive evidence by telephone or use any other method of direct oral communication;
(o) instead of holding an oral hearing, deal with a matter on written representations submitted by the parties;
(p) direct that any evidence be given in written form;
(q) give the conduct of any matter to any person it thinks fit and make any appropriate consequential order about costs;
(r) direct that notice of any proceedings or application be given to any person; or
(s) take any other step, give any other direction or make any other order for

the purpose of managing the case and furthering the overriding objective of these Rules.

(2) When the Court makes an order or gives a direction, it may

(a) make it subject to conditions; and
(b) specify the consequence of failure to comply with the order or condition.

(3) The conditions which the Court may impose include a condition
(a) requiring a party to give security;
(b) requiring a party to give an undertaking;
(c) requiring the payment of money into Court or as the Court may direct;
(d) requiring a party to pay all or part of the costs of the proceedings; and
(e) that a party permit entry to property owned or occupied by that party to another party or someone acting on behalf of another party.

(4) Where a party pays money into Court following an order under paragraphs (2) and (3) (c) that money shall be security for any sum payable by that party to another party in the proceedings.

(5) In considering whether to make an order, the Court may take into account whether a party is prepared to give an undertaking.

(6) A power of the Court under these Rules to make an order includes a power to vary or revoke that order.

(7) In special circumstances on the application of a party the Court may dispense with compliance with any of these Rules.

Court's power to make orders of its own motion

17.2. (1) Except where a rule or other enactment provides otherwise, the Court may exercise its powers on an application or of its own motion.

(2) Where the Court proposes to make an order of its own motion it shall give any party likely to be affected a reasonable opportunity to make representations.

(3) Such opportunity may be to make representations orally, in writing, by telephone or by such other means as the Court considers reasonable.

(4) Where the Court proposes
(a) to make an order of its own motion; and
(b) to hold a hearing to decide whether to do so,

the Registrar shall give each party likely to be affected by the order at least seven days' notice of the date time and place of the hearing.

Sanctions - striking of claims

17.3. (1) In addition to any other powers under these Rules, the Court may strike out a claim if it appears to the Court

(a) that there has been a failure to comply with a rule or practice direction or with an order or direction given by the Court in the proceedings;

(b) that the claim or the part to be struck out is an abuse of the process of the Court or is likely to obstruct the just disposal of the proceedings;

(c) that the claim or the part to be struck out discloses no reasonable grounds for bringing or defending a claim; or

(d) that the claim or the part to be struck out is prolix or does not comply with the requirements of Part 12 or 13.

(2) Where

(a) the Court has struck out the claim;

(b) the applicant is ordered to pay costs to the defendant or respondent; and

(c) before those costs are paid, the applicant starts a similar claim against the same defendant or respondent based on substantially the same facts,

the Court may on the application of the defendant or respondent stay the subsequent claim until the costs of the first claim have been paid.

Court's general power to strike out application

17.4. (1) Where a party has failed to comply with any of these Rules or any Court order in respect of which no sanction for non-compliance has been imposed, any other party may apply to the Court for an order (hereinafter referred to as an unless order).

(2) Such an application may be made *ex parte* on affidavit which

(a) identifies the rule or order which has not been complied with;

(b) states the nature of the breach; and

(c) contains a certificate that the other party is in default.

(3) The Registrar shall refer any such application immediately to a judge, who may
   (a) grant the application;
   (b) seek the views of the other party; or
   (c) direct that an appointment be fixed to consider the application and that the Registrar give to all parties notice of the date, time and place for such appointment.

(4) Where an appointment is fixed the Court shall give seven days notice of the time, date and place of such appointment to all parties.

(5) An unless order must identify the breach and require the party in default to remedy the default by a specified date.

(6) The respondent should be ordered to pay the costs of such an application.

(7) Where the defaulting party fails to comply with the terms of any unless order made by the Court that party's claim shall be struck out.

Judgment without hearing after striking out

17.5. (1) This rule applies where the Court makes an order which includes a term that the claim of a party be struck out if the party does not comply with the unless order by the specified date.

(2) Where the party against whom the order was made does not comply with the order, any other party may ask for judgment to be entered and for costs.

(3) A party may obtain judgment under this rule by filing a request for judgment.

(4) The request shall
   (a) prove service of the unless order;
   (b) certify that the right to enter judgment has arisen because the Court's order was not complied with; and
   (c) state the facts which entitle the party to judgment.

(5) Where the party wishing to obtain judgment is the applicant, judgment shall be such as the Court considers that the applicant is entitled to.

(6) Where the party wishing to obtain judgment is a defendant, judgment shall be for costs to be taxed.

(7) Where a decision of the Court is necessary in order to decide

the terms of the judgment the party making the request shall apply for directions.

Setting aside judgment entered after striking out

17.6. (1) A party against whom the Court has entered judgment under rule 17.5 where the right to enter judgment had not arisen may apply to the Court to set it aside.

(2) Where the right to enter judgment had not arisen at the time when judgment was entered, the Court shall set aside judgment.

(3) An application under paragraph (1) shall be made not more than fourteen days after the judgment has been served on the party making the application.

Sanctions have effect unless defaulting party obtains relief

17.7. (1) Where the Court makes an order, issues a practice direction or gives directions the Court shall whenever practicable also specify the consequences of failure to comply.

(2) Where a party has failed to comply with any of these Rules, a direction, practice direction or any order, any sanction for non-compliance imposed by the rule, direction, practice direction or the order has effect unless the party in default applies for and obtains relief from the sanction.

(3) Where a rule, direction, practice direction or order

(a) requires a party to do something by a specified date; and

(b) specifies the consequences of failure to comply,

the time for doing the act in question may not be extended by agreement between the parties.

Relief from sanctions

17.8. (1) An application for relief from any sanction imposed for a failure to comply with any rule, order, practice direction or direction shall be made promptly and supported by evidence on affidavit.

(2) The Court may grant relief only if it is satisfied that

(a) the failure to comply was not intentional;

(b) there is a good explanation for the failure; and

(c) the party in default has generally complied with all other relevant rules, practice directions, orders and directions.

(3) In considering whether to grant relief, the Court shall have regard to
- (a) in the interest of the administration of justice;
- (b) whether the failure to comply was due to the party or that party's attorney- at-law;
- (c) whether the failure to comply has been or can be remedied within a reasonable time;
- (d) whether the hearing date or any likely hearing date can still be met if relief is granted; and
- (e) the effect which the granting of relief or not would have on each party.

(4) The Court may not order the defendant or respondent to pay the applicant's costs in relation to any application for relief unless exceptional circumstances are shown.

PART 18
CASE MANAGEMENT CONFERENCES

Case management procedure

18.1. (1) The Registrar shall, immediately upon the filing of a defence make arrangements for the holding of a case management conference.

(2) The case management conference shall take place not less than four weeks nor more than eight weeks after the defence is filed unless a rule or practice direction prescribes a shorter or longer period or the case is urgent.

(3) Notwithstanding paragraph (1), a party may apply to the Registrar to arrange a case management conference before a defence is filed.

(4) An application under paragraph (3) may be without notice but must state the reasons for the application.

(5) The Registrar shall give all parties not less than fourteen days notice of the date, time and place of the case management conference.

(6) Notwithstanding paragraph (5) the Registrar may with or without an application direct that shorter notice be given if the parties agree or in urgent cases.

(7) The costs in the cause incurred in attending a case management conference are costs in the cause.

Dispensing with case management conference

18.2. (1) On the application of a party the Court may dispense with a case management conference if it is satisfied that

(a) the case may be dealt with justly without a case management conference; and the cost of the case management conference to the parties is disproportionate to the value of the proceedings and the benefits that might be achieved by a case management conference;

(b) in any case, the case should be dealt with as a matter of urgency.

(2) Where the Court dispenses with a case management conference, it shall immediately

(a) give directions in writing about the preparation of the case;

(b) set a timetable for the steps to be taken between the giving of directions and the hearing;

(c) fix a date for a pre-hearing review unless it is satisfied that the case may be dealt with justly without a pre-hearing review; and

(d) in any event, fix

(i) the hearing date, or

(ii) the period within which the hearing is to take place;

(iii) and in either case, the date by which a listing questionnaire is to be filed by the parties.

(3) The Registrar shall serve the directions made on all parties and give notice of

(i) the hearing date or hearing period; and

(ii) the date on which the listing questionnaire is to be filed by the parties.

Attendance at case management conference or pre-hearing review

18.3. (1) The attorney-at-law or another attorney-at-law who is authorised to negotiate on behalf of the client shall attend the case management conference and any pre-hearing review.

(2) The party or a person who is in a position to represent the interests of the party (other than the attorney-at-law) shall attend the case management conference or pre-hearing review.

(3) The Court may dispense with the attendance of a party or representative.

(4) Where the case management conference or pre-hearing review is not attended by the attorney-at-law, the party or a representative, the Court may adjourn the case management conference or pre-hearing review to a fixed date and may exercise any of its powers under this Part or Part 26.

(5) Where the Court is satisfied that notice of the hearing has been served on the absent party or parties in accordance with these Rules, then
(a) if the applicant does not attend, the Court may strike out the claim; and
(b) if any defendant does not attend, the Court may enter judgment against that defendant in default of such attendance.

Orders to be made at case management conference

18.4. (1) At a case management conference the Court shall consider whether to give directions for
(a) standard disclosure and inspection;
(b) service of witness statements; and
(c) service of experts' reports (if any), by dates fixed by the Court.

(2) The Court may also give directions for the preparation of an agreed statement
(a) of facts;
(b) of issues;
(c) of the basic technical, scientific or medical matters in issue; and
(d) as to any relevant specialist area of law, which statement does not bind the Court.

(3) The Court shall fix a date for a pre-hearing review unless it is satisfied that, having regard to the value, importance and complexity of the case, it may be dealt with justly without a pre-hearing review.

(4) The Court shall in any event, fix
(a) the hearing date, or
(b) the period within which the hearing is to commence; and
(c) the date by which a listing questionnaire is to be filed at the Court by the parties.

(5) The Registrar shall serve an order containing the directions made on all parties and give notice of

(a) the hearing date or hearing period;
(b) the date of any pre-hearing review; and
(c) the date by which the listing questionnaire is to be filed by the parties.

Adjournment of case management conference

18.5. (1) The Court may not adjourn a case management conference without fixing a new date, time and place for the adjourned case management conference.

(2) Where the Court is satisfied that the parties are
(a) in the process of negotiating, or are likely to negotiate, a settlement, or
(b) are attending, or have arranged to attend, a form of ADR procedure,

the Court may adjourn the case management conference to a suitable date, time and place to enable negotiations or the ADR procedure to continue.

(3) Where the case management conference is adjourned under paragraph (2) each party shall notify the Registrar promptly if the claim is settled.

(4) The Court may give directions as to the preparation of the case for hearing if the case management conference is adjourned.

(5) Wherever practicable, any adjourned case management conference and procedural applications made prior to a pre-hearing review shall be heard and determined by the Judge who conducted the first case management conference.

Variation of case management timetable

18.6. (1) A party may apply to the Court to vary a date which the Court has fixed for
(a) a case management conference;
(b) a party to do something where the order specifies the consequences of failure to comply;
(c) a pre-hearing review;
(d) the return of a listing questionnaire; or
(e) the hearing date or hearing period.

(2) A party seeking to vary any other date in the timetable without the agreement of the other parties shall apply to the Court, before that date.

(3) A party who applies after the date referred to in paragraph (2) shall apply
(a) for relief from any sanction to which the party has become subject under these Rules or any Court order; and
(b) for an extension of time.

(4) The parties may agree to vary a date in the timetable other than one mentioned in paragraphs (1).

(5) Where the parties so agree, they shall
(a) file a consent application for an order to that effect; and
(b) certify on that application that the variation agreed will not affect the date fixed for the hearing or, if no date has been fixed, the period in which the hearing is to commence,

and the timetable is accordingly varied unless the Court directs otherwise.

Listing questionnaire

18.7. (1) Each party shall file the completed listing questionnaire by the date directed under rule 18.2(2)(d)(iii) or 18.4(4)(c).

(2) Where
(a) a party
(i) fails to file the completed questionnaire by the date fixed under rule 18.2(2)(d)(iii) or 18.4(4)(c); or
(ii) fails to give all the information requested by the listing questionnaire; or
(b) the Court considers that a hearing is necessary to enable it to decide what directions to give in order to complete the preparation of the case,

the Registrar may fix a listing appointment and direct any or all of the parties to attend the appointment.

(3) The Registrar shall give all parties at least seven days notice of the date, time and place of the listing appointment.

(4) Any party at fault shall attend the listing appointment.

(5) At the appointment the Court shall
(a) give any directions which may be needed to complete the preparation of the case for hearing without any adjournment of the hearing; and
(b) where the listing appointment has been fixed under

paragraph (2), make a wasted costs order unless there is a special reason why it should not make such an order.

(6) Apart from the requirement to complete a listing questionnaire the Court may at any time require the parties to answer a questionnaire to assist it in the management of the case.

Fixing hearing date

18.8. (1) As soon as practicable after

(a) each party has returned a completed listing questionnaire to the Registrar; or

(b) the Court has held a listing appointment,

the Registrar shall fix the date of the hearing (or, if already done, confirm that date) and notify the parties.

(2) The Registrar shall give the parties at least eight weeks' notice of the date of the hearing.

(3) The Court may give shorter notice if the parties agree or in urgent cases.

PART 19
EVIDENCE

Directions

19.1. (1) The Court may at a case management conference or by other means, give appropriate directions concerning the

(a) issues on which it requires evidence;

(b) nature of the evidence which it requires to decide those issues; and

(c) way in which the evidence is to be placed before the Court.

(2) The Court may use its power under this rule to include evidence that would otherwise be inadmissible.

(3) The Court may limit cross-examination.

Evidence at hearing - general rule

19.2. (1) Any fact which needs to be proved by the evidence of witnesses is to be proved

(a) at the hearing, by their oral evidence given in public; and

(b) at any other hearing, by affidavit.

(2) Paragraph (1) is subject to

(a) any provision to the contrary contained in these Rules or in any other law; and

(b) any order of the Court.

(3) Any evidence taken at the hearing or other hearing of any proceedings may be used subsequently in those proceedings.

Evidence by video link or other means

19.3. The Court may allow a witness to give evidence without being present in the Court room, through a video link or by any other means.

Requirement to serve witness statements

19.4. (1) In this Part a "witness statement" means a written statement

(a) signed by the person making it; and

(b) containing the evidence which it is intended that that person would give orally.

(2) The Court may order a party to serve on any other party, witness statements setting out the evidence on which that party intends to rely at the hearing.

(3) A party's obligation to serve a witness statement is independent of any other party's obligation to serve such a statement.

(4) The Court may give directions specifying

(a) the order in which witness statements are to be served; and

(b) when witness statements are to be filed.

Form of witness statements

19.5. (1) A witness statement shall

(a) give the name, address and occupation of the witness;

(b) so far as reasonably practicable, be in the intended witness's own words;

(c) sufficiently identify any document to which the statement refers without repeating its contents unless this is necessary in order to identify the document;

(d) not include any matters of information or belief which are not admissible and, where admissible, must state the source of any matters of information or belief;

(e) be dated;

(f) be signed or otherwise authenticated by the intended witness; and

(g) include a statement by the intended witness that he believes the statements contained therein to be true.

(2) The Court may order that any inadmissible scandalous, irrelevant or otherwise oppressive matter be struck out of any witness statement.

Witness summaries

19.6. (1) Where a party required to serve a witness statement is not able to obtain a witness statement the party may

(a) serve a witness summary instead; and

(b) certify on the witness summary the reason why a witness statement could not be obtained.

(2) A witness summary is a summary of

(a) the evidence, so far as is known, which would otherwise be included in a witness statement; or

(b) if the evidence is not known, the matters about which the party serving the witness summary proposes to question the witness.

(3) Unless the Court orders otherwise a witness summary shall include the name and address of the intended witness or other sufficient means of identifying him.

(4) A witness summary shall be served within the period in which a witness statement would have had to be served.

(5) Where a party provides a witness summary, so far as practicable, rules 19.4, 19.7 (procedure where party does not serve witness statements), 19.8 and 19.9 apply to the summary.

Procedure where one party does not serve witness statement by date directed

19.7. (1) Where

(a) one party (the first party) is able and prepared to comply with the order to serve witness statements; and

(b) the other party fails to make reasonable arrangements to exchange statements,

the first party may comply with the requirements of this Part by filing the witness statements in a sealed envelope by the date directed and giving notice to all other parties that the witness statements have been filed.

(2) The statements filed pursuant to paragraph (1) shall not be disclosed to the other party unless the other party certifies

that witness statements or summaries in respect of all witnesses upon whose evidence the other party intends to rely have been served.

Use at hearing of witness statements which have been served

19.8. (1) Where a party
(a) has served a witness statement or summary; and
(b) wishes to rely on the evidence of the witness who made the statement, that party must call the witness to give evidence unless the Court orders otherwise or he puts the statement in as hearsay evidence.
(2) Where a witness is called to give oral evidence under paragraph (1), his witness statement shall stand as evidence in chief unless the Court orders otherwise.
(3) Where a party who has served a witness statement does not
(a) intend to call that witness at the hearing; or
(b) put the witness statement in as hearsay evidence,
any other party may put the witness statement in as hearsay evidence.
(4) Where a party
(a) has served a witness summary; and
(b) does not intend to call that witness at the hearing,
that party must give notice to that effect to all other parties not less than twenty-eight days before the hearing.

Amplifying witness statements at hearing

19.9. (1) A witness giving oral evidence may with the leave of the Court
(a) amplify the evidence as set out in his witness statement if that statement has disclosed the substance of the evidence which the witness is asked to amplify;
(b) give evidence in relation to new matters which have arisen since the witness statement was served on the other parties; or
(c) comment on evidence given by other witnesses.
(2) The Court may grant leave under paragraph (1) only if it considers that there is good reason not to confine the evidence of the witness to the contents of the witness statement.

Cross examination on witness statement

19.10. (1) Where a witness is called to give evidence at the hearing, he may be cross examined on the evidence set out in that witnesses statement, whether or not the statement or any part of it was referred to during the witness's evidence in chief.

(2) Where at any other hearing, evidence is given in writing, any party may apply to the Court for leave to cross-examine the person giving the evidence.

(3) Where the Court grants leave under paragraph (2) but the person in question does not attend as required by the order, his evidence may not be used except with the leave of the Court.

Consequence of failure to serve witness statement or summary

19.11. (1) Where a witness statement or witness summary is not served in respect of an intended witness within the time specified by the Court then the witness may not be called except with the leave of the Court.

(2) The Court may grant leave at the hearing only if it considers that the party seeking leave has a good reason for not previously seeking relief under rule 17.8.

Use of witness statements for other purposes

19.12. (1) Except as provided by this rule, a witness statement may be used only for the purpose of the proceedings in which it is served.

(2) Paragraph (1) does not apply if and to the extent that

(a) the witness gives consent in writing to some other use of it;

(b) the Court gives permission for some other use; or

(c) the witness statement has been put in evidence at a hearing held in public.

Notice to admit facts

19.13. (1) A party may serve notice on another party requiring that other party to admit the facts or the part of the first party's case specified in the notice.

(2) A notice to admit facts shall be served no later than forty-two days before the hearing.

(3) Where the other party makes any admission in response to the notice to admit facts, the admission may be used against that party only
(a) in the proceedings in which the notice is served; and
(b) by the party who served the notice.

(4) Where the party served with the notice to admit does not admit the facts set out in the notice within twenty-one days of service of the notice upon that party the Court may order the party served with the notice to pay the costs incurred by the party serving the notice.

Availability of witness statements for inspection

19.14. (1) A witness statement which stands as evidence in chief is open to inspection during the course of the hearing unless the Court otherwise directs.

(2) Any person may ask for a direction that a witness statement is not open to inspection.

(3) The Court may not make a direction under paragraph (2) unless it is satisfied that a witness statement should not be open to inspection because of the
(a) interests of justice;
(b) public interest;
(c) nature of any expert medical evidence in the statement;
(d) nature of any confidential information (including information relating to personal financial matters) in the statement; or
(e) need to protect the interests of any person who lacks legal capacity.

(4) The Court may exclude from inspection words or passages contained in a witness statement.

PART 20
EXPERTS AND ASSESSORS

General duty of Court and of parties

20.1. Expert evidence shall be restricted to that which is reasonably required to resolve the proceedings justly.

Overriding duty of expert witness to Court

20.2. (1) It is the duty of an expert witness to help the Court impartially on the matters relevant to his expertise.

(2) This duty overrides any obligations to the person by whom he is instructed or paid.

Performance of expert witness's duty to Court

20.3. (1) Expert evidence presented to the Court shall be, and shall be seen to be, the independent product of the expert witness uninfluenced as to form or content by the demands of the litigation.

(2) An expert witness shall provide independent assistance to the Court by way of objective unbiased opinion in relation to matters within the expert witness's expertise.

(3) An expert witness shall state the facts or assumptions upon which his or her opinion is based. The expert witness must not omit to consider material facts which could detract from his concluded view.

(4) An expert witness shall state if a particular matter or issue falls outside his or her expertise.

(5) Where after service of reports an expert witness changes his opinion on a material matter, such change of view shall be communicated to all parties.

Expert's right to apply to Court for directions

20.4. (1) An expert witness may apply in writing to the Court for directions to assist him in carrying out his functions as an expert witness or duty to the Court.

(2) An expert witness who applies for directions under paragraph (1) need not give notice of the application to any party.

(3) The Court may direct that

(a) notice of the application be given to any party; or

(b) a copy of the application and any directions given be sent to any party.

Court's power to restrict expert evidence

20.5. (1) No party may call an expert witness or put in evidence an expert witness's report without the leave of the Court.

(2) An application for leave under this rule shall specify

(a) the name of the expert witness; and
(b) the nature of his experience and expertise.

(3) Leave shall be given at a case management conference.

(4) The evidence of the expert witness shall not be called or put in unless the party who intends to call or put in that evidence serves as expert in respect of such evidence on the other party.

(5) The Court shall specify the date on which such report shall be served.

(6) The Court may direct that part only of an expert witness's report be disclosed.

General requirement for expert evidence to be given in written report

20.6. (1) Expert evidence is to be given in a written report unless the Court directs otherwise.

(2) This rule is subject to any enactment restricting the use of hearsay evidence.

Written questions to expert witnesses

20.7. (1) A party may put written questions to an expert witness instructed by another party or jointly about his report.

(2) Written questions under paragraph (1)
(a) may be put once only;
(b) shall only be in order to clarify the report; and
(c) shall be put within twenty-eight days of service of that expert witness's report, unless the Court permits otherwise or the other party agrees.

(3) An expert witness's answers to questions under this rule shall be treated as part of that expert witness's report.

(4) Where
(a) a party has put a written question to an expert witness instructed by another party in accordance with this rule; and
(b) the expert witness does not answer the question,

the Court may make one or more of the following orders in relation to the party who instructed the expert witness, namely that
(i) that party may not rely on the evidence of the expert witness;
(ii) that party may not recover the fees and expenses of the expert witness from any other party;

(iii) the party asking the questions may seek to obtain answers from another expert witness.

(5) This rule also applies where evidence from a single expert witness is to be used under rule 20.8.

Court's power to direct evidence by single expert witness

20.8. (1) Where two or more parties wish to submit expert evidence on a particular issue, the Court may direct that expert evidence be given by one expert witness.

(2) The parties wishing to submit the expert evidence are called "the instructing parties".

(3) Where the instructing parties cannot agree who should be the expert witness, the Court may

(a) select the expert witness from a list prepared or identified by the instructing parties; or

(b) direct that the expert witness be selected in such other manner as the Court may direct.

(4) The Court may vary a direction given under this rule.

(5) The Court may appoint a single expert witness

(a) instead of the parties instructing their own expert witnesses; or

(b) to replace experts instructed by the parties.

Instructions to single expert witness

20.9. (1) Where the Court gives directions under rule 20.8 for one expert witness to be used, each instructing party may give instructions to the expert witness.

(2) When an instructing party gives instructions to the expert witness that party must, at the same time, send a copy of the instructions to the other instructing parties.

(3) The Court may give directions about the arrangements for

(a) the payment of the expert witness's fees and expenses; and

(b) any inspection, examination or experiments which the expert witness wishes to carry out.

(4) The Court may, before an expert witness is instructed

(a) limit the amount that can be paid by way of fees and expenses to the expert witness; and

(b) direct that the instructing parties pay that amount into Court in such proportions as may be directed.

(5) Unless the Court otherwise directs, the instructing parties are jointly and severally liable for the payment of the expert witness witness's fees and expenses.

Power of Court to direct party to provide an expert report

20.10. (1) Where a party has access to information which is not reasonably available to the other party, the Court may order that party
- (a) to arrange for an expert witness to prepare a report on any matter;
- (b) if appropriate, to arrange for an examination to be carried out in relation to that matter; and
- (c) to file the report and serve a copy on any other party.

(2) The Court's powers under this rule may be exercised only on the application of a party.

Expert witness's reports to be addressed to Court

20.11. An expert witness shall address his report to the Court and not to any person from whom the expert witness has received instructions.

Contents of report

20.12. (1) An expert witness's report shall contain
- (a) details of the expert witness's qualifications;
- (b) details of any literature or other material which the expert witness has used in making the report;
- (c) the name and qualifications of the person who carried out any test or experiment which the expert witness used for the report;
- (d) where there is a range of opinion on the matters dealt with in the report
  - (i) a summary of the range of opinion; and
  - (ii) the reasons for the opinion, and
- (c) a summary of the conclusions reached.

(2) The expert witness shall include at the end of his report a statement that the expert witness
- (a) understands his duty to the Court as set out in this Part and has complied with that duty;
- (b) has included all matters within the expert witness's knowledge and area of expertise relevant to the issue on which the expert evidence is given; and

(c) has given details in the report of any matters which to his or her knowledge might affect the validity of the report.

(3) There shall be also attached to an expert witness's report copies of

(a) all written instructions given to the expert witness;

(b) any supplemental instructions given to the expert witness since the original instructions were given; and

(c) any oral instructions given to the expert witness,

and the expert witness shall certify that no other instruction than those disclosed have been received by him from the party instructing the expert witness, the party's attorney-at-law or any other person acting on behalf of the party.

(4) Where an expert report refers to photographs, plans, calculations, survey reports or other documents, a copy of each document shall be provided to the opposite party at the same time as the service of the report.

(5) Where it is not practicable to provide a copy of each document referred to in paragraph (4) such documents shall be made available for inspection by the other party or any expert witness instructed by that party within seven days of a request made in that behalf.

Meeting of expert witnesses

20.13. (1) The Court may direct a meeting of expert witnesses of like speciality for the purpose of requiring the expert witnesses to

(a) identify the issues relevant to their expertise in the proceedings; and

(b) where possible, reach agreement on an issue.

(2) The Court may specify the issues which the expert witnesses shall discuss.

(3) The contents of the discussion between the expert witnesses shall not be referred to at the hearing unless the parties agree.

(4) The meeting may take place personally, by telephone or by any other suitable means.

(5) After the meeting the expert witnesses shall prepare for the Court a statement of

(a) any issues within their expertise on which they agree; and

(b) any such issues on which they disagree and their reasons for disagreeing.

(6) Instead of, or in addition to, such statement the Court may direct that the expert witnesses prepare an agreed statement, as short as practicable of the basic 'science' which applies to the matters relevant to their expertise.

Consequence of failure to disclose expert witness's report

20.14. (1) A party who fails to comply with a direction to disclose or serve an expert witness's report may not use the report at the hearing or call the expert witness except with the leave of the Court.

(2) The Court shall not grant leave unless the party seeking leave satisfies the Court that it was not reasonably practicable to have applied for relief at an earlier stage.

Use by one party of expert report disclosed by another

20.15. Where a party has disclosed an expert report, any other party may use that report as evidence at the hearing.

Appointment of assessors

20.16. (1) The Court may appoint an assessor to
(a) assist the Court in understanding technical evidence;
(b) provide a written report; or
(c) advise the Court at the hearing with regard to evidence of expert witnesses called by the parties.

(2) On making an order under paragraph (1), the Court shall specify the fee to be paid to the assessor and by whom.

(3) Paragraph (2) does not affect any decision as to the party who is ultimately to bear the cost of the assessor.

(4) The Court may order any party to deposit in the Registry a specified sum in respect of the assessor's fees and, where it does so, the assessor will not be asked to act until the sum has been deposited.

(5) All communications apart from written instructions between the Court and an assessor shall be in open Court.

(6) An assessor shall take such part in the proceedings as the Court may direct and in particular the Court may direct the assessor
(a) to prepare a report for the Court on any matter at issue in the proceedings; and

(b) to attend the whole or any part of the hearing to advise the Court on any such matter.

(7) Before requesting a written report or opinion from an assessor, the Court shall allow the parties to make submissions in respect of the form and content of the questions to be asked.

(8) Where the assessor prepares a report for the Court before the hearing has begun

(a) the Court shall send a copy to each of the parties; and

(b) the parties may use it at the hearing.

(9) Before giving judgment the Court shall provide the parties with the questions asked of, and any opinion given by, the assessor and give them an opportunity to make submissions.

Cross-examination of Court expert

20.17. An expert or an assessor appointed by the Court who gives oral evidence may be cross-examined by any party.

PART 21
WITNESSES AND DEPOSITIONS

Interpretation

21.1. In this Part "deponent" means a person from whom evidence is obtained pursuant to this Part; "deposition" means evidence given by a deponent.

Witness summonses

21.2. (1) A witness summons is a document issued by the Court requiring a witness to attend Court

(a) to give evidence; or

(b) to produce documents to the Court.

(2) A witness summons shall be in the form prescribed as Form [ ] in Schedule 3.

(3) There shall be a separate witness summons for each witness.

(4) A witness summons may require a witness to produce documents to the Court either on

(a) the date fixed for the hearing or any other hearing of any application in the proceedings; or

(b) such other date as the Court may direct.

Issue of witness summons

21.3. (1) A witness summons is issued on the date entered on the summons by the Registry.

(2) A party shall apply to the Court for leave to

(a) issue a witness summons less than twenty-one days before the date of the hearing; or

(b) issue a summons for a witness to attend Court to give evidence or to produce documents

(i) on any date except the date fixed for the hearing, or

(ii) at any other hearing except the hearing.

(3) An application for leave under paragraph (2) may be made *ex parte* on affidavit.

(4) The Court may set aside or vary a witness summons.

Time for serving witness summons

21.4. (1) A witness summons is binding only if it is served at least fourteen days before the date on which the witness is required to attend before the Court.

(2) The Court may direct that a witness summons shall be binding although served less than fourteen days before the date on which the witness is required to attend before the Court.

(3) A witness summons which

(a) is served in accordance with this rule; and

(b) requires the witness to attend Court to give evidence,

is binding until the conclusion of the hearing at which the attendance of the witness is required.

Right of witness to travelling expenses and compensation for loss of time

21.5. A witness shall be paid

(a) a sum reasonably sufficient to cover his subsistence and expenses in travelling to and from the Court; and

(b) such sum by way of compensation for loss of time as may be determined by the Court.

Evidence by deposition before examiner

21.6. (1) A party may apply for an order for a person to be examined before the hearing or any other hearing in the proceedings.

(2) An order under this rule shall be for a deponent to be examined on oath before a Judge or the Registrar (hereinafter called "the examiner").

(3) The order shall state the name of the examiner and the date, time and place of the examination.

(4) An order under paragraph (1) may be made on such terms as the Court considers just, including

(a) the disclosure of documents under Part 16 before the examination takes place; and

(b) the production of any document which the Court considers may be necessary for the purposes of the examination.

(5) A deponent shall be paid subsistence, travelling expenses and compensation for loss of time in accordance with rule 21.5.

(6) An application may be made by a party whether or not that party calls the witness.

(7) Where the application is made by the party who intends to call the witness to give evidence, the Court may order that party to serve a witness statement or witness summary in relation to the evidence to be given by the person to be examined.

(8) The party who applies for the order under paragraph (1) shall supply to the examiner copies of such documents in the proceedings as are necessary for the examiner to understand the matters at issue in the proceedings.

Conduct of examination

21.7. (1) Subject to any directions contained in the order for examination, the examination shall be conducted in the same way as if the witness were giving evidence at a hearing.

(2) Where all the parties are present, the examiner may, with the consent of the parties, conduct the examination of a person not named in the order for examination.

(3) The examiner may conduct the examination in private if he considers it appropriate to do so.

(4) The examiner shall ensure that a full record is taken of the evidence given by the witness.

(5) Where any person being examined objects to answer any question put to him the ground of the objection and the

answer to any such question shall be set out in the deposition or in a statement annexed to the deposition.

(6) The examiner shall send the original deposition to the Registry and a copy of the deposition to every party to the proceedings and the deponent.

(7) Where the witness or any attorney-at-law present at the hearing is of the opinion that the deposition does not accurately represent the evidence, he may
  (a) endorse on the copy deposition the corrections which in his opinion should be made;
  (b) file the endorsed copy deposition; and
  (c) serve a copy of it on the parties.

Evidence without examiner being present

21.8. (1) With the consent of the parties, the Court may order that the evidence of a witness be taken as if before an examiner, but without an examiner being appointed or present.

(2) Where such an order is made then, subject to any directions that may be contained in the order
  (a) the party whose witness is to be examined shall provide a means of recording the evidence of the witness;
  (b) an attorney-at-law for any party may administer the oath to a witness;
  (c) any person transcribing evidence need not be sworn but shall certify as correct the transcript of the evidence and deliver it to the attorney-at-law for the party whose witness was examined;
  (d) the attorney-at-law for the party whose witness was examined shall file the original transcript and deliver a true copy to all other parties and to the witness who was examined; and
  (e) if the witness or any attorney-at-law present at the hearing is of the opinion that the transcript does not accurately represent any evidence given that person may
    (i) endorse on the copy transcript the corrections which in his opinion should be made;
    (ii) file the copy transcript; and
    (iii) serve a copy of it on the parties.

Enforcing attendance of witness

21.9. (1) Where a person served with a witness summons to attend before an examiner
(a) fails to attend;
(b) refuses to be sworn or to affirm for the purpose of the examination; or
(c) refuses to answer any lawful question or produce any document at the examination,

the party requiring the deposition may file a certificate signed by the examiner of such failure or refusal.

(2) to affirm or to answer any question or produce any document as the case may be.

(3) An application for an order under this rule may be made *ex parte.*

(4) Any order made by the Court shall be served personally on the person served with the witness summons.

(5) A person who wilfully disobeys an order made against him under paragraph (4) is guilty of contempt of Court.

(6) The Court may order the person against whom an order is made under paragraph (4) to pay any cost resulting from
(a) the failure to attend before the examiner;
(b) the refusal to be sworn or affirm for the purposes of the examination; or
(c) the refusal to answer any lawful question or produce any document at the examination.

Special report

21.10. The examiner may make a special report to the Court with regard to the absence of any person or the conduct of any person, when the deposition was taken.

Fees and expenses of examiner

21.11. (1) On appointing an examiner the Court shall fix the fee to be paid to the examiner for carrying out the examination.

(2) The party who obtained the order shall also pay the fee and all reasonable travelling and other expenses including charges for a room (other than the examiner's own chambers or office) where the examination takes place.

(3) Paragraph (2) does not affect any decision as to the party who is ultimately to bear the costs of the examination.

(4) The examiner need not send the deposition to the Court unless the fee is paid.

(5) The Court may order the party who obtained the order for examination to deposit in the Registry a specified sum in respect of the examiner's fees.

(6) Where the Court makes an order under paragraph (5) the examiner shall not act until the sum has been deposited.

Order for payment of examiner's fees

21.12. (1) The examiner may report to the Court that fees or expenses due to him have not been paid and the Court may make an order that the party who obtained the order for the examination shall pay such fees and expenses.

(2) An order under paragraph (1) may be enforced as a money judgment.

Use of deposition at hearing

21.13. (1) A deposition ordered under rule 21.8 or 21.9 may be given in evidence at the hearing unless the Court orders otherwise.

(2) A party intending to put in evidence a deposition at a hearing shall serve notice of such intention on every other party.

(3) That party shall serve the notice at least twenty-one days before the day fixed for the hearing.

(4) The Court may require a deponent to attend the hearing and give evidence orally.

Where person is out of the jurisdiction - letter of request

21.14. (1) Where a party intends to take a deposition from a person outside the jurisdiction, the Court may direct the issue of a letter of request in that behalf to the judicial authorities of the country in which the proposed deponent is to be found.

(2) Where the government of the country to which the letter is sent allows a person appointed by the Court to examine a person in that country, the Court may make an order appointing an examiner for that purpose.

(3) A person may be examined under this rule on oath or affirmation or in accordance with any procedure permitted in the country in which the examination takes place.

(4) Where the Court makes an order for the issue of a letter of request, the party who sought the order shall file
- (a) the following documents and, except where paragraph (5) applies, a translation of them
  - (i) a draft letter of request;
  - (ii) a statement of the issues relevant to the proceedings; and
  - (iii) a list of questions or the subject matter of questions to be put to the person to be examined; and
- (b) an undertaking to be responsible for the expense of the Minister with responsibility for foreign affairs.

(5) A translation shall be filed if the official language of the Court is one of the official languages of the country where the examination takes place.

Early appointment to produce documents

21.15. (1) The Court may permit a party to issue a witness summons requiring a person to attend at a date, time or place (a "production hearing") specified in the summons other than the date of the final hearing for the purpose of producing one or more documents.

(2) A witness summons applies only to documents which a person could be compelled to produce at the final hearing.

PART 22
ACCOUNTS AND INQUIRIES

Directions for account

22.1. (1) Where a claim or counterclaim is made for an account or requires the taking of an account, an application for directions relating to the taking of the account shall be made at the case management conference or first hearing.

(2) The Court may make any one or more of the following orders, namely that
- (a) any preliminary issue of fact be tried;
- (b) an account to be taken;
- (c) inquiries be made;
- (d) any amount shown to be due to a party on the account be paid by a date specified in the order.

(3) Every direction that an account be taken shall be so numbered that each distinct account and inquiry may be designated by that number.
(4) Where the Court directs that an account be taken, the Court shall specify how it shall be taken or vouched.
(5) The Court may direct that any relevant books of account shall be evidence of the matters contained in them, subject to any objections by any party.

Verification of account

22.2. (1) When there has been a direction for an account to be taken the accounting party shall make out its account and verify it by affidavit exhibiting the account.
(2) The items on each side of the account shall be numbered consecutively.
(3) Unless the Court otherwise orders, the accounting party shall file the affidavit and the account and serve a copy on all other parties.

Omissions in account

22.3. A party who alleges that there are omissions or challenges any item in the account shall give notice to the accounting party specifying
(a) particulars of the omission or error; and
(b) the grounds for such allegation.

Allowances

22.4. In taking any account all just allowances shall be made.

Delay

22.5. Where there is undue delay in taking the account, the Court may
(a) require the accounting party, or any other party, to explain the delay;
(b) give directions to stay or expedite the taking of the account.
(c) direct any other party to take over conduct of the account; and
(d) make such order for costs as is just.

Distribution before entitlement ascertained

22.6 Where beneficiaries entitled to share in a fund are ascertained or ascertainable, the Court

(a) may order the immediate payment of their shares to the beneficiaries who have been ascertained; and

(b) need not reserve any part of the fund to meet any subsequent costs of ascertaining the other beneficiaries.

PART 23
PRE HEARING REVIEW

Direction for pre-hearing review

23.1. (1) At any case management conference and at any subsequent hearing in the proceedings other than the hearing of the application the Court shall consider whether a pre-hearing review should be held to enable the Court to deal justly with the proceedings.

(2) A party may apply for a direction that a pre-hearing review be held.

(3) An application for a pre-hearing review shall be made not less than sixty days before the hearing date or the beginning of any hearing period fixed under rule 18.2(2)(d)(ii) or 18.4.

(4) The Registrar shall give each party not less than fourteen days notice of the date, time and place for the pre-hearing review.

(5) The costs incurred in attending a pre-hearing review are costs in the cause.

Rules relating to case management conferences to apply

23.2. The rules relating to a case management conference shall apply, with necessary modifications, to a pre-hearing review.

Parties to prepare pre-hearing memorandum

23.3. (1) The parties shall seek to agree and file a pre-hearing memorandum not less than seven days before the pre-hearing review.

(2) Where the parties are not able to agree such a memorandum each party shall file its own memorandum and serve a copy on all other parties not less than three days before the date fixed for the pre-hearing review.

(3) A pre-hearing memorandum shall contain

(a) a concise statement of the nature of the proceedings,

(b) details of any admissions made;

(c) the factual and legal contentions of the party or parties filing it; and
(d) a statement of the issues to be determined at the hearing.

(4) The pre-hearing memorandum shall be accompanied by copies of documents which
(a) are intended to be used at the hearing; and
(b) are likely to be of assistance in settling the claim.

Scope of pre-hearing review

23.4. At the pre-hearing review the parties shall address
(a) the possibility of settlement of any or all of the issues in the claim;
(b) the possibility of referring any unsettled issues to ADR;
(c) the simplification of the issues in the claim;
(d) agreement of any expert evidence;
(e) the appointment of an expert to give evidence as to any contested matters of expertise;
(f) the possibility of admissions which may shorten the hearing;
(g) the issue of liability;
(h) the amount of damages, if claimed;
(i) the estimated duration of the hearing;
(j) the need for interpreters at the hearing; and
(k) any other matter that may promote the fair, expeditious and economic disposition of the claim.

Directions at pre-hearing review

23.5. (1) At the pre-hearing review the Court shall give directions as to the conduct of the hearing in order to ensure the fair, expeditious and economic resolution of the issues.
(2) In particular the Court may
(a) direct either party to provide additional information to the other;
(b) give directions for the filing by each party and service on all other parties of one or more of
(i) a skeleton argument;
(ii) a chronology of relevant events;
(iii) a summary of any legal propositions to be relied on at the hearing; and
(iv) a list of authorities which it is proposed to cite in support of those propositions;
(c) direct the parties jointly to prepare one or more of
(i) a core bundle of documents;
(ii) an agreed statement of facts;

(iii) an agreed statement of the basic technical, scientific or medical matters in issue;

(iv) an agreed statement as to any relevant specialist area of law, which statement shall not be binding on the Court, and direct when and by whom such documents shall be filed at the Court;

(d) give directions as to the extent to which evidence may be given in writing.

PART 24
ORAL PROCEEDINGS

Procedure

24.1. (1) Subject to the priority of decisions provided for in rule 30.2, the Court shall deal with the cases before it in the order in which the case management conferences in relation to them have been completed.

(2) Where the case management conferences in several cases are completed simultaneously, the order in which they are to be dealt with shall be determined by the dates of entry in the register of applications initiating them respectively.

(3) The President may

(a) in special circumstances

(i) order that a case be given priority over others; or

(ii) after hearing the parties, either on his own motion or at the request of one of the parties, defer a case to be dealt with at a later date;

(b) on a joint application by the parties, order that a case be deferred.

Conduct of proceedings

24.2. (1) The proceedings shall be commenced and presided over by the Chairman or presiding Judge, who shall be responsible for the proper conduct of the hearing.

(2) The proceedings in cases heard *in camera* shall not be published.

Closing address

24.3. (1) The attorneys-at-law shall make their closing addresses immediately before the end of the proceedings.

(2) After the attorneys-at-law have made their closing addresses, the Chairman or presiding Judge shall declare the proceedings closed.

Court may order inquiry

24.4. (1) The Court may at any time after hearing the parties, order any measure of inquiry to be taken or that a previous inquiry be repeated or expanded.

(2) The Court may direct any Judge to carry out the measures so ordered.

Court may order reopening of oral proceedings

24.5. The Court may, after hearing the attorneys-at-law, order the reopening of the oral proceedings.

Registrar to keep record

24.6. For the avoidance of doubt, [the duty of Registrar to keep a record of every hearing] shall apply to every hearing or proceeding ordered by the Court under 24.5.

PART 25
JUDGMENTS

Contents of judgment

25.1. A judgment shall contain

(a) a statement that it is the judgment of the Court;
(b) the date of its delivery;
(c) the names of the Judges taking part in it;
(d) the description of the parties;
(e) the names of the attorneys-at-law of the parties;
(f) a statement of the forms of order sought by the parties;
(g) a summary of the facts;
(h) the grounds for the decision; and
(i) the operative part of the judgment, including the decision as to costs.

Delivery of judgment

25.2. (1) The judgment shall be delivered in open Court and the parties shall be given notice to attend to hear it.

(2) The original of the judgment, signed by the Judges who took part in the deliberations shall be sealed by the Registrar and deposited at the Registry and the parties shall be served with certified copies of it.

(3) The Registrar shall record on the original of the judgment the date on which it was delivered.

Enforcement of judgment

25.3. (1) The judgment shall be binding from the date of its delivery.

(2) The execution of a judgment shall be in accordance with Article XXVI of the Agreement.

(3) Where the Court finds that a party has defaulted in implementing a judgment, the Court may impose on that party, a financial penalty to be paid to the Court.

(4) Where a judgment has been wholly satisfied or complied with, the Registrar shall, upon proof of satisfaction thereof, insert a note in the register to that effect against the record of the judgment.

Rectification of judgment

25.4. (1) Without prejudice to the provisions of Part 35, the Court may, of its own motion or on application by a party made within fourteen days after the delivery of judgment, rectify clerical mistakes, errors in calculation and obvious slips in it.

(2) Where the judgment has been rectified in accordance with paragraph (1), the Registrar shall duly notify the parties concerned of such rectification and they may file with the Registrar their written objections or observations within the period specified in the notice.

(3) The Court shall give its decision on any objection filed under paragraph (2).

(4) The original of the rectification order shall be annexed to the original of the rectified judgment and a note of the order shall be made in the margin of the original of the rectified judgment.

Application to supplement judgment

25.5. (1) Where the Court omits to give a decision on a specific head of claim or on costs, a party may, within a month after delivery of the judgment, apply to the Court to supplement its judgment.

(2) The application shall be served on all other parties and the President shall specify a period within which those parties may file written observations.

(3) Where the observations have been filed, the Court shall decide on the admissibility and on the substance of the application.

Publication of reports

25.6. The Registrar shall cause to be published reports of all judgments of the Court.

PART 26
COSTS

Decision as to costs

26.1. (1) A decision as to costs shall be given in the final judgment or in the order which closes the proceedings.

(2) The unsuccessful party shall be ordered to pay the costs if they have been applied for in the successful party's pleadings.

(3) Where there are several unsuccessful parties, the Court shall decide how the costs are to be shared among them.

(4) Where each party succeeds on some and fails on other heads, or where the circumstances are exceptional, the Court may order that the costs be shared or that the parties bear their own costs.

(5) The Court may order a party, even if successful, to pay costs which the Court considers that party to have unreasonably or vexatiously caused another party to incur.

(6) The Contracting Parties, the Community and Institutions of the Community, which intervene in the proceedings, shall bear their own costs.

(7) The Court may order an intervener other than those mentioned in paragraph (6) to bear his own costs.

(8) A party who discontinues or withdraws from proceedings shall be ordered to pay the costs if the other party's pleadings include an application for costs.

(9) Upon application by the party who discontinues or withdraws from proceedings, the costs shall be borne by the other party if the Court considers it having just regarded to the conduct of the other party.

(10) Where the parties have come to an agreement on costs, the decision as to costs shall be in accordance with that agreement.

(11) If costs are not claimed, the parties shall bear their own costs.

(12) Where a case does not proceed to judgment, the costs shall be in the discretion of the Court.

Refund of costs

26.2. Costs necessarily incurred by a party in enforcing a judgment shall be refunded by the other party [on the scale in force in the Contracting Party where the enforcement takes place.]

Proceedings free except in certain cases

26.3. Proceedings before the Court shall be free of charge, except that

(a) where a party has caused the Court to incur avoidable costs, the Court may order that party to refund them;

(b) where copying or translation work is carried out at the request of a party, the costs shall, in so far as the Registrar considers it excessive, be paid for by that party on the scale of fees referred to in 3.3(5).]

Recoverable costs

26.4. (1) Without prejudice to rule 26.3, the following shall be regarded as recoverable costs

(a) sums payable to witnesses and experts;

(b) expenses necessarily incurred by the parties for the purpose of the proceedings, in particular the travel and subsistence expenses and the remuneration of attorneys-at-law.

(2) If costs are disputed by a party, the party awarded costs by the Court may, within one month of such award, submit a bill of costs to the Registrar for taxation.

(3) In taxing such bill of costs, the Registrar shall take into account the legal practitioner's costs in contentious matters set out in Schedule [ ].

Dispute as to costs

26.5. (1) If there is a dispute concerning the costs to be recovered, the Court shall, on application by the party concerned and after hearing the opposite party, make a final order on the matter.

(2) The parties may, for the purpose of enforcement, apply for a certified copy of the order.

Currency of payment

26.6. (1) Sums due from the cashier of the Court shall be paid in the currency of the Contracting Party where the Court has its Seat.

(2) At the request of the person entitled to any sum, it shall be paid in the currency of the Contracting Party where the expenses to be refunded were incurred or where the steps in respect of which payment is due were taken.

(3) Other debtors shall make payment in the currency of their Member State of origin.

(4) Conversions of currency shall be made at the prevailing market exchange rate ruling on the day of payment in the Contracting Party where the Court has its Seat.]

PART 27
DISCONTINUANCE

Right to discontinue claim

27.1. (1) An applicant may discontinue all or part of a claim without the leave of the Court.

(2) Notwithstanding paragraph (1)

(a) an applicant shall apply to the Court for leave to discontinue all or part of a claim in relation to which

(i) the Court has granted an interim injunction; or

(ii) any party has given an undertaking to the Court;

(b) where there is more than one applicant, a claim shall not be discontinued unless

(i) every other applicant consents in writing; or

(ii) the Court gives leave.

(3) Where there is more than one defendant the applicant may discontinue all or part of the claim against all or any of the defendants.

Procedure for discontinuing

27.2. (1) Where an applicant intends to discontinue a claim or any part thereof an applicant shall serve a notice of discontinuance on every other party to the action and file a copy of the notice.

(2) The applicant shall certify on the filed copy that notice of discontinuance has been served on every other party.

(3) Where the applicant needs the consent of some other party, a copy of the necessary consent shall be attached to the filed copy of the notice of discontinuance.

(4) Where the applicant needs leave of the Court, the notice of discontinuance shall contain details of the order by which the Court gave leave.

(5) Where there is more than one defendant, the notice of discontinuance shall specify against which defendant or defendants the claim is discontinued.

Right to apply to have notice of discontinuance set aside

27.3. (1) Where the applicant discontinues without the consent of the defendant or the leave of the Court any defendant who has not consented may apply to have the notice of discontinuance set aside.

(2) The defendant may not apply under this rule more than twenty-eight days after the date when the notice of discontinuance was served on that defendant.

Effect of discontinuance

27.4. (1) Discontinuance of a claim or part of a claim takes effect

(a) in the case of discontinuance without leave, on the date on which the notice of discontinuance is filed;

(b) in the case of a claim by more than one applicant, on the date on which all the other applicants to the claim have given their consent; or

(c) where leave of the Court under rule 27.2 is granted, on the date specified by the Court or on compliance with the conditions attached to the leave.

(2) Paragraph (1) does not affect

(a) the right of a defendant under rule 27.3 to apply to have the notice of discontinuance set aside; or

(b) any proceedings relating to costs.

Liability for costs

27.5. (1) Unless the parties agree or the Court orders otherwise an applicant who discontinues is liable for the costs of the defendant against whom the claim is discontinued incurred on or before the date on which notice of discontinuance is served.

(2) Where a claim is only partly discontinued

(a) the applicant is only liable for the costs relating to that part of the claim which is discontinued; and

(b) unless the Court orders otherwise, the costs which the applicant is liable to pay are not to be quantified until the conclusion of the rest of the claim.

(3) Where the applicant discontinues part of the claim only, the amount of costs shall be assessed by the Court when the remainder of the claim is resolved.

Discontinuance and subsequent proceedings

27.6. Where

(a) an applicant discontinues a claim after the filing of a defence by the defendant against whom the claim is discontinued; and

(b) the applicant makes a subsequent claim

(i) against the same defendant;

(ii) arising out of facts which are the same or substantially the same as those relating to the discontinued claim; and

(iii) the applicant has not paid the defendant's costs of the discontinued claim, the Court may stay the subsequent claim until such time as the costs of the discontinued claim are paid.

Stay of remainder of partly discontinued proceedings where costs not paid

27.7. The Court may stay the remainder of the proceedings until the applicant pays the whole of the costs which he is liable to pay under rule 27.5, where

(a) proceedings are partly discontinued;

(b) an applicant is liable to pay costs under rule 27.5; and

(c) the applicant fails to pay those costs within fourteen days of

(i) the date on which the parties agreed for such payment by the applicant; or

(ii) the date on which the Court ordered the costs to be paid.

PART 28
TIME LIMITS

Court to state calendar date

28.1. When giving a judgment or direction which imposes a time limit for doing any act, the Court shall, wherever practicable state the calendar date and the time of day by which the act is required to be done.

Computation of time

28.2. (1) A period of time by which any act is required to be done shall be determined in accordance with these Rules, practice directions and judgments of the Court.

(2) A period of time expressed as a number of days shall be computed as clear days.

(3) In this rule, "clear days" does not include
  - (a) the day on which the period begins or ends; and
  - (b) if the end of the period is defined by reference to an event, the day on which that event occurs or should occur.

(4) Where the specified period for doing an act
  - (a) is seven days or less, Saturday, Sunday or any other day on which the Registry is closed, shall not be counted;
  - (b) at the Registry ends on a day on which the Registry is closed, the act shall be deemed to be in time if done before close of business on the next day on which the Registry is open; or
  - (c) which does not need to be done at Court ends on a Saturday, Sunday or public holiday, it must be done before 4 p.m. on the next ordinary business day in the territory where it is to be done.

Exceptions to time limits

28.3. (1) Any time limit prescribed under these Rules may be extended.

(2) No right shall be prejudiced in consequence of the expiry of a time limit if the party concerned proves the existence of unforeseeable circumstances.

PART 29
STAY OF PROCEEDINGS

Stay of Proceedings

29.1. (1) The Court may stay proceedings on the application of a party to the proceedings or a person who, not being a party to the proceedings, establishes that the person has a substantial interest in the subject matter of the action or will be adversely affected by the decision in the matter.

(2) The Court may stay proceedings on its own motion in any case where

(a) the Court and a national court or tribunal are seized of a case in which the same relief is sought, the same issue of interpretation is raised or the validity of the same act is called in question;

(b) any subsequent suit is brought before compliance with an order of the costs of a discontinued case under Part 27 for the same or substantially the same cause of action;

(c) the Court orders costs to be paid or security to be given for costs by any party and the party concerned fails to pay the costs or to give the security;

(d) the proceedings are vexations, frivolous or oppressive;

(e) a party to the proceedings dies or becomes mentally incompetent;

(f) the defendant relies on a counterclaim which extinguishes either wholly or in part the applicant's claim;

(g) an agreement between the parties provides for submission of the subject matter of the action to arbitration and a party raises the issue of first going to arbitration in its pleadings and requests for a stay of proceedings pending such arbitral proceedings;

(h) a party put on terms to commence proceedings within a specified period fails to comply with the order of Court and the Court finds it appropriate to stay the proceedings.

(3) The proceedings may be resumed by order or decision, following the same procedure.

(4) The stay of proceedings shall take effect on the date indicated in the order or decision of stay or, in the absence of such indication, on the date of that order or decision.

(5) Where proceedings are stayed time shall cease to run for the purposes of prescribed time limits for all parties.

(6) Where the order or decision of stay does not specify the length of stay, it shall end on the date indicated by the order of decision of resumption or, in the absence of such indication, on the date of the order or decision of resumption.

(7) From the date of resumption time shall begin to run afresh for the purposes of the time limits.

(8) The orders or decisions referred to in this rule shall be served on the parties.

PART 30
SPECIAL FORMS OF PROCEDURE

Suspension of operation

30.1. (1) An application to suspend the operation of any measure adopted by a Contracting Party or an organ, made pursuant to the Treaty, shall be admissible only if the applicant is challenging that measure in proceedings before the Court.

(2) An application for the adoption of an interim measure shall be admissible only if it is made by a party to a case before the Court and relates to that case.

(3) An application referred to in paragraph (1) shall state the subject-matter of the proceedings, the circumstances giving rise to urgency and the points of fact and law establishing a*prima facie* case for the interim measures applied for.

(4) The application shall be made by a separate document and in accordance with the provisions of rules 12.1 and 12.2.

Service of application

30.2. (1) The application shall be served on the other party and the President shall prescribe a short period within which either party may submit written or oral submissions.

(2) The President may grant the application even before the submissions of the opposite party have been made.

(3) A decision under this paragraph (2) may be varied or cancelled without any application being made by any party.

Priority of application

30.3. Where the application is referred to it, the Court shall give priority to the determination of the application.

Decision on applications

30.4. (1) The decision on the application shall take the form of a reasoned order which shall be final and served on the parties forthwith.

(2) The enforcement of the order may be made conditional on the lodging by the applicant of security of an amount and nature to be determined in the light of the circumstances.

(3) Unless the order determines the date on which the interim measure is to lapse, the measure shall lapse when final judgment is delivered.

(4) The order shall have only an interim effect and shall be without prejudice to the decision of the Court on the substance of the case.

Variation or cancellation of order

30.5. On application by a party, the order may at any time be varied or cancelled on account of a change in circumstances.

Further application on rejection

30.6. Rejection of an application for an interim measure shall not bar the party who made it from making a further application on the basis of new facts which could not, by reasonable diligence, have been discovered.

Suspension of enforcement of decision

30.7. (1) The provisions of this Part shall apply to applications to suspend the enforcement of a decision of the Court on any measure adopted by a Contracting Party or an Institution of the Community submitted pursuant to the Treaty.

(2) The order granting the application shall specify, where appropriate, a date of expiration of the interim measure.

Preliminary objections

30.8. (1) A party applying to the Court for a decision on a preliminary objection or other preliminary plea not going to the substance of the case shall make application by a separate document.

(2) The application shall state the facts and law relied on and the form of order sought by the applicant and shall be accompanied by any supporting documents.

(3) As soon as the application has been filed, the President shall specify a period within which the other party may file a document containing a statement of the form of order sought by that party and its pleas in law.

(4) Unless the Court decides otherwise, the remainder of the proceedings shall be oral.

(5) After the Registrar has notified the parties of the date of hearing of the application, no further application in respect of those proceedings shall be accepted unless

(a) the party making the further application satisfies the Court that the application was occasioned by unforeseeable circumstances; and

(b) it is filed at least thirty days before the date of hearing of the application.

(6) The thirty-day period referred to in paragraph (5) (b) may be abridged by the Court where the applicant establishes, to the satisfaction of the Court, that there are exceptional circumstances to warrant the application.

(7) Where the Court refuses the application or reserves its decision, the President shall prescribe new time limits for further steps in the proceedings.

Lack of jurisdiction

30.9. (1) Where the Court has no jurisdiction to entertain an action or where the party has no right of action, the Court may, by reasoned order and without taking further steps in the proceedings, give a decision on the action.

(2) The Court may at any time on its own motion consider whether there exists any absolute bar to proceeding with a case and shall give its decision in accordance with rule 30.8(3) and (4).

PART 31
INTERVENTION

Intervention

31.1. (1) An application to intervene must be made within [three] months of the publication of the notice referred to in rule 3.4(6).

(2) The application shall contain

(a) a description of a case;

(b) a description of parties;

(c) the name and address of the intervener;

(d) the intervener's address for service at the place where the Court has its Seat;

(e) the form of order sought, by one or more of the parties, in support of which the intervener is applying for leave to intervene;

(f) except in the case of applications to intervene made by Contracting Party or the Community, a statement of the reasons establishing the intervener's interest in the result of the case.

(3) The intervener shall be represented in accordance with rule 6.2 and rules 12.1 and 12.2 shall apply to the application.

(4) The President shall give the parties an opportunity to submit their written or oral observations before deciding on the application.

Hearing of application

31.2. (1) Where within the time-limit fixed under rule 31.1, a party files an objection to an application for leave to intervene, the Court shall fix a hearing for the application.

(2) Where the Court allows the intervention, the intervener shall subject to paragraph (3) be served subject to paragraph (3) a copy of every document served on the parties.

(3) The Court may, on application by one of the parties, omit secret or confidential documents.

31.3. The intervener shall accept the case as he finds it at the time of his intervention.

31.4. The Court shall prescribe a period within which the intervener may submit a statement in intervention.

31.5. The statement in intervention shall contain
(a) a statement of the form of order sought by the intervener in support of or opposing, in whole or in part, the form of order sought by one of the parties;
(b) the pleas in law and arguments relied on by the intervener; and
(c) where appropriate, the nature of any evidence offered.

31.6. After the statement in intervention is filed, the Court shall, where necessary, prescribe a time-limit within which the parties may reply to that statement.

PART 32
JUDGMENT BY DEFAULT AND APPLICATION TO SET ASIDE

Judgment by default

32.1. (1) Where a defendant who has been duly served fails to file a defence, the applicant may apply for judgment by default.
(2) The application shall be served on the defendant and the President shall then fix a date for the opening of the oral procedure.
(3) Before giving judgment, the Court
(a) shall consider whether the application initiating proceedings is admissible, whether the appropriate formalities have been complied with, and whether the application appears well founded;
(b) may order a case management conference.
(4) A judgment by default shall be enforceable.
(5) The Court may, however, grant a stay of execution until the Court has given its decision on any application under rule 32.2 to set aside the judgment, or it may make execution subject to the provision of security of an amount and nature to be fixed in the light of the circumstances which shall be released if no such application is made or if the application fails.

Application to set aside

32.2. (1) An application may be made to set aside a judgment by default.
(2) The application to set aside the judgment shall
(a) be made within one month from the date of service of

the judgment; and
(b) be filed in the form prescribed by rules 12.1 and 12.2.

(3) After the application has been served, the President shall prescribe a period within which the other party may submit his written observations.

(4) The proceedings shall be conducted in accordance with Parts 13, 14 and 15.

(5) The decision of the Court in relation to an application under paragraph (1)
(a) shall be final; and
(b) shall be annexed to the original of the judgment to which it relates.

(6) A note of the judgment on the application to set aside shall be made in the margin of the original of the judgment to which the application relates.

PART 33
THIRD PARTY PROCEEDINGS

Proceedings

33.1. (1) Rules 12.1 and 12.2 shall apply to an application initiating third-party proceedings and the application shall
(a) specify the judgment contested;
(b) state how that judgment is prejudicial to the rights of the third party;
(c) indicate the reasons for which the third party was unable to take part in the original case.

(2) The application shall be made against all the parties to the original case.

(3) Where the report of the judgment has been published in accordance with these rules, the application shall be filed within two months of the publication.

(4) The Court may, on application by the third party, order a stay of execution of the judgment.

(5) The contested judgment shall be varied on the points on which the submissions of the third party are upheld.

(6) The original of the judgment in the third-party proceedings shall be annexed to the original of the contested judgment.

(7) A note of the judgment in the third-party proceedings shall be made in the margin of the original of the contested judgment.

(8) The provision of Part 30 shall apply with necessary modifications, to an application under this rule.

PART 34
REVISION OF JUDGMENTS

Revision of Judgment

34.1. An application for a revision of a judgment shall be made in accordance with Article XX of the Agreement within three months of the date on which the facts on which the application is based came to the applicant's knowledge.

Application for revision

34.2. (1) Rules 12.1 and 12.2 shall apply to an application for revision and the application shall
- (a) specify the judgment contested;
- (b) indicate the points on which the judgment is contested;
- (c) set out the facts on which the application is based; and
- (d) indicate the nature of the evidence to show that there are facts justifying revision of the judgment, and that the time limit specified in rule 34.1 has been observed.

(2) The application shall be made against all parties to the case in which the contested judgment was given.

Powers of Court on revision

34.3. (1) Without prejudice to its decision on the substance, the Court, in closed session, shall, having regard to the written observations of the parties, give in the form of a judgment its decision on the admissibility of the application.

(2) Where the Court finds the application admissible, it shall proceed to consider the substance of the application and shall give its decision in the form of a judgment in accordance with these Rules.

(3) The original of the revision judgment shall be annexed to the original of the judgment revised.

(4) A note of the revising judgment shall be made in the margin of the original of the judgment revised.

PART 35
INTERPRETATION OF JUDGMENTS

Application for interpretation

35.1. (1) An application for interpretation of a judgment shall be made in accordance with rules 12.1 and 12.2. and the application shall specify
(a) the judgment in question; and
(b) the passages of which interpretation is sought.

(2) The application shall be made against all the parties to the case in which the judgment was given.

(3) The Court shall give its decision in the form of a judgment after having given the parties an opportunity to submit their observations and after hearing the agent.

(4) The original of the interpreting judgment shall be annexed to the original of the judgment interpreted.

(5) A note of the interpreting judgment shall be made in the margin of the original of the judgment interpreted.

PART 36
REFERRALS PURSUANT TO ARTICLE XIV OF THE AGREEMENT

Decisions on referrals to be communicated

36.1. A decision of a national court or tribunal referred to in Article XIV of the Agreement shall be communicated to the Court in the original version, and where necessary be accompanied by a translation into the official language of the Court.

PART 37
ADVISORY OPINIONS

Request for advisory opinion

37.1. (1) A request by a Contracting Party or the Community for an opinion under Article XIII of the Agreement shall be filed on the Court, by the Court.

(2) The request shall be addressed to the Registrar and shall include
(a) an explanation of the facts; and
(b) the circumstances giving rise to the reference; and

(c) submissions on the questions referred; and

(d) a recommendation on the form of answer.

(3) Any documents in support of the request shall be transmitted to the Court, at the time of the request or as soon as possible thereafter, in the number of copies determined by the Registrar.

(4) The Registrar shall notify the Contracting Parties and the Community of the request and invite their written observations within a specified period.

(5) Requests for the opinion of the Court under Article XIII of the Agreement may be submitted jointly by a Contracting Party and the Community.

Circulation of written statements

37.2. The Registrar shall communicate written statements made by a Contracting Party or the Community pursuant to Article XIII of the Agreement to the Community or to any other Contracting Party which has submitted a statement in respect of the subject matter on which the advisory opinion is being sought.

Accessibility of advisory opinion

37.3. (1) Subject to paragraph (2), the Court may determine whether on a request for an advisory opinion, written statements of a Contracting Party and the Community and any annexed document shall be made accessible to the public on or after the opening of the oral proceedings.

(2) If the request for an advisory opinion relates to a legal question pending between two or more Contracting Parties or the Community, the views of those Contracting Parties or the Community, as the case may be, shall be ascertained prior to a determination under paragraph (1).

Oral proceedings

37.4. The Court shall decide whether oral proceedings shall take place and shall fix the date for the opening of such proceedings.

Delivery of advisory opinion

37.5. (1) The Court sitting in closed session shall deliver a reasoned opinion.

(2) When the Court has completed its deliberations and adopted its advisory opinion, the opinion shall be read at [a public] sitting of the Court and shall contain
   (a) the date on which it is delivered;
   (b) the names of the Judges participating;
   (c) a summary of proceedings;
   (d) a statement of the facts;
   (e) the reasons in point of law;
   (f) the reply to the question put to the Court;
   (g) the names and number of the Judges constituting the majority.

(3) The opinion signed by the [President] and by the Judges who took part in the deliberations shall be served on the Contracting Parties and the Community.

(4) Any Judge may, as appropriate, attach his individual opinion to the advisory opinion of the Court, whether he dissents from the majority or not.

(5) A Judge who wishes to record his concurrence without stating his reasons may do so in the form of a declaration.

(6) A Judge who wishes to record his dissent shall state the reasons.

PART 38
PRACTICE DIRECTIONS

Issuance of practice directions

38.1. Practice directions may be issued only by the President.

Scope of practice directions

38.2. (1) A practice direction may be issued in any case where provision for such a direction is made by these Rules.

(2) Where there is no express provision in these Rules for a practice direction, the President may give directions as to the practice and procedure to be followed in the Court.

Publication of practice directions

38.2. A practice direction shall forthwith be published in the *Gazette* in the territory of each Contracting Party by the Registrar and made available at the Registry and each sub-Registry.

Effective date of practice directions

38.4. A practice direction takes effect from the date specified in the direction or on the date of publication under rule 38.3 whichever is later.

Compliance with practice directions

38.5. (1) A party shall comply with any relevant practice direction unless there are good reasons for not doing so.

(2) The Court may make an order against a party who fails to comply with a practice direction.

PART 39
Fees

Fees

39. The fees specified in column 2 of Schedule [ ] shall be payable in respect of the matters set out in column 1 of that Schedule.

Quelle: http://www.caricom.org/jsp/archives/ccj-rules-originaljurisdiction-rev3-20march_04.pdf

DOK 4a

CARRIBEAN COURT OF JUSTICE (ORIGINAL JURISDICTION) (AMENDMENT) RULES, 2006,

vom 14. Juli 2006

1. These rules may be cited as the Caribbean Court of Justice (Original Jurisdiction) (Amendment) Rules, 2006 and shall come into force on the 14th July, 2006.
2. (1) The Caribbean Court of Justice (Original Jurisdiction) Rules 2006 are hereby amended as set out in the Schedule.
   (2) Column I of the Schedule sets out the rules amended, Column II of the Schedule describes the amendment of the rule and Column III of the Schedule sets out the rule as amended.

Schedule

Column 1 *The Rule*	Column II *Description of the Amendment*	Column III *The Rule as Amended*	
2.2(1)	Delete the words "rule 11.4" and substitute the words "rule 10.4".	2.2(1)	Except for the purpose of hearing interlocutory applications other than an application for special leave under rule 10.4 and for giving case management directions, the Court shall be constituted by not less than three Judges, being an uneven number.
26.5(3)	Delete the words "the party who intends to rely on that evidence files an expert report in respect of such evidence on the other party" and substitute the words "an expert report has been filed by the party intending to rely on the evidence and has been served on the other party."	26.5(3)	The evidence of the expert witness shall not be admitted unless an expert report has been filed by the party intending to rely on the evidence and has been served on the other party.
27.10(3)	Delete the words "sub-rule (4) and substitute the words "sub-rule (1)".	27.10(3)	A person who wilfully disobeys an order made against him under sub-rule (1) is liable to such sanction as the Court may determine in all the circumstances.

27.10(4)	Delete the words "sub-rule (4) and substitute the words "sub-rule (1)".	27.10(4) The Court may order the person against whom an order is made under sub-rule (1) to pay any cost resulting from – a) the failure to attend before the examiner; (b) the refusal to be sworn or to affirm for the purposes of the examination, or (c) the improper refusal to answer any relevant question or to produce any document at the examination.
27.14(4)	Delete rule 27.14(4) and substitute the following "(4) When an application is made for a letter of request to be issued, the party who seeks the order shall file – (a) the following documents: (i) a draft letter of request and a translation of it into the language of the country to which the request is directed; (ii) a statement of the issue or issues in the case to which the proposed deposition is relevant, and (iii) a document listing the questions or identifying the subject matter of the questions to be put to the person to be examined and a translation of that document, if necessary, into a language spoken by that person, and (b) an undertaking to responsible for any be fees and expenses charged or incurred by the examiner."	27.14 (4) When an application is made for a letter of request to be issued, the party who seeks the order shall file – (a) the following documents: (i) a draft letter of request and a translation of it into the language of the country to which the request is directed; (ii) a statement of the issue or issues in the case to which the proposed deposition is relevant, and (iii) a document listing the questions or identifying the subject matter of the questions to be put to the person to be examined and a translation of that document, if necessary, into a language spoken by that person, and (b) an undertaking to be responsible for any fees and expenses charged or incurred by the examiner.

Made by the President in consultation with five Judges of the Caribbean Court of Justice this 14th day of July, 2006.

M. A. de la Bastide

The Right Honourable Mr. Justice Michael de la Bastide, TC President

R. F. Nelson

The Honourable Mr. Justice Rolston Nelson Judge

Duke Pollard

The Honourable Mr. Justice Duke E.E. Pollard Judge

A. Saunders

The Honourable Mr. Justice Adrian Saunders Judge

D. P. Bernard

The Honourable Mme. Justice Desiree Bernard, CCH, OR. Judge

J. Th. Wit

The Honourable Mr. Justice Jacob Wit Judge

Quelle: http://www.caribbeancourtofjustice.org/rules/OJR%20Amendment%201of%202006.pdf

DOK 5

CARIBBEAN COURT OF JUSTICE (APPELLATE JURISDICTION) RULES, 2005,

vom 17. Juni 2005

TABLE OF CONTENTS

PART 1
CITATION, INTERPRETATION AND APPLICATION

PART 2
ORGANISATION OF COURT AND REGISTRY

PART 3
SITTINGS OF THE COURT

PART 4
REPRESENTATION

PART 5
DOCUMENTS, TIME

PART 6
FILING AND SERVICE

PART 7
AFFIDAVITS

PART 8
CASE MANAGEMENT

PART 9
APPLICATIONS

PART 13
RECORD OF APPEAL

PART 14
HEARING OF APPEALS

PART 15
JUDGMENTS

PART 16
TERMINATION OF APPEAL

PART 17
PRACTICE DIRECTIONS

PART 18
COSTS

PART 1
CITATION, INTERPRETATION AND APPLICATION

Citation and Commencement

1.1 (1) These Rules may be cited as the Caribbean Court of Justice (Appellate Jurisdiction) Rules, 2005.

(2) These Rules shall come into force on the 24th June 2005.

Interpretation

1.2 (1) In these Rules, unless the context otherwise requires:

"Agreement" means the Agreement Establishing the Caribbean Court of Justice signed in Bridgetown, Barbados on the 14th February 2001 as amended from time to time;

"appeal" means an appeal to the Court;

"appellant" means the party appealing from a judgment of the court below;

"applicant" means a person applying to the Court for an order or directions under Part 9;

"attorney-at-law" means an attorney-at-law, a legal practitioner or advocate duly admitted to practise law in the courts of a Contracting Party,

"Community" means the Caribbean Community including the CARICOM Single Market and Economy; "Contracting Party" has the meaning assigned to it by Article I of the Agreement;

"Court" means the Caribbean Court of Justice in the exercise of its appellate jurisdiction as set out in Part III of the Agreement;

"court below" means the court of a Contracting Party from which an appeal is brought to the Court;

"Deputy Registrar" means a person appointed to, and serving in, the post of Deputy Registrar of the Court but does not include a proper officer;

"documents" includes papers relating to an appeal, proceedings, evidence and judgments required by these Rules to be filed or laid before the Court on the hearing of an appeal and includes documents in electronic form;

"enactment" in relation to appeals from a Contracting Party, means a written law of that Contracting Party;

"exhibit" means a document, record or other tangible object introduced into evidence in the course of an oral hearing or by means of an affidavit;

"file" means to file in the Registry or a sub- Registry in accordance with these Rules, and includes transmission thereto by electronic or any other prescribed
means; "Gazette" means the Gazette published in a Contracting Party by authority of the Government of that Contracting Party and includes any
Supplement thereto and any extraordinary Gazette so published;

"Headquarters Agreement" means the Agreement establishing the Seat of the Caribbean Court of Justice and the Offices of the Regional Judicial and Legal Services Commission made between the Government of Trinidad and Tobago and the Caribbean Court of Justice and the Regional Judicial and Legal Services
Commission;

"Judge" means a Judge of the Court and includes the President;

"judgment" includes an order, ruling or final decision of the Court;

"overriding objective" means the objective set out in rule 1.3;

"party" means any party to an appeal;

"pending appeal" means an appeal in relation to which a notice of appeal has been filed but which has not yet been determined by the Court;

"President" means the President of the Court;

"proper officer" means the Registrar of the court below;

"Protocol" means the Protocol on the Privileges and Immunities of the Caribbean Court of Justice and the Regional Judicial and Legal Services Commission signed
on the 4thJuly, 2003;

"Registrar" means the Registrar of the Court and includes any other officer for
the time being discharging the duties of the Registrar;

"Registry" means the Registry of the Court;

"relevant Contracting Party" means the Contracting Party in which the proceedings which gave rise to an appeal were instituted;

"respondent" means a party against whom an appeal is filed or a person against whom an order is sought by an application made under Part 9, as the context indicates;

"Seat of the Court" means the principal premises occupied by the Court for its official use, and

"sub-Registry" means the Registry or court office of a Contracting Party designated by the President or an enactment, as a sub-Registry of the Court.

Overriding objective

1.3 The overriding objective of these Rules is to enable the Court to deal with cases fairly and expeditiously so as to ensure a just result.

Application of rules

1.4 (1) Any matter within the appellate jurisdiction of the Court under the Agreement shall be commenced, proceeded with and disposed of by the Court in accordance with these Rules.

(2) Nothing in these Rules shall limit or otherwise affect the inherent power of the Court to make such orders as may be necessary to meet the ends of justice or to prevent abuse of the process of the Court.

PART 2
ORGANISATION OF COURT AND REGISTRY

Contents of this Part

Seniority of Judges

2.1 Except for the President, who shall rank first, Judges shall rank equally in Status and seniority shall be determined by reference to the dates on which or the order in which they were sworn in.

Composition and powers of the Court

2.2 Except for the purpose of hearing an interlocutory application or as otherwise provided by these Rules, the Court shall be constituted by not less than three Judges, being an uneven number.

Powers of President

2.3 (1) The President shall direct the judicial business and the administration of the Court.

(2) The President may issue to the Registrar from time to time such instructions as may be necessary for the proper administration of these Rules.

Register of Appeals

2.4 (1) There shall be a register of appeals under the control of the Registrar in which a note shall be made of

(a) the filing of an application for Special leave to appeal (where applicable);

(b) the filing of the notice of appeal and any supporting documents;

(c) the making of any interlocutory order;

(d) the receipt of the record of appeal;

(e) the delivery of judgment by the Court, and

(f) the filing of all other documents in each appeal.

(2) The register of appeals may be kept in electronic form.

(3) When a document has been filed, the Registrar shall endorse a note to that effect on the original and, if a party so requests, on any copy submitted for the purpose.

(4) Entries in the register shall in the absence of evidence to the contrary, be accepted as proof of the events which they purport to record.

(5) Rules for keeping the register shall be included in the instructions to the Registrar referred to in rule 2.3(2).

(6) A party to an appeal may on payment of the appropriate fee obtain from the Registrar a copy of or an excerpt from the register in so far as it relates to that appeal.

Right to inspect documents

2.5 (1) On payment of the prescribed fee, a person may during office hours search for, inspect and take a copy of any of the following

(a) a notice of appeal;

(b) a notice of cross-appeal;

(c) a judgment, and

(d) any other document with the permission of the Court.

(2) The Court may make an order granting permission under sub-rule (1) (d) on an application made ex parte.

(3) Subject to rule 14.4(3), nothing in sub-rule (1) shall be construed so as to prevent a party to any appeal from searching for, inspecting or taking a copy of any document filed in that appeal.

Fees

2.6 (1) The fees payable under these Rules shall be those stipulated in Schedule 1 and the fees specified in columns 2,3 and 4 of Schedule 1 shall be payable in respect of the matters set out in column 1 of the Schedule.

(2) The Registrar may, with the approval of the President, amend Schedule 1 from time to time.

Powers and Duties of the Registrar

2.7 (1) The Registrar shall be responsible for

(a) the acceptance, transmission and custody of documents in court matters;

(b) keeping the register referred to in rule 2.4(1);

(c) having custody of the Seal and stamps of the Court and of the archives of the Court relating to appeals to the Court;

(d) stamping all documents, and affixing the official Seal of the Court to all notices of appeal filed at the Registry and to all judgments of the Court;

(e) maintaining indexes of all the notices of appeals filed;

(f) keeping, in such form as may be prescribed by the President, a list of all appeals entered and numbered in the order in which the relevant notices of appeal were filed;

(g) making arrangements for such interpretations or verification of translations into the Court's official language as the Court may require in connection with proceedings before the Court;

(h) signing all Orders of the Court;

(i) the publication of the Court's judgments and such other documents as the Court or these Rules may present;

(j) responding to inquiries concerning the Court and its work;

(k) performing the functions of taxing master;

(1) giving instructions to the proper officers where necessary about the procedure for performing their duties under these Rules, and

(m) giving directions in matters before the Court as prescribed by these Rules.

(2) The Registrar shall assist the Court, the President and the Judges in the discharge of their official functions.

(3) Communications about matters before the Court, including requests made by a party to the Court under these Rules, shall unless otherwise stated be addressed to the Registrar.

(4) A Deputy Registrar may subject to the direction of the Registrar, exercise and perform all or any of the powers and duties of the Registrar.

(5) For the purpose of proceedings before the Court, oaths may be administered by

(a) the Registrar or Deputy Registrars, or

(b) in any Contracting Party, any person duly authorised by the law of that Contracting Party to perform like functions for the purpose of proceedings in a superior court.

Powers and Duties of Proper Officers

2.8 (1) Proper officers shall have the power and duty to

(a) receive, indorse, stamp and seal documents presented for filing;

(b) receive fees payable to the Court;

(c) forward immediately to the Registrar by electronic means, all documents filed;

(d) forward to the Registrar as soon as possible the original of all documents filed in the sub-Registry together with a certificate of the receipt thereof;

(e) keep records of all documents forwarded to the Registrar;

(f) publish notices and other information on the direction of the Registrar;

(g) transmit all fees received to the Registrar in a timely manner;

(h) notify the Registrar by electronic means in a timely manner when Service of a document has been affected;

(i) liaise with the Registrar in making arrangements for the Court to sit in the territory of a Contracting Party;

(j) provide the Registrar from time to time with a list of attorneys-at-law admitted to practice in the courts of the local jurisdiction and to inform the Registrar in a timely manner of the death or disqualification from practice by disbarment, Suspension or otherwise, of any attorney-at-law who was prior thereto entitled to practice in the courts of the local jurisdiction;

(k) assist with protocol, travel and other arrangements for the Court and its officers;

(1) assist in the enforcement of judgments of the Court;

(m) verify and, where necessary, certify the signatures of the Registrar, Deputy Registrars and other proper officers, and

(n) do such other acts as may be reasonably required to facilitate the exercise by the Court of its appellate jurisdiction

(2) In this rule the expression "the local jurisdiction" means the jurisdiction of the superior court of which the proper officer is the Registrar.

PART 3
SITTINGS OF THE COURT

Contents of this Part

Sittings of the Court

3.1 (1) General sittings of the Court shall be held at such times and in such places as the President may direct.

(2) Where the President considers it necessary, he may direct that sittings of the Court (to be known as Special sittings) be held at any time of the year other than during a general sitting.

(3) The Court may sit in a Contracting Party other than that in which the Court has its Seat.

(4) Notice of each sitting of the Court shall be published by the Registrar on the Court's Website and

(a) in the case of general sittings, in at least one local newspaper of general circulation at least two weeks before the date appointed for the commencement of the sitting, and

(b) in the case of Special sittings, by any public medium at least twenty-four hours before the time appointed for the commencement of the sitting, unless the urgency of the case prevents such publication of the notice (in which case a shorter notice shall be deemed to satisfy the requirement of this sub-rule).

in the Contracting Parties which have accepted the appellate jurisdiction of the Court and in the Contracting Party in which the Seat of the Court is located.

(5) The Registrar shall also make every effort to have notice of every sitting published in the Gazette of the Contracting Parties which have accepted the appellate jurisdiction of the Court and in the Contracting Party in which the Seat of the Court is located.

(6) Except in cases of emergency, the Court shall not sit
(a) on Saturdays and Sundays;
(b) in the territory of a Contracting Party on any day that is a public holiday in that territory or
(c) on such other days as the President may direct.

Terms

3.2 The Court shall have three terms as follows
(a) from the first Monday in October to the 17th December;
(b) from the l0th January to the Friday before Good Friday
(c) from the Monday after Easter Monday to the 31st July.

Hearings in vacations

3.3 (1) In urgent cases a party may apply for a matter to be heard during the vacation.
(2) An application under sub-rule (1) may be determined by a single Judge of the Court.
(3) During vacation the Court shall hear only such matters as it determines to be urgent or to require prompt attention.
(4) For the purpose of this rule "vacation" means a period between the end of one term and the beginning of the next.

PART 4
REPRESENTATION

Contents of this Part

Representation

4.1 (1) In all proceedings before the Court a party shall have an attorney-at-law on the record.

(2) A party may appear at any hearing in person or by an attorney-at-law.

Rights of attorneys-at-law

4.2 An attorney-at-law appearing in proceedings before the Court shall in the Performance of his functions connected with such proceedings, enjoy the Privileges, immunities and facilities specified in the Protocol while he is present in a Contracting Party and in addition those specified in the Headquarters Agreement while present in Trinidad and Tobago.

Proof of Status

4.3 In order to qualify for the Privileges, immunities and facilities referred to in rule 4.2, an attorney-at-law shall furnish proof of his Status by producing a certificate signed by the Registrar. The validity of the certificate shall be limited to a specified period which may be varied by the Registrar according to the length of the proceedings.

Grant of Privileges, immunities in interest of proceedings

4.4 (1) The Privileges, immunities and facilities specified in rule 4.2 are granted exclusively in the interest of the proper conduct of proceedings.

(2) Such Privileges, immunities and facilities may be waived by the President in accordance with Article XI of the Protocol and Article XI of the Headquarters Agreement whenever in his opinion the enjoyment of them would impede the course of justice and they may be waived without prejudice to the interests of the Court.

Exclusion of attorneys-at-law for misconduct

4.5 (1) An attorney-at-law whose conduct towards the Court, a Judge or the Registrar is incompatible with the dignity of the Court, or who uses his rights for purposes other than those for which they are granted, may at any time be excluded from the proceedings by an order of the Court after he has been given an opportunity to be heard.

(2) An order issued under this rule shall have immediate effect.

(3) Where an attorney-at-law is excluded from the proceedings, the proceedings shall be suspended for a period fixed by the Court in order to allow the party affected to appoint another attorney-at-law.

(4) Orders made under this rule may be rescinded by the Court.

Change of attorney-at-law

4.6 Where there is a change in the attorney-at-law on the record, the new attorney-at- law shall

(a) file a notice of appointment stating his business name, address and telephone number as well as his facsimile number and email address, if applicable;

(b) serve a copy of the notice on every other party and the attorney-at- law whom he is replacing, and

(c) file an affidavit of Service.

Application by a party to have name of attorney-at-law removed from record

4.7 (1) Where

(a) an attorney-at-law on record for a party has ceased to be entitled to practise law in the superior courts of any of the Contracting Parties, and

(b) notice of the appointment of a new attorney-at-law under rule 4.6 has not been received, the Court may on the application of any party make an order declaring that the attorney-at-law in question has ceased to act.

(2) An application under this rule shall be

(a) supported by evidence on affidavit, and

(b) served on the attorney-at-law if practicable and personally on his client.

(3) An order made pursuant to sub-rule (1) shall be served by the applicant on the attorney-at-law in question if practicable and personally on his client.

(4) Upon service of the order in accordance with sub-rule (3), the applicant shall file an affidavit of Service of the order.

(5) An order made under sub-rule (1) in respect of an attorney-at-law, shall not affect the validity of any step taken in the proceedings by that attorney-at-law before the order was served in accordance with that sub-rule.

Application by attorney-at-law to be removed from the record

4.8 (1) The Court may on the application of an attorney-at-law who wishes to cease to act for a party to an appeal, order that he be removed from the record as that party's attorney-at-law.

(2) The application shall be

(a) served on the client and all other parties, and

(b) supported by evidence on affidavit which shall be served on the client.

(3) Any order made shall be served by the applicant on the other parties and personally on the former client.

(4) The applicant shall file an affidavit of Service of the order.

Effective time of notice or order

4.9 (1) A notice under rule 4.6 shall not take effect unless it is served in accordance with sub-rule (b) of that rule.

(2) An order made pursuant to rule 4.7 or 4.8 shall not take effect unless served in accordance with the respective rules.

Notice of Disbarment

4.10 Where an attorney-at-law has ceased to be entitled to practise law in the superior courts of any of the Contracting Parties, the official with responsibility for maintaining the Roll of attorneys-at-law in that Contracting Party shall promptly notify the Registrar in writing.

PART 5
DOCUMENTS, TIME

Contents of this Part

Court to State calendar date

5.1 When giving a judgment or direction which imposes a time limit for doing any act, the Court shall wherever practicable State the calendar date and the time of day by which the act is required to be done.

Computation of time

5.2 (1) For the purpose of this rule "Registry" means the registry at the Seat of the Court.

(2) A period of time by which any act is required to be done shall be determined in accordance with these Rules, practice directions and judgments of the Court.

(3) A period of time expressed as a number of days shall be computed as clear days.

(4) In this rule "clear days" does not include

(a) the day on which a period begins or ends, and

(b) if the end of a period is defined by reference to an event, the day on which that event occurs or should occur.

(5) Where the period within which an act must be done at the Registry or a sub Registry -

(a) is seven (7) days or less, Saturday, Sunday or any other day on which the Registry or sub-Registry as the case may be, is closed, shall not be counted;

(b) ends on a day on which the Registry or the sub-Registry as the case may be, is closed, the act shall be deemed to have been done in time if done before close of business on the next day on which the Registry or sub Registry as the case may be, is open.

(6) Where an act is required to be done somewhere other than in the Registry or a sub-Registry, and the period within which the act is required to be done ends on a Saturday, Sunday or public holiday, the time for doing that act shall be deemed to end at 4 p.m. on the next business day in the country in which it is to be done.

Exceptions to time limits

5.3 (1) Any time-limit prescribed under these Rules may be extended.

(2) No right shall be prejudiced in consequence of the expiry of a time-limit if the party in default proves that his default was due to the existence of unforeseeable circumstances.

Documents

5.4. (1) Every document prepared for use in the Court must be on "letter sized" paper approximately 11 inches (28cm) long by 8.5 inches (21.5cm) wide. Margins of 1 inch (2.5cm) must be left at the top and bottom and of 1.5 inches (3.5cm) at the left side and inch (2.5cm) at the right side.

(2) Where a document is required to be signed, the full name of the signatory shall be set out legibly below the signature.

(3) The President may by practice direction

(a) require any document filed or to be used at Court to be in such a format as he may prescribe to facilitate electronic recording or filing of that document;

(b) prescribe the conditions under which documents may be served or filed electronically, and

(c) provide for documents to be sealed or signed by electronic means.

(4) Every document to be filed shall

(a) be headed with the

(i) full title of he proceedings, and

(ii) title of the document;

(b) State the

(i) name;

(ii) bar number or other means of identification (if any);

(iii) business address;

(iv) telephone number;

(v) fax number, and

(vi) e-mail address, (if any)

of the person filing it;

(c) contain its date;

(d) except in the case of an affidavit, be signed by the person filing; or

(e) in the case of internet filing, carry an electronic signature.

Forms

5.5 (1) The forms in Schedule 3 to these Rules and where appropriate, forms prescribed by practice directions shall be used in the cases to which they apply.

(2) A form may be varied if the Variation is required by the circumstances of a particular case.

(3) A form shall not be varied so as to omit any information or guidance which the form is intended to give to the recipient.

(4) A form marked with the word 'Seal' shall bear the Seal of the Court.

Sealing of documents issued by the Court

5.6 (1) The following documents are required to be sealed with the Seal of the Court on issue
(a) notice of appeal, and
(b) judgments, Orders and directions of the Court.
(2) The Court may place the Seal on a document by
(a) hand, or
(b) printing a facsimile of the Seal on the document electronically or by any other means.
(3) All judgments and directions of the Court shall be signed by the Registrar.
(4) A document purporting to bear the Seal of the Court shall be admissible in evidence without further proof.

PART 6
FILING AND SERVICE

Contents of this Part

Submission and filing of documents

6.1 (1) A document may be submitted for filing by
(a) delivering it at the Registry or a sub-Registry to a person authorised to receive it at a time when the Registry or sub-Registry as the case may be, is open;
(b) posting it to the Registry;
(c) sending it by facsimile to the number designated for the purpose by the Registrar, or
(d) the method of internet filing described in rule 6.3 or any other electronic means approved by or under these Rules.
(2) Subject to sub-rule (3), a document is filed on the day on which it is received at the Registry or sub-Registry in accordance with sub-rule (1).

(3) If a document submitted for filing in accordance with sub-rules (l) (b), (c) or (d) is received at the Registry when the Registry is closed, the document is deemed to be filed as soon as the Registry is next open.

(4) Notwithstanding sub-rules (2) and (3), where a fee is to be paid, a document is not to be treated as filed until
   (a) the fee is paid, or
   (b) an undertaking to pay the fee acceptable to the Registrar is received.

Filing by facsimile

6.2 (1) In addition to satisfying any conditions contained in a practice direction, a party filing any document by facsimile transmission shall include a cover page stating
   (i) the name, address, telephone number and facsimile number of the sender;
   (ii) the facsimile number of the sender to which documents may be sent;
   (iii) the date and time of transmission;
   (iv) the total number of pages transmitted, including the cover page, and
   (v) the name and telephone number of a person to contact if problems occur in transmission.

(2) Where a document is sent by facsimile transmission, the original shall be submitted promptly to the Registry.

(3) The Registrar shall send an acknowledgement of receipt to the sender as soon as practicable after receiving a document filed by facsimile.

Internet filing

6.3 (1) A party may file a document through the internet by accessing the Court's Website on which a link to the Court's e-filing System is displayed.

(2) In order to utilise this method of filing, an attorney-at-law must first register with the Court through its Website for this purpose.

(3) On registration, the Court will issue to the attorney-at-law a confidential and unique electronic identifier which shall be used when filing documents pursuant to this rule.

(4) The attorney-at-law filing by this method shall complete the following information on the online form of the Court's e-filing System:

(a) the name, address, telephone number and e-mail address of the sender;
(b) the facsimile number of the sender (if any);
(c) the date and time of transmission;
(d) the total number of pages included in the document being transmitted;
(e) the address identified as the e-mail address of the sender to which e-mail may be sent, and
(f) the name and telephone number of a person to contact if problems occur in transmission.

(5) Documents to be filed under this rule shall conform to the Court's approved Standard of 8.5 inches by 11 inches; supporting documents and exhibits that do not conform to this requirement, shall be scanned in this size and attached as scanned documents.

(6) The fee for filing by this method shall be paid via the Court's online credit card facility.

(7) A digital signature of the attorney-at-law filing by this method shall be affixed to documents filed.

(8) A document shall be deemed to have been filed by this method when an electronic acknowledgement of receipt issued by the Court's e-filing System is returned to the attorney-at-law filing.

Address for service

6.4 (1) Every document filed shall contain
(a) an address for service in the Contracting Party where the Seat of the Court is located or in the relevant Contracting Party.
(b) when provision has been made by practice direction under rules 6.8 and 6.9 for service by facsimile or e-mail, as the case may be:
(i) a facsimile number for service, if service is being accepted by facsimile, and
(ii) an e-mail address for service, if service is being accepted by e-mail.

(2) A party who changes his address for service shall immediately notify the Registrar and all the parties of the change.

(3) A document is regarded as validly served when it is sent to the original address before any notice of change of address for service has been received by the party serving the document.

Service of documents

6.5 (1) Subject to sub-rule (2), all documents shall be served by leaving them at or transmitting them to the address for service within the meaning of rule 6.4.

(2) A notice of appeal shall be served by the appellant at the respondent's address for service in the court below.

Court may order service by specified method

6.6 (1) The Court may on an application made in that behalf order that a notice of appeal or other document be served by a specified method.

(2) An application for an order for service by a specified method may be made *ex parte* on affidavit.

(3) An affidavit under sub-rule (2) shall

(a) specify the method of service proposed, and

(b) show that that method of service is likely to enable the person to be served to ascertain the contents of the document.

Proof of service

6.7 Service is proved by an affidavit made by the person who served the document showing that the terms of this Part have been complied with.

Service by facsimile

6.8 The President may issue a practice direction for the service of documents by facsimile.

Service by e-mail

6.9 The President may issue a practice direction for the service of documents by e-mail.

PART 7
AFFIDAVITS

Contents of this Part

Affidavit evidence

7.1 (1) An affidavit shall not be filed for use at the hearing of an appeal without the leave of the Court.

(2) Affidavits may be filed and used in support of or in Opposition to interlocutory applications made in connection with an appeal.

Making of affidavits

7.2 (1) An affidavit shall be admissible if it is sworn or affirmed before a person having the authority to administer oaths and affirmations in the country in which the affidavit is made.

(2) An affidavit which purports to have been sworn or affirmed in accordance with the law and procedure of any place outside the jurisdiction of a Contracting Party shall be presumed to have been so sworn or affirmed.

(3) Any affidavit to be used in any proceedings, application or other matter pending before the Court, may be sworn or affirmed before the Registrar or a Deputy Registrar.

PART 8
CASE MANAGEMENT

The Court's general powers of management

8.1 (1) The list of powers in this rule is in addition to any powers given to the Court by any enactment or other rule.

(2) Except where these Rules otherwise provide the Court may -

(a) extend or abridge the time for compliance with any order or direction of the Court;

(b) adjourn or bring forward a hearing to a specific date;

(c) decide the order in which issues are to be heard;

(d) dismiss or give judgment on an appeal after a decision on a preliminary issue;

(e) direct that notice of any appeal or application is given to any person;

(f) deal with any application by audio Conference or video Conference;

(g) hear appeals either at the Seat of the Court or in the relevant Contracting Party;

(h) consolidate appeals, and

(i) take any other step, give any other direction or make any other order for the purpose of managing the appeal and furthering the overriding objective.

(3) Where a party fails to comply with any order or direction made or given by the Court, the Court may impose any sanction including dismissal of an appeal or cross-appeal, that the justice of the case requires.

PART 9
APPLICATIONS

Contents of this Part

Making of application

9.1 (1) An application to the Court for an interlocutory order shall be made by a notice in writing which contains a Statement of the order sought and the grounds relied upon and conforms with Form 1 in Schedule 3.

(2) Notwithstanding sub-rule (1) an application may be made orally if

(a) permitted by a rule or practice direction, or

(b) the Court dispenses with the requirement for the application to be made in writing.

(3) Where an application is to be made by notice in writing within a specified period, it is so made if the notice is filed in the Registry or a sub-Registry within that period.

Powers of a single Judge

9.2 (1) A single Judge may make orders

(a) for a stay of execution of a judgment or order against which an appeal has been made, pending the determination of the appeal;

(b) for such injunction as may be necessary to preserve the rights of any party pending the determination of the appeal;

(c) granting leave to withdraw an appeal or cross-appeal;

(d) determining whether an appeal should be dismissed for non- prosecution;

(e) granting relief from a sanction imposed for failure to comply with a rule, order or direction;
(f) granting leave to amend a document;
(g) on any other procedural application, and
(h) whenever authorized to do so by any other rule or by a practice direction or enactment.

(2) An order made by a single Judge may be varied or discharged by a full Court comprising not less than three judges.

(3) The President may direct that an application for an order mentioned in sub-rule (1) shall be heard in the first instance by a full Court comprising not less than three judges.

Evidence in support of application

9.3 Evidence in support of an application shall be contained in an affidavit unless a rule, practice direction or a Court order otherwise provides.

Service of notice of application

9.4 (1) A notice of application shall be served by the applicant on each respondent within seven (7) days after the notice is filed or within such other period as may be specified by any other rule, practice direction or order of the Court.

(2) The applicant shall within forty-eight (48) hours of the Service of the notice of application on each respondent, notify the Registrar of such service.

Notice to parties of hearing of application

9.5 The Registrar shall give all parties concerned at least seven (7) days notice of the date and time fixed for hearing of an application provided that the period of notice may be abridged by the Court either on application of a party or of its own motion.

Applications which may be dealt with without hearing

9.6 The Court may deal with an application without a hearing if
(a) no notice of application is required;
(b) the Court considers that the application can be dealt with over the telephone or by other means of communication;
(c) the Court does not consider that a hearing would be appropriate;
(d) the parties agree, or
(e) the parties have agreed to the terms of an order -
(i) other than an order to vary a date which the Court has fixed or the time the Court has fixed for doing any act, and

(ii) the attorneys-at-law for all parties to the application have indicated in writing their consent to the order being made without a hearing.

Service of application where order made *ex parte*

9.7 (1) After the Court has disposed of an application made *ex parte,* the applicant shall promptly notify all other parties of the order made and serve on them a copy of the application and any evidence in support.

(2) An order made on an *ex parte* application shall contain a Statement informing the respondent of the right to make an application under this rule for the order to be set aside or varied or for the application to be heard *inter partes.*

Power of Court to proceed in the absence of party

9.8 (1) Where the applicant or any person on whom the notice of application has been served, fails to attend the hearing of the application, the Court may proceed in the absence of that party.

(2) A respondent to whom notice of an application was not given may apply to the Court within fourteen (14) days of the Service on him of any order made on the application, for such order to be set aside or varied or for the application to be heard *inter partes.*

Application to set aside or vary order made with notice

9.9 (1) A party who having been served with notice of the application was not present when an order was made, may apply not later than fourteen (14) days of the Service of the order on him, for any order made on the application to be set aside or varied.

(2) An application to set aside or vary the order shall be supported by evidence on affidavit showing

(a) good reason for his absence from the hearing, and

(b) that it is likely that had the applicant attended, some other order would have been made.

Withdrawal of application

9.10 (1) An applicant who wishes to withdraw his application shall give notice in writing to that effect to the Registrar and to each respondent who was served with notice of the application.

(2) Where notice of the application was served, the respondent shall, subject to any agreement between the parties to the contrary, be entitled to his costs unless the Court otherwise Orders.

Relief from sanctions

9.11 The Court may on an application made by a party promptly and supported by evidence on affidavit, relieve that party from any sanction imposed for a failure to comply with any rule, order or direction.

Amendment of documents

9.12 (1) Any document filed in connection with an appeal may be amended by leave of the Registrar.

(2) If the Registrar is of the opinion that an application for leave to amend should be dealt with by the Court, the Registrar may direct the applicant to file and serve the opposing party with a notice of the application to the Court for leave to amend.

PART 10
APPEALS

Contents of this Part

Commencement of appeal

10.1 An appeal shall commence with the filing of a notice of appeal.

Applications for leave to appeal

10.2 No notice of appeal shall be filed unless

(a) leave to appeal to the Court has been granted by the court below in cases in which there is an appeal as of right to the Court;

(b) leave to appeal to the Court has been granted by the court below in other cases, or

(c) Special leave to appeal has been granted by the Court.

Applications to the court below for leave to appeal

10.3 (1) An application for leave to appeal pursuant to rule 10.2 (a) and (b) shall be made to the court below in writing within thirty (30) days of the date of the judgment from which leave to appeal is sought, or within such other time as may be prescribed by an enactment.

(2) An application made under rule 10.2 (a) shall
(a) State succinctly all facts as may be necessary in order to satisfy the court below that the applicant has a right of appeal to the Court, and
(b) be signed by the applicant or his attorney-at-law.

(3) An application to the court below for leave to appeal pursuant to rule 10.2 (b) shall
(a) State succinctly all facts as may be necessary in order to enable the court below to determine whether such leave ought to be granted;
(b) State the points of law which the applicant wishes the Court to determine, and
(c) be signed by the applicant or his attorney-at-law.

Special leave to appeal to the Court

10.4 An application for Special leave to appeal may be made to the Court in writing within forty-two days (42) of the date of the judgment from which Special leave to appeal is sought or in cases in which leave to appeal is refused by the court below, within twenty-one (21) days of such refusal.

Applications to the Court for Special leave to appeal

10.5 (1) The application for Special leave to appeal shall
(a) State succinctly all such facts as may be necessary in order to enable the Court to determine whether Special leave ought to be granted;
(b) explain the grounds of appeal which it is proposed to argue, and
(c) be signed by the applicant or his attorney-at-law.

(2) An application for Special leave to appeal may include a request for Special leave to appeal as a poor person.

Application for Special leave to appeal as a poor person

10.6 (1) An applicant who seeks Special leave to appeal as a poor person shall file together with his application
(a) an affidavit stating
(i) that apart from his interest in the subject matter of the appeal the applicant's net worth is less than EC $5,000. or its equivalent in the currency of the relevant Contracting Party, and
(ii) that he is unable to provide sureties, and
(b) a certificate signed by his attorney-at-law that the applicant has reasonable grounds of appeal.

(2) A person who has been granted Special leave to appeal as a poor person shall not be required to provide security for costs or to pay any of the Court fees set out in Schedule 1.

Copies of application to be filed together with affidavits in support

10.7 An applicant for Special leave to appeal shall file for the use of the Court

(a) six (6) copies of the application and of the judgment from which Special leave to appeal is sought;

(b) an affidavit in support of the application, and

(c) an affidavit of Service of the application upon every person likely to be directly affected by the appeal.

Orders on applications for leave

10.8 Where either the Court or the court below grants Special leave to appeal or leave to appeal, as the case may be, it

(a) shall determine whether the applicant should provide security for costs and if so, shall specify the amount of such security and the form in which and the time by which it should be provided;

(b) shall provide for the transmission of the record by the proper officer to the Registrar, and

(c) may impose such other conditions or make such order or give such directions as it considers necessary.

PART 11
NOTICE OF APPEAL

Contents of this Part

Time for filing notice of appeal

11.1 A notice of appeal shall be filed within twenty-one (21) days of the grant of leave to appeal by the court below or of Special leave by the Court.

Notice of appeal

11.2 (1) Wherever practicable there shall be filed with the notice of appeal

(a) a copy of the order granting leave or Special leave to appeal, and

(b) a copy of the judgment appealed from.

Contents of notice of appeal

11.3 (1) The notice of appeal shall

(a) set forth concisely and under distinct heads numbered consecutively, the grounds of appeal upon which the appellant intends to rely;

(b) State whether the appeal relates to the whole or part only of the judgment of the court below and in the latter case, specify such part;

(c) State the nature of the relief sought;

(d) State the names and addresses of all parties directly affected by the appeal;

(e) be signed by the appellant or his attorney-at-law, and

(f) follow Form 2 in Schedule 2.

(2) No ground of appeal which is vague or general in terms shall be permitted except for the general ground that the judgment is against the weight of the evidence.

(3) The appellant shall not without leave of the Court be heard in support of any ground not mentioned in the notice of appeal but the Court may in its discretion allow the appellant to amend the grounds of appeal upon such terms as the Court may consider just.

(4) The Court in deciding the appeal shall not

(a) be confined to the grounds set forth by the appellant, or

(b) base its decision on any ground to which a party affected has not had a sufficient opportunity of responding.

(5) An interim order or ruling from which there has been no appeal shall not operate to bar or inhibit the Court in disposing of the appeal from giving such decision as may be just.

Where to file notice of appeal

11.4 The notice of appeal shall be filed in the Registry or in the sub-Registry in the relevant Contracting Party.

Service of notice of appeal

9.5 The appellant shall after filing his notice of appeal serve a copy on each respondent within fourteen (14) days of the date of filing and shall file an affidavit of Service within seven (7) days thereafter.

PART 12
ACKNOWLEDGEMENT OF SERVICE AND FILING OF CROSS-APPEAL

Contents of this Part

Filing of acknowledgement of Service

12.1 A respondent shall within fourteen (14) days of being served with the notice of appeal, file an acknowledgement of Service in Form 3 in Schedule 3 in the Registry or in the sub-Registry in the relevant Contracting Party.

Failure to file acknowledgement of Service

12.2 A respondent who has not filed an acknowledgement of Service within the prescribed time shall not be entitled to-

(a) receive from the Registrar any notice relating to the appeal save and except a notice of date of hearing of the appeal, or

(b) participate in the settling of the record, or

(c) take any step in the proceedings without leave of the Court.

Notice of cross appeal

12.3 A respondent who

(a) wishes the Court to affirm the judgment of the court below on grounds other than those relied on by the court below, or

(b) wishes to appeal against the whole or part of the judgment of the court below shall file a notice of cross-appeal.

Contents of notice of cross-appeal

12.4 The provisions of rule 11.3 shall *mutatis mutandis* apply to a notice of cross- appeal.

Filing and Service of notice of cross-appeal

12.5 (1) A notice of cross-appeal shall be filed in the Registry or sub-Registry in the relevant Contracting Party within twenty one (21) days of Service of the notice of appeal.

(2) The party filing a notice of cross-appeal shall serve a copy on each person who was a party to the proceedings in the court below and shall file an affidavit of service within seven (7) days thereafter.

PART 13
RECORD OF APPEAL

Contents of this Part

Action by Registry on receipt of notice of appeal

13.1 (1) As soon as is practicable after a notice of appeal has been filed, the proper officer shall proceed to settle the record of appeal in consultation with the appellant and any respondent who has filed an acknowledgement of Service or their respective attorneys-at-law.

(2) The proper officer shall certify the documents to be included in the record of appeal.

(3) The following documents shall be included in the record

(a) the notice of appeal and any notice of cross-appeal that has been served on the appellant;

(b) the order granting leave or Special leave to appeal, as the case may be;

(c) the documents which comprised the record in the court below;

(d) the judgment of the court below, and

(e) an index to the record.

(4) Where a party objects to the inclusion of a document on the ground that it is unnecessary or irrelevant, and another party nevertheless insists upon its inclusion, the document shall be included and the index shall include an indication of the objection to its inclusion and the party who made it.

(5) The proper officer shall at the expense of the appellant transmit to the Registrar of the Court in a sealed Container one copy of the record certified to be correct and affix thereto the seal of the court below.

Entitlement to copies of record

13.2 (1) Each respondent who has filed an acknowledgement of Service shall be entitled to one copy of the record at the cost of the appellant.

(2) A respondent may request additional copies of the record at his

own expense and shall communicate such request to the proper officer.

(3) The appellant shall inform the proper officer of the number of copies required for his purposes.

(4) The proper officer shall inform the Registrar of the total number of copies required and indicate at whose cost each is to be produced.

(5) The Registrar shall notify the proper officer of the individual and overall cost of reproducing and binding the required number of copies of the record.

(6) The proper officer shall notify each party of the amount payable by such party in respect of the copies produced at his expense.

(7) Payment for copies of the record shall be made by the parties to the proper officer within seven (7) days of their being notified of the amounts payable by them respectively.

(8) The proper officer shall transmit all such payments to the Registrar.

Failure to make payment for copies

13.3 Failure by the appellant to make payment in accordance with rule 13.2(7) shall render the appeal liable to be struck out.

Reproduction of record

13.4 (1) The Registrar shall within thirty (30) days after receipt of payment

(a) reproduce and bind the record in the requisite number of copies;

(b) transmit to the proper officer as many copies as are required for delivery to parties whose address for Service is not in the Contracting Party in which the Seat of the Court is located, and

(c) deliver the appropriate number of copies of the record to each party who has provided an address for Service within the Contracting Party in which the Seat of the Court is located.

(2) The proper officer shall within seven (7) days of receiving the copies transmitted by the Registrar deliver them to the parties for whom they are intended.

Special case

13.5 (1) Whenever a decision of a matter on appeal is likely to turn exclusively on a question of law, the Registrar may at the request of the parties submit such a question to the Court in the form of a Special case and reproduce such parts only of the record as may be necessary to enable the question to be argued.

(2) Nothing contained in sub-rule (1) shall prevent the Court from ordering full argument on the whole case, if it thinks fit.

PART 14
HEARING OF APPEALS

Contents of this Part

Assignment of case for directions

14.1 (1) As soon as practicable after the record has been received at the Registry, the Registrar shall after consultation with the President or a Judge designated by him, assign the appeal to one or more Judges for directions.

Case management Conference

14.2 (1) The Judge or Judges to whom an appeal is assigned shall decide whether or not a case management Conference should be held.

(2) Where a case management Conference is to be held the Registrar shall in consultation with the Judge or Judges to whom the appeal has been assigned, fix a date, time and place for the holding of the Conference.

(3) The Registrar shall give all parties not less than fourteen (14) days notice of the date, time and place of the case management Conference.

(4) Notwithstanding sub-rule (2), the Registrar may with or without an application direct that shorter notice be given

(a) if the parties consent, or

(b) in urgent cases.

(5) A case management Conference may be adjourned from time to time to a fixed date.

Directions

14.3 (1) The Judge or Judges to whom the appeal is assigned may give directions for the proper conduct of the appeal.

(2) The directions referred to in sub-rule (1) may be given either without the holding of a case management Conference or in the course of or at the conclusion of such a Conference.

(3) These directions shall

(a) stipulate whether written submissions shall be filed and if so shall fix the dates for the filing and exchange of those submissions, and

(b) fix a date and place for the hearing of the appeal.

(4) The directions given pursuant to sub-rule (1) may also include directions as to

(a) the number of attorneys-at-law to be heard on either side;

(b) the order and length of the oral submissions;

(c) the preparation of a chronology of events;

(d) the Submission of lists and copies of authorities, and

(e) the total time to be allowed for the hearing and how that time shall be allocated as between the parties.

(5) The Judge or Judges who have given directions under this rule shall wherever practicable be members of the Court hearing the appeal.

Written submissions

14.4 (1) A written Submission shall

(a) consist of paragraphs numbered consecutively;

(b) State as concisely as possible

(i) the circumstances out of which the appeal arises;

(ii) the issues raised by the appeal;

(iii) the contentions on which the party making the Submission intends to rely, and

(iv) the reasons why the Court should make the order sought;

(c) as far as practicable, contain in the margin, references by page and line to the relevant portions of the record, and

(d) avoid as far as possible the recital of long extracts from the record.

(2) The parties shall file and exchange written submissions in

accordance with the directions of the Court.

(3) A written Submission which has been filed shall not be copied or inspected by anyone except with the leave of the Registrar.

(4) Where a party has not filed and offered to exchange his written Submission within the time or times specified by the Court, he shall not be heard at the hearing of the appeal except with the leave of the Court.

Notice of hearing

14.5 The Registrar shall notify the appellant and each respondent (whether or not he has filed an acknowledgement of Service), of the date and place fixed for the hearing of the appeal.

PART 15
JUDGMENTS

Contents of this Part

Notice to parties of date fixed for delivery of judgment

15.1 Where the Court after hearing an appeal reserves judgment, the Registrar shall in due course notify the parties of the date, time and place appointed for the delivery of the judgment.

Correction of errors

15.2 The correction of clerical mistakes, errors or omissions in a judgment or order may at any time be authorised by the Judge or Judges who delivered the judgment or made the order.

Drawing up of order

15.3 Every order made pursuant to a judgment shall be drawn up by the Court unless

(a) the Court directs a party to draft and file the order;

(b) the Court dispenses with the need to draw up the order, or

(c) it is a consent order.

Consent Orders

15.4 (1) A consent order may be made by the Court where

(a) all the relevant parties agree on the terms of the proposed order, and

(b) none of these Rules prevents the proposed order being made by the consent of the parties.

(2) A consent order shall be
(a) drawn up in the terms agreed;
(b) expressed as being "By Consent";
(c) signed by each party to whom the order relates or his attorney-at-law, and
(d) filed for sealing.

(3) A consent order may not be made, where
(a) a party lacks legal capacity, or
(b) the making of such an order would result in the variation of any hearing date fixed by the Court.

PART 16
TERMINATION OF APPEAL

Contents of this Part

Withdrawal of appeal where appellant has not served notice of appeal

16.1 (1) Where an appellant who has not served his notice of appeal on any respondent wishes to withdraw his appeal, he may file a notice of withdrawal.

(2) Upon the filing of such a notice, the appeal shall stand dismissed without further order and the Registrar shall forthwith in writing notify the proper officer that the appeal has been withdrawn.

Withdrawal of appeal where appellant has served notice of appeal

16.2 (1) When an appellant who has served a notice of appeal on any respondent wishes to withdraw his appeal, he shall file a notice of application for leave to withdraw the appeal and shall serve such notice on every respondent who has been served with the notice of appeal.

(2) On the hearing of any such application a respondent who has filed an acknowledgement of Service shall, subject to any agreement between him and the appellant to the contrary, be entitled to apply to the Court for his costs.

(3) The provisions of sub rule (1) and (2) shall apply *mutatis mutandis* to withdrawal of a cross-appeal.

Non-prosecution of appeal or cross-appeal

16.3 (1) Where an appellant fails to take any step required of him by these Rules or by a practice direction within the time therein prescribed, the Registrar may issue a notice to the appellant to show cause why the appeal should not be dismissed for non-prosecution.

(2) A notice issued under sub-rule (1) shall specify the method by which and the time and place at which the appellant shall show cause.

(3) Sub-rules (1) and (2) shall apply *mutatis mutandis* to a respondent who has filed a cross-appeal.

(4) Any respondent who has been served with a notice of appeal shall be sent a copy of the notice to show cause and if he has filed an acknowledgement of service shall be entitled to be heard as to the order to be made.

(5) If the Court is satisfied by the appellant that in all the circumstances the appeal should not be dismissed, the Court shall give directions for the further conduct of the appeal and may make such other order as it considers just.

(6) If not so satisfied, the Court shall order the appeal to stand dismissed and may make an order for costs against the appellant.

PART 17
PRACTICE DIRECTIONS

Contents of this Part

Issuance of practice directions

17.1 (1) The President may issue practice directions prescribing the practice and procedure to be followed in the Court in so far as the same is not expressly dealt with by these Rules.

(2) The authority of the President to issue practice directions is not limited to those cases in which provision for the issue of such directions is expressly made in these Rules.

Effective date of practice directions

17.2 A practice direction shall State the date from which it is to take effect and shall be effective from that date.

Publication of practice directions

17.3 (1) A practice direction shall as soon as practicable after it is issued be
(a) posted on the Court's Website, and
(b) published in at least one newspaper in regular circulation in each Contracting Party which has accepted the appellate jurisdiction of the Court and in the Contracting Party in which the Seat of the Court is located.

(2) The Registrar shall also endeavour to have practice directions published in the Gazettes of all Contracting Parties.

PART 18
COSTS

Contents of this Part

Definitions and application

18.1 (1) In this Part unless the context otherwise requires

"basic costs" has the meaning assigned to it by rule 18.15;

"certificate of costs" means a certificate signed by the Registrar stating the amount of costs recoverable by the receiving party who elects to receive basic costs under rule 18.15 or has costs taxed under rule 18.18; "costs" include an attorney-at-law's charges and disbursements, basic costs, summarily assessed costs and taxed costs;

"Court" includes the Registrar;

"paying party" means a party liable to pay costs;

"receiving party" means a party entitled to be paid costs;

"summary assessment" means the procedure by which the Court when making an order about costs, Orders payment of a sum of money under rule 18.13 instead of taxation, and

"taxation" means the procedure by which the amount of costs is decided by the Registrar in accordance with this Part.

(2) Orders for the payment of costs may be enforced in the same way as a judgment or order for the payment of a sum of money.

Orders for costs

18.2 The Court may make Orders for costs of the proceedings giving rise to the appeal as well as the costs of the appeal.

Recovery of costs

18.3 A person may not recover the costs relating to an appeal from any other party or person except by virtue of

(a) an order of the Court;

(b) a provision of these Rules, or
(c) an agreement between the parties.

Successful party generally entitled to costs

18.4 (1) If the Court decides to make an order for the costs of any proceedings, it shall order the unsuccessful party to pay the costs of the successful party.

(2) The Court may notwithstanding sub-rule (1) order a successful party to pay all or part of the costs of an unsuccessful party or may make no order as to costs.

(3) In deciding who should be liable to pay costs, the Court shall have regard to all the circumstances and in particular the Court shall have regard to

(a) the conduct of the parties both before and during the proceedings;
(b) whether a party has succeeded on particular issues, even if that party has not been wholly successful in the appeal or proceedings;
(c) any offer to settle made by a party drawn to the Court's attention;
(d) whether it was reasonable for a party
(i) to pursue a ground of appeal;
(ii) to raise a particular issue;
(e) the manner in which a party has pursued
(i) the appeal;
(ii) a ground of appeal;
(iii) a particular issue, and
(f) whether an appellant who has succeeded in his appeal, exaggerated his claim.

(4) This rule gives the Court power in particular to order a party to pay

(a) costs from or until a certain date only;
(b) costs relating only to a distinct part of the appeal;
(c) only a specified proportion of another party's costs, and
(d) interest on costs from or until a certain date, including a date before judgment.

(5) The Court may not make an order under sub-rule (4) (a) or (b) unless it is satisfied that an order under sub-rule (4) (c) would not be more practicable.

(6) Where the Court Orders a party to pay costs, it may make an

interim order requiring the paying party to pay a fixed sum on account by a date stated in the order before the costs are taxed.

(7) Where a party entitled to costs is also liable to pay costs, the Registrar may tax the costs which that party is liable to pay and either

(a) set off the amount taxed against the amount the party is entitled to be paid and direct the payment of any balance, or

(b) delay the issue of a certificate for the costs to which the party is entitled until the amount which that party is liable to pay is paid.

Two or more parties having the same interest

18.5 Where two or more parties having the same interest in relation to proceedings are separately represented, the Court may disallow more than one set of costs.

Duty of attorney-at-law to notify client

18.6 Where

(a) the Court makes an order for costs against a party, and

(b) the party is not present when the order is made,

that party's attorney-at-law must notify his client in writing of the costs order no later than seven (7) days after the attorney receives notice of the order.

Costs where money is payable by or to a party who lacks legal capacity

18.7 (1) This rule applies to any proceedings where a party lacks legal capacity and

(a) money is ordered or agreed to be paid to, or for the benefit of, that party, or

(b) money is ordered to be paid by or on behalf of that party.

(2) The Court shall order a taxation of the costs payable to his attorney-at-law by any party who lacks legal capacity.

(3) On a taxation under sub-rule (2), the Registrar shall also tax any costs payable to that party in the proceedings, unless the Registrar has issued a default costs certificate in relation to those costs under rule 18.24.

(4) Where

(a) an appellant lacks legal capacity, and

(b) a taxation has taken place under sub-rule (2) the only

amount payable by that appellant to his attorney-at-law is the amount which the Registrar certifies as payable.

Wasted costs Orders

18.8 (1) In any proceedings the Court may by order
(a) direct the attorney-at-law to pay, or
(b) disallow as against the attorney-at-law's client the whole or part of any wasted costs.
(2) "Wasted costs" means any costs incurred by a party
(a) as a result of any improper, unreasonable or negligent act or omission on the part of any attorney-at-law or any employee of such attorney-at-law, or
(b) which in the light of any act or omission occurring after they were incurred, the Court considers it unreasonable to expect that party to pay.
(3) An order made under sub-rule (2) is hereinafter referred to as a "wasted costs order".

Procedure for wasted costs Orders

18.9 (1) An application by a party for a wasted costs order shall
(a) be supported by evidence on affidavit setting out the grounds on which the application is made, and
(b) be served on the attorney-at-law against whom the order is sought.
(2) Where the Court is minded to make a wasted costs order without an application, the Court shall notify the attorney-at-law to that effect.
(3) A notice under sub-rule (2) shall state
(a) the grounds on which the Court is minded to make the order, and
(b) the date, time and place at which the attorney-at-law may attend to show cause why an order should not be made.
(4) The Registrar shall give at least seven (7) days' notice of the hearing of the application to the attorney-at-law against whom the order is sought and to all parties to the proceedings.

Basis of quantification

18.10 (1) Where the Court has a discretion as to the amount of costs to be allowed to a party, the sum to be allowed is the amount
(a) that the Court deems to be reasonable, and
(b) which appears to the Court to be fair, both to the person

paying and the person receiving such costs.

(2) Where the costs to be taxed are claimed by an attorney-at-law from his client, these costs are to be presumed
- (a) to have been reasonably incurred if they were incurred with the express or implied consent of the client;
- (b) to be reasonable in amount if their amount was expressly or impliedly approved by the client, and
- (c) to have been unreasonably incurred if
  - (i) of an unusual nature or amount, or
  - (ii) the attorney-at-law did not inform his client that the client might not recover them all from the other party.

(3) In deciding what would be reasonable, the Court shall take into account all the circumstances, including
- (a) any orders that have already been made;
- (b) the conduct of the parties before as well as during the proceedings;
- (c) the importance of the matter to the parties;
- (d) the time reasonably spent on the matter;
- (e) whether the cause or matter or the particular item is appropriate for a senior attorney-at-law or an attorney-at-law of specialized knowledge;
- (f) the degree of responsibility accepted by the attorney-at-law;
- (g) the care, speed and economy with which the matter was prepared, and
- (h) the novelty, weight and complexity of the matter.

(4) In the case of costs charged by an attorney-at-law to his client, the Court shall also take into account
- (a) any agreement that may have been made as to the basis of charging;
- (b) any agreement about the seniority of the attorney-at-law who should carry out the work, and
- (c) whether the attorney-at-law advised the client and took the client's instructions before taking any unusual Step or one which was unusually expensive having regard to the nature of the matter.

(5) The Registrar on taxation may not allow an attorney-at-law less than the rates set out in Schedule 2.

QUANTIFICATION - GENERAL

Ways in which costs are quantified

18.11 In all cases where having regard to rule 18.4 the Court Orders a party to pay all or any part of the costs of another party, the costs are to be taxed in accordance with rule 18.18 unless

(a) those costs have been summarily assessed under rule 18.13 or rule 18.14, and

(b) the receiving party has elected to receive basic costs under rule 18.15.

Procedure for quantifying costs

18.12 (1) Where the Court Orders a party to pay costs to another party it may either

(a) make a summary assessment of the costs under rule 18.14, or

(b) order that the costs be taxed by the Registrar, unless any rule, practice direction or enactment provides otherwise.

(2) On making an order for costs to be taxed, the Court may order that the paying party pay a specified sum on account of costs by such date as the Court may order.

Assessed costs - interim applications and enforcement

18.13 (1) On determining any interim application, the Court shall decide which party, if any, should pay the costs of that application, and may

(a) summarily assess the amount of such costs in accordance with rule 18.14, and

(b) direct when such costs are to be paid.

(2) In deciding what party, if any, should pay the costs of the application the Court shall take account of all the circumstances including the factors set out in rule 18.4(3).

(3) Where the application is

(a) one that could reasonably have been made at a case management Conference;

(b) to extend the time specified for doing any act under these Rules or an order or direction of the Court;

(c) to amend a notice of appeal or application, or

(d) for relief from sanctions under rule 9.11 the Court shall order the applicant to pay the costs of the respondent unless there are Special circumstances.

Summary assessment of costs

18.14 (1) In summarily assessing the amount of costs to be paid by any party the Court shall take into account any representations as to the time that was reasonably spent in making the application and preparing for and attending the hearing or otherwise dealing with the matter in respect of which costs are to be assessed and must allow such sum as it considers fair and reasonable.

(2) A party seeking assessed costs shall supply to the Court and to all other parties a brief Statement showing

(a) the disbursements incurred, and

(b) the basis on which the costs of that party's attorney-at-law are calculated.

(3) In summarily assessing the costs the Court may take into account the basic costs set out in Schedule 2.

Basic Costs

18.15 (1) Where a Court has made an order for costs in favour of a party and has not summarily assessed those costs, the receiving party may, instead of seeking a taxation of those costs, elect to recover basic costs in accordance with this rule.

(2) A receiving party who elects to recover basic costs may file a certificate of costs certifying how such costs are payable in accordance with Schedule 2.

(3) The certificate may include value added tax on legal fees which the Registrar is satisfied the receiving party has paid or is liable to pay in a Contracting Party.

(4) The Registrar shall sign the certificate if satisfied that the certificate includes only such items as are appropriate.

(5) If the Registrar is not satisfied in accordance with sub-rule (4), the Registrar must direct that the receiving party

(a) attend before the Registrar, or

(b) commence taxation proceedings in accordance with rule 18.21.

(6) The paying party may, within fourteen (14) days of Service of the certificate of costs under this rule, apply to the Registrar to amend the certificate, stating the grounds for such amendment.

(7) The Registrar may direct that

(a) receiving and paying parties attend before the Registrar in which case the certificate of costs may not be enforced until confirmed or amended by the Registrar, or

(b) the receiving party commences taxation proceedings, in which case the Registrar must revoke the certificate of costs.

Attendance of more than two attorneys-at-law at hearing

18.16 On assessing the amount of basic costs under rule 18.15 or taxing a bill of costs under rule 18.18, no fee may be allowed for the attendance at the hearing of more than two attorneys-at-law, unless the Registrar is satisfied that it would be reasonable having regard to the matters set out in rule 18.10, to allow such fee.

Time for complying with an order for costs

18.17 A party shall comply with an order for the payment of costs within fourteen (14) days of

(a) the date of the judgment or order if it states the amount of those costs, or

(b) if the amount of those costs (or part of them) is determined in accordance with rule 18.15 (basic costs) or rule 18.18 (taxation - general), the date of the certificate which states the amount.

Taxation - general

18.18 Where an order for costs has been made and

(a) such costs have not been summarily assessed under rule 18.13 or rule 18.14, and

(b) the receiving party's attorney-at-law has not elected to receive basic costs under rule 18.15, such costs shall be taxed in accordance with this Part.

TAXATION PROCEDURE

Scope

18.19 (1) On a taxation of costs payable by a client to his attorney-at-law the expression

"receiving party" means the attorney-at-law, and

"paying party" means the client.

Time when taxation may be carried out

18.20 The costs of any appeal or any part of such an appeal may not be taxed prior to the conclusion of the appeal except as may be ordered by the Court.

Commencement of taxation proceedings

18.21 (1) Taxation proceedings are commenced by the receiving party filing the bill of costs.

(2) The bill of costs shall be filed and served not more than thirty (30) days after the date of the order or event entitling the receiving party to costs.

(3) A bill of costs need not be in any particular form but shall contain a general description of the work done in relation to which the costs are claimed and

(a) contain sufficient detail and information to justify the amount being claimed by the receiving party, and

(b) indicate the total amount being claimed by the receiving party.

(4) A bill of costs may

(a) indicate the time spent by the receiving party's attorney(s)-at-law on each item or category of work and the hourly rate claimed, or

(b) indicate that the total sum claimed in the bill of costs or any part of the bill is a stated multiple of a sum indicated in Schedule 2 on the basis of one or more of the factors set out in rule 18.10(3).

(5) The bill of costs served on the paying party or parties shall contain or have attached to it a notice notifying the paying party of the need to serve points of dispute under rule 18.23 and the consequences of not doing so.

Consequences of failure to commence taxation proceedings in time

18.22 (1) Where the receiving party fails to commence taxation proceedings in accordance with rule 18.21(2) the paying party may apply for an order requiring the receiving party to commence taxation proceedings within such time as the Registrar may specify.

(2) On an application under sub-rule (1), the Registrar may direct that, unless the receiving party commences taxation proceedings by a date specified by the Registrar, all or part of the costs to which the receiving party would otherwise be entitled shall be disallowed.

(3) Whether or not an order is made under sub-rule (2), the Registrar may disallow

(a) all or part of any interest on the costs in respect of any period of delay, or

(b) all or part of the costs of taxation that might otherwise be awarded to the receiving party.

Points of dispute and consequence of not serving

18.23 (1) The paying party and any other party to the taxation proceedings may dispute any item in the bill of costs by filing points of dispute and serving a copy on the receiving party and every other party to the Taxation proceedings.

(2) Points of dispute shall

(a) identify each item in the bill of costs which is disputed;

(b) State the reasons for the objection, and

(c) State the amount (if any) which the party serving the points of dispute considers should be allowed on taxation in respect of that item.

(3) The period for filing and serving points of dispute is twenty-one (21) days after the date of Service of the copy in accordance with sub-rule (1).

(4) If a party files and serves points of dispute after the period set out in sub-rule (3), that party may not be heard further in the taxation proceedings unless the Registrar so orders.

(5) The receiving party may file a request for a default costs certificate if

(a) the period set out in sub-rule (3) for serving points of dispute has expired, and

(b) no points of dispute have been served on the receiving party.

(6) If any party (including the paying party) serves points of dispute before the issue of a dcfault costs certificate the Registrar may not issue the default costs certificate.

How to obtain default costs certificate

18.24 (1) A receiving party who is permitted by rule 18.23 (5) to obtain a default costs certificate shall file

(a) an affidavit proving

(i) service of the copy of the bill of costs, and

(ii) that no points of dispute have been received by the receiving party, and

(b) a default costs certificate in Form 4 for signature by the Registrar.

(2) A default costs certificate shall include an order to pay the costs to which it relates.

Setting aside default costs certificate

18.25 The Registrar, on application of the paying party shall set aside the default costs certificate where the receiving party was not entitled to it.

Taxation hearing

18.26 (1) Where points of dispute are served, the receiving party may within fourteen (14) days of the service of the points of dispute apply for a taxation hearing by filing a notice of taxation.

(2) The receiving party shall do so within three (3) months of the service of the points of dispute.

(3) Where the receiving party fails to so apply

(a) the paying party may apply for an order that unless the receiving party applies for a taxation hearing by a specified date the Registrar may disallow all or part of the costs which the receiving party would otherwise be entitled to receive, and

(b) the Registrar may disallow all or part of the costs of taxation and any interest that the receiving party would otherwise have been entitled to receive on the costs.

(4) The receiving party must serve notice of the taxation hearing on each paying party who has served points of dispute under rule 18.23 not less than fourteen (14) days before the taxation hearing.

(5) Only items specified in the points of dispute may be raised at the taxation hearing unless the Registrar gives permission.

Interim costs certificate

18.27 (1) The Registrar may at any time after the receiving party has applied for a taxation hearing

(a) issue an interim costs certificate in Form 5 for such sum as the Registrar considers appropriate, or

(b) amend or cancel an interim costs certificate.

(2) An interim costs certificate will include an order to pay the sum certified in the certificate.

(3) The Registrar may order the sum certified in the certificate to be paid into Court.

Final costs certificate

18.28 (1) The receiving party shall file a final costs certificate in Form 6 at the time of or within fourteen (14) days after the end of the taxation hearing.

(2) If the final costs certificate is in order, the Registrar shall sign and issue it to the receiving party.

(3) Sub-rule (2) is subject to any order made by the Court that a certificate is not to be issued until other costs have been paid.

Appeals against taxation

18.29 A party aggrieved by a decision of the Registrar in the taxation proceedings may appeal to the Court.

Court to hear appeal

18.30 An appeal against a decision of the Registrar on taxation may be heard by a single Judge nominated by the President, whose decision shall be final.

Appeal procedure

18.31 (1) The appellant shall file an appeal notice within fourteen (14) days after the date of the decision to be appealed against.

(2) The appeal notice shall

(a) specify each item in the taxation which is appealed, and

(b) state the grounds of appeal in respect of each item.

(3) On receipt of the appeal notice, the Registrar shall fix a date, time and place for the hearing of the appeal.

(4) The appellant shall serve a copy of the appeal notice showing the date, time and place of the hearing of the appeal on all parties to the taxation at least fourteen (14) days before the hearing of the appeal.

Powers of the Court on appeal

18.32 On an appeal from the Registrar the Court shall

(a) re-hear the proceedings which gave rise to the decision appealed against so far as is necessary to deal with the items specified in the appeal notice, and

(b) make any order or give any directions as it considers appropriate.

PART 19
TRANSITIONAL

Appeals from judgments already delivered

19. In the case of appeals from judgments delivered before the coming into force of these Rules the time for doing any act required by these Rules shall not begin to run until the day after that on which these Rules come into force.

Made by the President in consultation with five Judges of the Caribbean Court of Justice this day of June, 2005.

The Right Honourable Mr. Justice Michael de la Bastide, TC President

The Honourable Mr. Justice Rolston Nelson Judge

The Honourable Mr. Justice Duke E.E. Pollard Judge

The Honourable Mr. Justice Adrian Saunders Judge

The Honourable Mme. Justice Desiree Bernard, CCH, OR. Judge

The Honourable Mr. Justice Jacob Wit Judge

SCHEDULE 1
FEES PAYABLE TO THE COURT

The fees set out in this Schedule may be paid to the Court in any one of the currencies stated below.
If paid in ECD the amounts set out in column 2 shall be payable to the Registrar for the items set out in column 1.
If paid in TTD the amounts set out in column 3 shall be payable to the Registrar for the items set out in column 1.
If paid in USD the amounts set out in column 4 shall be payable to the Registrar for the items set out in column 1.
Notwithstanding the above no fee shall be payable in a criminal appeal.

FILING FEES	ECD	TTD	USD
Acknowledgement of Service [for each respondent]	2	63	10
Notice of appeal	1	378	60
Notice of cross appeal	1	252	40
Amended notice of appeal	4	225	15
Special case	1	315	50
Notice of application for Special leave to appeal	8	189	30
Any other notice of application	4	95	15
Affidavit of Service	2	63	10
Notice of appointment of attorney-at-law	2	63	10
Order determining appeal	1	252	40
Interlocutory order	5	126	20
Notice of withdrawal of appeal	5	126	20
Request for the issue of a costs certificate	5	126	20
Default costs certificate	5	126	20
Final costs certificate	5	126	20
Bill of costs	1	378	60
Any other document not provided for	4	95	15

OTHER FEES	ECD	TTD	USD
On every inspection of the register	54	126	20
On certifying any document as an office copy	54	126	20
On every certificate of funds in Court	41	95	15
For a photographic copy of all or any part of a document	3	6	1
On perusing and allowing by a Judge, Registrar or Deputy	270	630	100

SCHEDULE 2
FEES PAYABLE TO A PARTY

PART A
FEES PAYABLE TO A PARTY IN AN APPEAL FROM THE COURT OF APPEAL OF BARBADOS

Table of Basic Costs

	Barbados Dollars
In the case of an appellant, from the notice of appeal up to and including the first day of hearing	40,000
plus - for each additional day of the hearing	4,000
In the case of a respondent who has filed a notice of cross appeal from the notice of appeal up to and including the first day of hearing	30,000
plus ~ for each additional day of the hearing	4,000
In the case of any other respondent from the notice of appeal up to and including the first day of hearing	24,000
plus - for each additional day of the hearing	4,000
In the case of an appellant when two attorneys-at-law appeared, from the notice of appeal up to and including the first day of hearing	60,000
plus - for each additional day of the hearing	8,000
In the case of a respondent who filed a notice of cross appeal, when two attorneys-at-law appeared, from the notice of appeal up to and including the first day of hearing	45,000
plus - for each additional day of the hearing	8,000
In the case of any other respondent when two attorneys-at-law appeared, from the notice of appeal up to and including the first day of hearing	36,000
plus - for each additional day of the hearing	8,000
For appearance in Court on application for Special leave to appeal	4,000
For appearance in Court at case management Conference	2,400
For an appearance in Court on any other application	2,000
For an appearance in Court where appeal adjourned without a hearing on the application of the other party or on the Court's own motion	1,000
For an appearance in Court where application adjourned without a hearing	900
For attendance before the Register on an application	1,000
For preparing costs certificate	200

For delivery of reserved judgment	2,400
From issue of notice of appeal to withdrawal of appeal after service of notice of appeal	2,000
From issue of notice of appeal to withdrawal of appeal before service of notice of appeal	1,400

PART B
FEES PAYABLE TO A PARTY IN AN APPEAL FROM THE COURT OF APPEAL OF THE CO-OPERATIVE REPUBLIC OF GUYANA

Table of Basic Costs

	Guyana Dollars
In the case of an appellant, from the notice of appeal up to and including the first day of hearing	1,795,000
Plus - for each additional day of the hearing	269,250
In the case of a respondent who has filed a notice of cross appeal from the notice of appeal up to and including the first day of hearing	1,346,250
Plus ~ for each additional day of the hearing	269,250
In the case of any other respondent from the notice of appeal up to and including the first day of hearing	897,500
Plus - for each additional day of the hearing	269,250
In the case of an appellant when two attorneys-at-law appeared, from the notice of appeal up to and including the first day of hearing	2,692,500
Plus - for each additional day of the hearing	448,750
In the case of a respondent who filed a notice of cross appeal, when two attorneys-at-law appeared, from the notice of appeal up to and including the first day of hearing	2,154,000
Plus - for each additional day of the hearing	448,750
In the case of any other respondent when two attorneys-at-law appeared, from the notice of appeal up to and including the first day of hearing	1,705,250
Plus - for each additional day of the hearing	448,750
For appearance in Court on application for Special leave to appeal	179,500
For appearance in Court at case management Conference	125,650
For an appearance in Court on any other application	89,750

For an appearance in Court where appeal adjourned without a hearing on the application of the other party or on the Court's own motion	89,750
For an appearance in Court where application adjourned without a hearing	80,775
For attendance before the Register on an application	89,750
For preparing costs certificate	17,950
For delivery of reserved judgment	143,600
From issue of notice of appeal to withdrawal of appeal after service of notice of appeal	179,500
From issue of notice of appeal to withdrawal of appeal before service of notice of appeal	125,650

SCHEDULE 3
FORMS

Form 1	Notice of Application	Rule 9.1
Form 2	Notice of Appeal	Rule 11.1
Form 3	Acknowledgement of Service	Rule 12.1
Form 4	Default Costs Certificate	Rule 18.24
Form 5	Interim Costs Certificate	Rule 18.27
Form 6	Final Costs Certificate	Rule 18.28

F0RM1: Notice of Application Rule 9.1(1)

Filing Attorney: Name of Attorney) (Bar no.)
(Name of firm, if any)
(Address)
(tel no., fax no., email address, if any)

Advocate: (name of advocate) (Bar no.) (tel no. fax no., email address, if any)

IN THE CARIBBEAN COURT OF JUSTICE
Appellate Jurisdiction

ON APPEAL FROM THE COURT OF APPEAL OF

CCJ [Appeal or Application] No. of 2005

Between

AB APPLICANT

And

CD RESPONDENT

Notice of Application

The Intended Appellant/Applicant applies to the Court for an order that-
A draft of the order that I seek is attached.
The grounds of the application are-
1.
2.
Dated the day of 20

<u>*Signature*</u>

Attorney-at-law for the Applicant

This notice of application was filed *[in the sub-Registry/Registry,]* by (name of attorney-at-law and firm of attorneys-at-law, business address of attorneys-at-law), Attorney(s)-at-law for the Intended Appellant/Applicant whose address for Service is (state an address in the Seat of the Court or in the Contracting Party where the appeal originates). Service may also be affected by facsimile transmission to facsimile number xxxxxx or by e-mail to zzzzzzz [or by facsimile transmission or e-mail to the number and address of the filing attorney-at-law stated above].

N.B. This notice of application must be served on the Respondent to the application within seven days of the date of filing of this notice or within such other period as may be specified.

If you the Respondent do not attend this hearing an order may be made in your absence.

To: The Registrar of the CCJ
And To: The Respondent
Address
(OR To: XXXXXXX Attorney-at-law for the Respondent Address)

The Registry is at
Level 5
Unit Trust Corporation Financial Centre,
82 Independence Square,
Port of Spain,
Republic of Trinidad and Tobago.
TELEPHONE Voice: 868-623-2225, 624-2256. Facsimile: 868-623-0527.

The Registry is open between 8:00 a.m. and 4:00 p.m. Mondays to Fridays except Public Holidays and Court Holidays.

FORM2 Notice of Appeal Rule 11.1

Filing Attorney: Name of Attorney) (Bar no.)
(Name of firm, if any)
(Address)
(tel no., fax no., email address, if any)

Advocate: (name of advocate) (Bar no.) (tel no.
fax no., email
address, if any)

IN THE CARIBBEAN COURT OF JUSTICE
Appellate Jurisdiction

ON APPEAL FROM THE COURT OF APPEAL OF ....

CCJ Appeal No. of 2005

Between

AB APPELLANT

And

CD RESPONDENT

Notice of Appeal

TAKE NOTICE that the appellant hereby appeals to the Caribbean Court of Justice against the judgment of the Court of Appeal of .... delivered on the day of ....20.. A true copy of the said judgment is attached hereto [together with a copy of the order of the Court of Appeal of .... dated .... granting leave to appeal *or* together with a copy of the order of the Caribbean Court of Justice dated .... 2005 granting Special leave to appeal].

1. The details of order appealed against are:
   (State whether the appeal relates to the whole or part only of the judgment of the court below and in the latter case, specifying such part)
2. The grounds of appeal are:
   (a)
   (b)
3. The relief sought is:
4. The details of all parties directly affected by the appeal are:
   Name of party affected *Address for Service of party affected*

   Dated the day of 20...

Signature

Name of Appellant or Attorney-at-law for the Appellant

This notice of appeal was filed *[in the sub-Registry/Registry,]* by (name of attorney-at-law and firm of attorneys-at-law, business address of attorneys-at-law), Attorney(s)-at-law for the Appellant whose address for service is (state an address in the Seat of the Court or in the Contracting Party where the appeal originates). Service may also be affected by facsimile transmission to facsimile number xxxxxx or by e-mail to zzzzzzz [or by facsimile transmission or e-mail to the number or address of the filing attorney-at-law state d above].

To: The Registrar of the Caribbean Court of Justice
And To: The Respondent
[here state the address for service of the Respondent in the court below]

The Registry is at Level 5
Unit Trust Corporation Financial Centre,
82 Independence Square, Port of Spain, Republic of Trinidad and Tobago.

Telephone Voice: 868-623-2225, 624-2256. Facsimile: 868-623-0527.

The Registry is open between 8:00 a.m. and 4:00 p.m. Mondays to Fridays except Public Holidays and Court Holidays.

FORM 3 Acknowledgement of Service Rule 12.1

Filing Attorney: Name of Attorney) (Bar no.)
(Name of firm, if any)
(Address)
(tel no., fax no., email address, if any)

Advocate: (name of advocate) (Bar no.) (tel no. fax no., email address, if any)

IN THE CARIBBEAN COURT OF JUSTICE
Appellate Jurisdiction

ON APPEAL FROM THE COURT OF APPEAL OF

CCJ Appeal No. of 2005

Between

AB APPELLANT

And

CD RESPONDENT

Acknowledgement of Service

I/We hereby acknowledge service and enter appearance on behalf of CD the Respondent in the above appeal.

Dated the day of 20…

Signature Attorney-at-law forth Respondent

This acknowledgement of service was filed *[in the sub-Registry/Registry,]* by (name of attorney-at-law and firm of attorneys-at-law, business address of attorneys-at-law), Attorney(s)-at-law for the Respondent whose address for service is (state an address in the Seat of the Court or in the Contracting Party where the appeal originates). Service may also be affected by facsimile transmission to facsimile number xxxxxx or by e-mail to zzzzzzz [or by facsimile transmission or e-mail to the number or address of the filing attorney-at-law stated above].

To: The Registrar of the CCJ
And To: Attorney-at-law for the Appellant
Address

The Registry is at Level 5
Unit Trust Corporation Financial Centre,
82 Independence Square, Port of Spain, Republic of Trinidad and Tobago.
Telephone Voice: 868-623-2225, 624-2256. Facsimile: 868-623-0527.

The Registry is open between 8:00 a.m. and 4:00 p.m. Mondays to Fridays except Public Holidays and Court Holidays.

FORM 4: Default Costs Certificate Rule 18.24 (1) (b)

Filing Attorney: Name of Attorney) (Bar no.)
(Name of firm, if any)
(Address)
(tel no., fax no., email address, if any)

Advocate: (name of advocate) (Bar no.) (tel no.
fax no., email address, if any)

IN THE CARIBBEAN COURT OF JUSTICE
Appellate Jurisdiction

ON APPEAL FROM THE COURT OF APPEAL OF

CCJ Appeal No. of 2005

Between

AB APPELLANT

And

CD RESPONDENT

Default Costs Certificate

The [Appellant] [Respondent] not having filed points of dispute, is hereby ordered to pay costs in
the sum of ....to the [Appellant] [Respondent].
This amount must be paid to the [Appellant] [Respondent] [within 14 days from the date of this order] or on or before [ ].
The date from which any entitlement to interest under this certificate commences is [

Dated the day of 20…

Registrar
Caribbean Court of Justice

To: The [Appellant] [Respondent] (State here the name and address of the attorney-at-law for the paying party)

Take Notice that if you do not pay in accordance with this order enforcement proceedings may be taken against you.

The Registry is at Level 5
Unit Trust Corporation Financial Centre,
82 Independence Square,
Port of Spain,
Republic of Trinidad and Tobago.
Telephone Voice: 868-623-2225,624-2256. Facsimile: 868-623-0527.

The Registry is open between 8:00 a.m. and 4:00 p.m. Mondays to Fridays except Public Holidays and Court Holidays.

FORM 5: Interim Costs Certificate Rule 18.27(1) (a)

IN THE CARIBBEAN COURT OF JUSTICE

Appellate Jurisdiction

ON APPEAL FROM THE COURT OF APPEAL OF

CCJ Appeal No. of 2005

Between

AB APPLICANT

And

CD RESPONDENT

Interim Costs Certificate

The [Appellant] [Respondent] is hereby ordered to pay costs in the sum of EC$... to the[Appellant] [Respondent].

This amount must be paid to the [Appellant] [Respondent] [within 14 days from the date of this order] or on or before [ ].

The date from which any entitlement to interest under this certificate commences is [Dated the day of 20..].

____

Registrar
Caribbean Court of Justice

To The [Appellant] [Respondent] (State here the name and address of the attorney-at-law for the paying party)

Take Notice that if you do not pay in accordance with this order enforcement proceedings may be taken against you.

The Registry is at
Level 5
Unit Trust Corporation Financial Centre,
82 Independence Square,
Port of Spain,
Republic of Trinidad and Tobago.
Telephone Voice: 868-623-2225,624-2256. Facsimile: 868-623-0527.

The Registry is open between 8:00 a.m. and 4:00 p.m. Mondays to Fridays except Public Holidays and
Court Holidays.

FORM 6 *Final Costs Certificate* *Rule 18.28(1)*

Filing Attorney: Name of Attorney) (Bar no.)
(Name of firm, if any)
(Address)
(tel no., fax no., email address, if any)

Advocate: (name of advocate) (Bar no.) (tel no.
fax no., email address, if any)

IN THE CARIBBEAN COURT OF JUSTICE
Appellate Jurisdiction
ON APPEAL FROM THE COURT OF APPEAL OF

CCJ Appeal No. of 2005
Between
AB APPELLANT
And
CD RESPONDENT

Final Costs Certificate

I HEREBY certify that on the .... day of............... 20.., costs were taxed in the sum of
EC$....................and the [Appellant] [Respondent] is hereby ordered to pay that sum to the [Appellant] [Respondent]
The date from which any entitlement to interest under this certificate commences is

Dated the day of 20

Registrar
Caribbean Court of Justice

To: The [Appellant] [Respondent] (State here the name and address of the attorney-at-law for the paying party)

Take Notice that if you do not pay in accordance with this order enforcement proceedings may be taken against you.

The Registry is at
Level 5
Unit Trust Corporation Financial Centre,
82 Independence Square,
Port of Spain,
Republic of Trinidad and Tobago.
Telephone Voice: 868-623-2225,624-2256. Facsimile: 868-623-0527.
The Registry is open between 8:00 a.m. and 4:00 p.m. Mondays to Fridays except Public Holidays and Court Holidays.

Quelle: http://www.caribbeancourtofjustice.org/rules/ccjapprules.pdf

DOK 5a

CARIBBEAN COURT OF JUSTICE (APPELLATE JURISDICTION) (AMENDMENT) RULES, 2006,
vom 27. Juni 2006

1. These rules may be cited as the Caribbean Court of Justice (Appellate Jurisdiction) (Amendment) Rules, 2006 and shall come into force on the 27th June 2006.
2. (1) The Caribbean Court of Justice (Appellate Jurisdiction) Rules 2005 are hereby amended as set out in the Schedule.
   (2) Column I of the Schedule sets out the rules amended, Column II of the Schedule describes the amendment of the rule and Column III of the Schedule sets out the rule as amended.

Schedule
Part 1

Column 1 *The Rule*	Column II *Description of the Amendment*	Column III *The Rule as Amended*
PART 10 APPEALS Contents of this Part	Delete the word "special" before the word "leave" in the sixth line of the "Contents of this Part".	**PART 10** **APPEALS** **Contents of this Part** Commencement of appeal rule 10.1 Applications for leave to appeal rule 10.2 Applications to the court below for leave to appeal rule 10.3 Special leave to appeal to the Court rule 10.4 Applications to the Court for special leave to appeal rule 10.5 Application for leave to appeal as a poor person rule 10.6

10.6(1)	Delete the word "special" in the heading which appears above Rule 10.6 (1). Delete the words "special leave" in the first line of rule 10.6(1).	**Application for leave to appeal as a poor person** 10.6(1) An applicant who seeks to appeal as a poor person shall file together with his application- (a) an affidavit stating – (i) that apart from his interest in the subject matter of the appeal the applicant's net worth is less than EC $5,000. or its equivalent in the currency of the relevant Contracting Party, and (ii) that he is unable to provide sureties, and (b) a certificate signed by his attorney-at-law that the applicant has reasonable grounds of appeal.
10.6(2)	Delete the word "special" in the first line of rule 10.6(2). Insert the words "either by the Court or by the court below," after the words "poor person" in rule 10.6(2)	(2) A person who has been granted leave to appeal as a poor person either by the Court or by the court below shall not be required to provide security for costs or to pay any of the Court fees set out in Schedule 1.
10.8(a)	Insert the words "subject to rule 10.6(2)" between the words "shall" and "determine" in rule 10.8(a).	**Orders on applications for leave** 10.8 Where either the Court or the court below grants special leave to appeal or leave to appeal, as the case may be, it - (a) shall subject to rule 10.6(2) determine whether the applicant should provide security for costs and if so, shall specify the amount of such security and the form in which and the time by which it should be provided; (b) shall provide for the transmission of the record by the proper officer to the Registrar, and (c) may impose such other conditions or make such order or give such directions as it considers necessary.

Made by the President in consultation with five Judges of the Caribbean Court of Justice this 27'h day of June, 2006.

M.A. de la Bastide

The Right Honourable Mr. Justice Michael de la Bastide, TC President

R.F. Nelson

The Honourable Mr. Justice Rolston Nelson Judge

Duke Pollard

The Honourable Mr. Justice Duke E.E. Pollard Judge

A. Saunders

The Honourable Mr. Justice Adrian Saunders Judge

D.P. Bernard

The Honourable Mme. Justice Desiree Bernard, CCH, OR. Judge

J. Th. Wit

The Honourable Mr. Justice Jacob Wit Judge

Quelle: http://www.caribbeancourtofjustice.org/rules/AMENDMENT%20PART%2010%20JUNE%2027%202006%20as%20signed.pdf

DOK 6

CODE OF JUDICIAL CONDUCT

(ohne Datum)

PREAMBLE

Whereas the Universal Declaration of Human Rights recognizes as fundamental the principle that everyone is entitled in full equality to a fair and public hearing by an independent and impartial tribunal, in the determination of rights and obligations and of any criminal charge.

Whereas the International Covenant on Civil and Political Rights guarantees that all persons shall be equal before the courts and that in the determination of any criminal charge or of rights and obligations in a legal proceeding, everyone shall be entitled to a fair and public hearing by a competent, independent and impartial tribunal established by law.

Whereas the foregoing fundamental principles and rights are also recognised or reflected in the Constitutions of Member States of the Caribbean Community (CARICOM), at common law and civil law and in judicial conventions and traditions.

Whereas an independent judiciary is essential to the maintenance of the rule of law and for ensuring good governance.

Whereas public acceptance of the moral authority and integrity of the judiciary contributes to the maintenance of the rule of law and the promotion of good governance.

And whereas it is essential that judges, individually and collectively, respect and honour judicial office as a public trust and strive to enhance and maintain confidence in the judicial system.

VALUES

The following principles and rules promulgated in the Code are intended to establish standards for ethical conduct of judges. They are principles and rules of reason to be applied in the light of all relevant circumstances and consistently with the requirements of judicial independence and the law. They are designed to provide guidance to judges and to afford a structure for the regulation of judicial conduct. They are intended to supplement and not to derogate from existing rules of law or rules of conduct which bind judges.

- Propriety
- Independence
- Equality
- Integrity
- Impartiality

- Competence and Diligence
- Accountability

DEFINITIONS

In this Code, unless the context otherwise permits or requires the following meanings shall be attributed to the words used:
"Court staff" includes the personal staff of the judge including law clerks.
"Judge" means a Judge of the Caribbean Court of Justice.
"Judge's family" includes a judge's spouse, the judge's son, daughter, son-in-law or daughter-in-law. It also includes any other close relative or person who is a companion or employee of the judge and who lives in the judge's household.
"Judge's spouse2 includes a domestic partner of the judge or any other person of the opposite sex in a close personal relationship with the judge.

I. PROPRIETY

Principle

Propriety, and the appearance of propriety, are essential to the performance of all of the activities of a judge.

Code

1.1. A judge shall avoid impropriety and the appearance of impropriety in all of the judge's activities.

1.2. As a subject of constant public scrutiny, a judge must accept personal restrictions that might be viewed as burdensome by the ordinary citizen and should do so freely and willingly. In particular, a judge shall conduct himself or herself in a way that is consistent with the dignity of the judicial office.

1.3. A judge shall avoid close personal association with individual members of the legal profession, particularly those who practise in the judge's court, where such association might reasonably give rise to the suspicion or appearance of favouritism or partiality.

1.4. Save in exceptional circumstances or out of necessity, a judge shall not participate in the determination of a case in which any member of the judge's family represents a litigant or is associated in any manner with the case.

1.5. A judge shall avoid the use of the judge's residence by a member of the legal profession to receive clients or other members of the legal profession in circumstances that might reasonably give rise to the suspicion or appearance of impropriety on the part of the judge.

1.6. A judge shall refrain from conduct such as membership of groups or organizations or participation in public discussion which, in the mind of a reasonable, fair-minded and informed person, might undermine confidence in the judge's impartiality with respect to any issue that may come before the courts.

1.7. A judge shall, upon appointment, cease all partisan political activity or involvement. A judge shall refrain from conduct that, in the mind of a reasonable, fair-minded and informed person, might give rise to the appearance that the judge is engaged in political activity.

1.8. A judge shall refrain from:

- 1.8.1. Membership of political parties;
- 1.8.2. Political fund-raising;
- 1.8.3. Attendance at political gatherings and political fund-raising events;
- 1.8.4. Contributing to political parties or campaigns; and
- 1.8.5. Taking part publicly in controversial discussions of a partisan political character.

1.9. A judge shall not allow the judge's family, social or other relationships improperly to influence the judge's judicial conduct and judgment as a judge.

1.10. A judge shall not use or lend the prestige of the judicial office to advance the private interests of the judge, a member of the judge's family or of anyone else, nor shall a judge permit others to convey the impression that anyone is in a special position improperly to influence the judge in the performance of judicial duties.

1.11. A judge shall not testify voluntarily as a character witness, except that a judge may testify as a witness in a criminal proceeding if the judge or a member of the judge's family is a victim of the offence or if the defendant is a member of the judge's family or in like exceptional circumstances.

1.12. Subject to the proper performance of judicial duties, a judge may engage in activities such as:

- 1.12.1. writing, lecturing, teaching and participating in activities concerning the law, the legal system, the administration of justice and related matters;
- 1.12.2. appearing at a public hearing before an official body concerned with matters relating to the law, the legal system and the administration of justice or related matters;
- 1.12.3. serving as a member of an official body devoted to the improvement of the law, the legal system, the administration of justice or related matters.

1.13. A judge may speak publicly on non-legal subjects and engage in historical, educational, cultural, sporting or like social and recreational activities, if such activities do not detract from the dignity of the judicial office or otherwise with the performance of judicial duties in accordance with this Code.

1.14. A judge may participate in civic and charitable activities that do not reflect adversely on the judge's impartiality or interfere with the performance of judicial duties. A judge should not be involved in fund-raising or membership solicitation.

1.15. A judge shall not serve as the executor, administrator, trustee, guardian or other fiduciary, except for the estate, trust or person connected with a member of the judge's family and then only if such service will not interfere with the proper performance of judicial duties.

1.16. Save for holding and managing appropriate personal or family investments, a judge shall refrain from being engaged in other financial or business dealings as these may interfere with the proper performance of judicial duties or reflect adversely on the judge's impartiality.

1.17. Confidential information acquired by a judge in the judge's judicial capacity shall not be used or disclosed by the judge in financial dealings or for any other purpose not related to the judge's judicial duties.

1.18. A judge shall not practise law whilst the holder of judicial office.

1.19. Except as consistent with, or as provided by, constitutional or other law, a judge shall not accept appointment to a government commission, committee or to a position that is concerned with issues of fact or policy on matters other than the improvement of the law, the legal system, the administration of justice or related matters. However, a judge may represent the judge's country or the state on ceremonial occasions or in connection with historical, educational, cultural, sporting or like activities.

1.20. A judge may form or join associations of judges or participate in other organizations representing the interests of judges to promote professional education and training and to protect judicial independence.

1.21. A judge and members of the judge's family, shall neither ask for, nor accept any gift, bequest, loan or favour in relation to anything done or to be done or omitted to be done by the judge in connection with the performance of judicial duties.

1.22. Subject to law and to any legal requirements of public disclosure, a judge may receive a small token gift, award or benefit as appropriate to the occasion on which it is made provided that such gift, award or benefit might not reasonably be perceived as intended to influence the judge in the performance of judicial duties or otherwise give rise to an appearance of partiality.

1.23. A judge may receive compensation and reimbursement of expenses for the extra-judicial activities permitted by this Code, if such payments do not give the appearance of influencing the judge in the performance of judicial duties or otherwise give the appearance of impropriety, subject to the following restrictions:

(a) Such compensation and reimbursement shall not exceed a reasonable amount nor shall it exceed what a person who is not a judge would receive for the same activities; and

(b) Reimbursement shall be limited to the actual cost of travel and accommodations reasonably incurred by the judge and, where appropriate to the occasion, by the judge's family. Any payment in excess of such an amount is compensation.

1.24. A judge shall make such financial disclosures and pay all such taxes as are required by law.

II. INDEPENDENCE

Principle

An independent judiciary is indispensable to impartial justice under law. A judge should therefore uphold and exemplify judicial independence in both its individual and institutional aspects.

Code

2.1. A judge shall exercise the judicial function independently on the basis of the judge's assessment of the facts and in accordance with a conscientious understanding of the law, free of any extraneous influences, inducements, pressures, threats or interference, direct or indirect, from any quarter or for any reason.

2.2. A judge shall reject any attempt to influence his or her decision in any matter before the judge for decision where such attempt arises outside the proper performance of judicial duties.

2.3. In performing judicial duties, a judge shall, within the judge's own court, be independent of judicial colleagues in respect of decisions which the judge is obliged to make independently.

2.4. A judge shall encourage and uphold safeguards for the discharge of judicial duties in order to maintain and enhance the institutional and operational independence of the judiciary.

2.5. A judge shall exhibit and promote high standards of judicial conduct in order to reinforce public confidence in the judiciary and in a requirement that is fundamental to the maintenance of judicial independence.

III. INTEGRITY

Principle

Integrity is vital to the proper discharge of the judicial office.

Code

3.1. A judge shall ensure that his or her conduct is above reproach in the view of reasonable, fair-minded and informed persons.

3.2. The behaviour and conduct of a judge must reaffirm the people's faith in the integrity of the judiciary. Justice must not merely be done but must also be seen to be done.

3.3. A judge, in addition to observing personally the standards of this Code, shall encourage and support their observance by others.

IV. IMPARTIALITY

Principle

Impartiality is crucial to the proper discharge of the judicial office. It applies not only to the making of a decision itself but also to the process by which the decision is made.

Code

4.1. A judge shall perform his or her judicial duties without favour, bias or prejudice.

4.2. A judge shall ensure that his or her conduct, both in and out of court, maintains and enhances the confidence of the public, the legal profession and litigants in the impartiality of the judge and of the judiciary.

4.3. A judge shall, so far as is reasonable, so conduct himself or herself as to minimise the occasions on which it will be necessary for the judge to be disqualified from hearing, ruling or adjudicating in a cause or matter.

4.4. A judge shall not knowingly, while a proceeding is before, or could come before the judge, make any comment that might reasonably be viewed as likely to affect the outcome of such proceeding or impair the manifest fairness of the process. Nor shall the judge make any comment in public or otherwise that might affect the fair trial of any person or issue.

4.5. A judge shall disqualify himself or herself from participating in any proceedings in which the judge is unable to decide the matter impartially or in which a reasonable, fair-minded and informed person might believe that the judge is unable to decide the matter impartially.

4.5.1. A judge must be sensitive to the fact that fraternal bodies are shrouded in mystery and clothed with a perception of secrecy and of providing unconditional assistance to members in times of need, trouble and distress. Persons who are not members of such bodies are likely to conclude that a litigant, belonging to the same fraternal body as a judge, enjoys an unfair advantage. In such circumstances, it would be appropriate for a judge to disqualify himself or herself in any proceeding in which the impartiality of the judge might reasonably be questioned.

4.5.2. A judge should therefore recognise that transparency assists in combating corruption and suspicions, and he or she should encourage judicial colleagues and the court staff to assist in promoting the intrinsic merits of transparent conduct and infusing public confidence in the role, functions and operations of the court.

4.6. A judge shall disqualify himself or herself, in any proceedings in which there might be a reasonable perception of a lack of impartiality of the judge including, but not limited to, instances where:

4.6.1. The judge has actual bias or prejudice concerning a party or personal knowledge of disputed evidentiary facts concerning the proceedings;

4.6.2. The judge previously served as a lawyer or was a material witness in the matter in controversy;

4.6.3. The judge, or a member of the judge's family, has an economic interest in the outcome of the matter in controversy.

4.7. A judge shall inform himself or herself about the judge's personal and fiduciary financial interests and shall make reasonable efforts to be informed about the financial interests of members of the judge's family.

4.8. A judge who would otherwise be disqualified on the foregoing grounds may, instead of withdrawing from the proceedings, disclose on the record the basis of such disqualification. If, based on such disclosure, the parties, independently of the judge's participation, agree in writing or on the record, that the judge may participate, or continue to participate, in the proceedings, the judge may do so.

4.9. Disqualification of a judge is not required if necessity obliges the judge to decide the matter in controversy including where no other judge may lawfully do so or where, because of urgent circumstances, failure of the judge to participate might lead to a serious miscarriage of justice. In such cases of necessity, the judge shall still be obliged to disclose to the parties in a timely way any cause of disqualification and ensure that such disclosure is included in the record.

4.10. Save for the foregoing, a judge has a duty to perform the functions of the judicial office and litigants do not have a right to choose a judge.

V. EQUALITY

Principle

Ensuring equality of treatment to all before the courts is an indispensable precept that governs the due discharge of the duties of judicial office.

Code

5.1. A judge shall strive to be aware of, and to understand, diversity in society and differences arising from various sources, including but not limited to race, colour, sex, religion, national origin, caste, disability, age, marital status, sexual orientation, social and economic status and other like causes ("irrelevant grounds").

5.2. A judge shall not, in the performance of judicial duties, by words or conduct, manifest bias or prejudice towards any person or group on irrelevant grounds.

5.3. A judge shall carry out his or her duties with appropriate consideration for all persons be they lawyers, parties, witnesses, lawyers, court staff or judicial colleagues while upholding the paramount of adjudication according to law.

5.4. A judge shall not knowingly permit court staff or others subject to the judge's influence, direction or control to differentiate between persons concerned, in a matter which is before the judge, on any irrelevant ground.

5.5. A judge shall require lawyers in proceedings before his or her court to refrain from manifesting, by words or conduct, bias or prejudice based on irrelevant grounds. This requirement does not preclude legitimate advocacy where any such grounds are legally relevant to an issue in the proceedings.

5.6. A judge shall not be a member of, nor associated with, any society or organization which practises unjust discrimination such that it may or might inhibit or thwart the judicial process.

5.7. Without authority of law and notice to, and consent of, the parties and an opportunity to respond, a judge shall not engage in independent, personal investigation of the facts of a case before him or her.

5.8. Without authority of law and notice to, and consent of, the parties and an opportunity to respond, a judge shall not, in the absence of the other parties to the proceedings, communicate with any party to proceedings in the judge's court concerning such proceedings.

VI. COMPETENCE AND DILIGENCE

Principle

Competence and diligence are prerequisites to the due performance of judicial office.

Code

6.1. The judicial duties of the judge take precedence over all other activities.

6.2. A judge shall devote his or her professional activity to judicial duties. Such duties are broadly defined and include not only the performance of judicial duties in court, including rulings and the making of decisions, but such other tasks that are related to the judicial function or the operations of the court.

6.3. A judge shall take reasonable steps to maintain and enhance the judge's knowledge, skills and personal qualities necessary for the proper performance of judicial duties.

6.4. A judge shall keep himself or herself informed about relevant developments of law, including international conventions and other instruments establishing human rights norms and, within any applicable limits of constitutional or other law, shall conform to such norms wherever they are applicable.

6.5. A judge shall perform all judicial duties efficiently. These duties extend to the delivery of reserved decisions fairly and with reasonable promptness.

6.6. A judge shall maintain order and decorum in all proceedings in which the judge is involved. He or she shall be patient, dignified and courteous in relation to lawyers, litigants, witnesses and others with whom the judge is called upon to deal in an official capacity. The judge shall require similar conduct of legal representatives, court staff and others subject to the judge's influence, direction or control.

6.7. A judge shall not engage in conduct incompatible with the diligent discharge of judicial duties.

VII. ACCOUNTABILITY

Principle

Compliance of judges with the principles of this Code is essential to the effective achievement of its objectives.

Code

7.1. Institutions and procedures for the implementation of this Code shall provide a publicly credible means for considering and determining complaints against judges. This is to be pursued without prejudice or hindrance to the universally recognised and hallowed principle of judicial independencence.

7.2. By the very nature of their judicial office, judges are not, except in accordance with the law, accountable or their decisions to any organ or entity within the jurisdiction of the Caribbean Court of Justice or elsewhere, but are accountable for their conduct to institutions that are specifically established to implement and administer this Code.

7.3. The implementation of this Code shall take into account the legitimate needs of a judge, by reason of the nature of the judicial office, to be afforded protection from vexatious or unsubstantiated accusations and due process of law in the resolution of complaints against the judge.

7.4. The judiciary and any institution established to implement this Code shall promote awareness of these principles and the provisions of this Code.

Quelle: http://www.caribbeancourtofjustice.org/papersandarticles/ccj-code%20of%20conduct.pdf

DOK 7

AGREEMENT ESTABLISHING THE SEAT OF THE CARIBBEAN COURT OF JUSTICE AND THE OFFICES OF THE REGIONAL JUDICIAL AND LEGAL SERVICES COMMISSION BETWEEN THE GOVERNMENT OF TRINIDAD & TOBAGO AND THE CARIBBEAN COURT OF JUSTICE AND THE REGIONAL JUDICIAL AND LEGAL SERVICES COMMISSION,

vom 23. Februar 2005

PREAMBLE

Whereas paragraph 3 of Article III of the Agreement Establishing the Caribbean Court of Justice (hereinafter called "The Agreement") provides that the Seat of the Court shall be in the territory of a Contracting Party as determined from time to time by a qualified majority of the Contracting Parties

Whereas paragraph 4 of Article III of the Agreement provides *inter alia* that the Contracting Party in whose territory the Seat of the Court is situated shall conclude with the Court and the Commission an agreement relating to the Seat of the Court and the offices of the Commission and

Whereas the Contracting Parties to the Agreement have determined that the Seat of the Court shall be in Trinidad and Tobago

The Parties hereto have agreed as follows:

ARTICLE I

USE OF TERMS

In this Agreement, unless the context otherwise requires:

"Archives of the Court or Commission" includes the records, correspondence, documents, manuscripts, photographs, slides, films, sound recordings and electronic storage devices belonging to or held by the Court or Commission;

"Commission" means the Regional Judicial and Legal Services Commission established by Article V of the Agreement;

"Competent Authorities" means national, regional or local authorities of Trinidad and Tobago as may be appropriate in the context and in the laws of Trinidad and Tobago;

"Conference" means the Conference of Heads of Government of Member States of the Caribbean Community;

"Counsel" means a person qualified to appear in proceedings before the Court on behalf of another;

"Court" means the Caribbean Court of Justice established by Article III of the Agreement;

"the Government" means the Government of Trinidad and Tobago; "offices of the Commission" means the offices provided by the Government in accordance with paragraph 4 of Article III of the Agreement and occupied by the Commission for its official use;

"officers of the Court" means the Court Executive Administrator, the Registrar and Deputy Registrar and such other officials of the Court as may be designated from time to time by the President;

"President" means the President of the Court;

"Property" means all forms of property including funds and assets belonging to or held or administered by the Court or the Commission and all income accruing to the Court or the Commission;

"Seat of the Court" means the premises provided by the Government in accordance with paragraph 4 of Article III of the Agreement and occupied by the Court for its official use.

ARTICLE II

STATUS OF THE COURT AND COMMISSION

1. The Court and the Commission shall possess full juridical personality and, in particular, full capacity to contract, acquire and dispose of immovable and movable property and institute legal proceedings.

2. In all legal proceedings, the Court and the Commission shall be represented by the Registrar.

ARTICLE III

THE SEAT OF THE COURT AND OFFICES OF THE COMMISSION

The Seat of the Court and offices of the Commission shall be the premises defined in Article I of this Agreement.

The President shall have the power to make regulations operative within the Seat of the Court and offices of the Commission for the purpose of establishing therein conditions necessary for the full execution of their functions which shall be carried out through the Court Executive Administrator and the Registrar.

The Seat of the Court and offices of the Commission shall be inviolable and shall be under the authority of the President as provided for in this Agreement.

Officials of the Government, whether administrative, judicial, military or police, shall not enter the Seat of the Court or the offices of the Commission to perform any official duties therein except with the consent of and under conditions agreed by either the Court Executive Administrator or the Registrar. However, in the case of fire or other emergency requiring prompt protective action, or in the event that officials of the Government have reasonable cause to believe that such an emergency has occurred, the consent of the Court Executive Administrator or the Registrar to entry in the Seat of the Court and offices of the Commission by the officials of the Government shall be presumed if neither the Court Executive Administrator nor the Registrar can be reached in time.

The service of legal process, including the seizure of private property, may take place within the Seat of the Court or the offices of the Commission only with the consent of and under the conditions approved by the Registrar.

The President shall not permit the Seat of the Court or the offices of the Commission to become a refuge either for fugitives from justice or for persons who are endeavouring to avoid service of legal process or judicial proceedings under the laws of Trinidad and Tobago or against whom an order of extradition or deportation has been made by the competent authorities.

The Court Executive Administrator may expel or exclude persons from the Seat o the Court or the offices oft he Commission for violation of its regulations or for any other reasonable cause.

ARTICLE IV

PROPERTY, FUNDS AND ASSETS OF THE COURT AND COMMISSION

The Court, Commission and their property, wherever located and by whomsoever held, shall enjoy immunity from every form of legal process except in so far as in any particular case the President has expressly waived their immunity. No waiver of immunity shall extend to any measure of execution.

Save as otherwise provided in paragraph 1 of this Article, the property of the Court and the Commission, wherever located or by whomsoever held, shall be immune from search, acquisition, confiscation, expropriation and any other form of interference, whether by legislative, executive, administrative or judicial action.

Nothing in this Article shall be construed as preventing the Government from taking appropriate action in connection with the investigation into accidents involving motor vehicles belonging to or operated on behalf of the Court or the Commission.

ARTICLE V

ARCHIVES OF THE COURT AND COMMISSION

The archives of the Court and the Commission and in general all documents held by them shall be inviolable wherever located.

ARTICLE VI

EXEMPTION FROM FOREIGN EXCHANGE CONTROLS

Without being restricted by financial controls, regulations or moratoria of any kind, the Court and the Commission shall be entitled for its official use only:

to purchase from authorised dealers, hold and make use of negotiable currencies, operate foreign currency and external accounts and purchase through authorised dealers, hold and make use of funds and securities;

freely transfer its funds, securities and foreign currencies to or from Trinidad and Tobago or within Trinidad and Tobago and to convert any currency held by it into other currency.

The Court and the Commission in executing their respective rights under paragraph 1 of this Article, shall pay due regard to any representation made by the Government and shall give effect to such representation to the extent that such representation may be taken into account without detriment to the interests of the Court or the Commission as the case may be.

ARTICLE VII

EXEMPTION FROM TAXES, CUSTOMS DUTIES AND IMPORT OR EXPORT DUTIES

1. The property of the Court and the Commission shall be exempt from:

any form of direct or indirect taxation but the Court and Commission will not claim exemption from taxes which are, in fact, no more than charges for public utility services;

customs duties and prohibitions and restrictions on imports and exports in respect of articles imported or exported for their official use, subject to the condition that articles imported under such exemption shall not be sold within Trinidad and Tobago except under conditions agreed to between the President and the Government;

customs duties and other levies and prohibitions and restrictions in respect of the import, sale and export of their publications.

2. For the purpose of this Article, indirect taxation includes airport departure tax or travel tax, travel ticket tax, hotel and restaurant tax, customs and excise duties consumption tax, stamp duties, withholding tax on interest, value added tax, finance charges and imposts with equivalent effect.

ARTICLE VIII

FACILITIES IN RESPECT OF COMMUNICATIONS

The Court and Commission shall enjoy in the territory of Trinidad and Tobago, freedom of communication for their official communications.

The official correspondence and all other forms of official communications of the Court and Commission shall be inviolable.

The Court and Commission shall have the right to use codes and to despatch and receive correspondence by courier in sealed bags, which shall not be searched or detained unless the competent authorities have serious reason to believe that the sealed bags contain something other than correspondence, documents or articles for the official use of the Court or the Commission exclusively, in which case the bag shall be opened only in the presence of an officer of the Court.

Nothing in this Article shall be construed so as to preclude the adoption of measures necessary to protect the security of Trinidad and Tobago.

ARTICLE IX

JUDGES AND OFFICERS OF THE COURT

1. Judges and officers of the Court and members of the Commission, when engaged on the business of the Court or Commission, as the case may be, in Trinidad and Tobago, shall enjoy:

(a) immunity from legal process in respect of words spoken or written and all acts done by them in their official capacity; such immunity shall continue notwithstanding that the persons concerned have ceased to exercise their functions with the Court or the Commission;

(b) immunity from personal arrest or detention in relation to acts performed by them in their official capacity;

(c) inviolability of all papers, documents and materials related to the work of the Court or the Commission;

(d) exemption from immigration restrictions, alien registration requirements and national service obligations;

(e) the same protection and repatriation facilities in times of international crisis as are accorded representatives of foreign governments of comparable rank;

(f) the right, for the purpose of all communications with the Court or the Commission, to use codes to despatch or receive papers, correspondence or other official material by courier or in sealed bags;

(g) the same privileges and facilities in respect of currency and exchange restrictions as are accorded to representatives of foreign governments of comparable rank;

(h) Immunity from inspection and seizure of personal and official baggage, except in cases *of flagrante delicto.* In such cases, the competent authorities shall immediately inform the Court Executive Administrator. Inspection of personal baggage shall be conducted in the presence of the person concerned or his authorised representative and, in the case of official baggage, in the presence of a duly authorised representative of the Court Executive Administrator;

(i) Exemption from any form of direct taxation of salaries, remuneration and allowances paid by the Court or the Commission and from customs duties on imports in respect of articles imported for personal use, subject to the condition that articles imported under such exemption shall not be sold within Trinidad and Tobago except under conditions determined by the Government.

2. The privileges, immunities and exemptions mentioned in sub-paragraphs (a), (b), (c), (d), (e), (f), (g), (h) and (i) of paragraph 1 of this Article shall also be enjoyed by such senior employees of the Court or Commission as may be designated from time to time by the President in writing to the Government when such officers are engaged on the business of the Court or Commission as the case may be in Trinidad and Tobago.

3. All employees of the Court or Commission shall enjoy exemption from income tax in respect of salaries, remuneration and allowances paid to them by the Court or Commission as the case may be.

ARTICLE X

COUNSEL APPEARING IN PROCEEDINGS BEFORE THE COURT

1. Counsel appearing in proceedings before the Court while present in

Trinidad and Tobago shall, in the performance of their functions connected with such proceedings, enjoy:

(a) inviolability of all papers, documents and materials relating to the proceedings before the Court;

(b) immunity from personal arrest or detention in relation to words spoken or written or acts performed by them in relation to proceedings before the Court;

(c) exemption from immigration restrictions, alien registration requirements and national service obligations;

(d) the same privileges and facilities in respect of currency and exchange restrictions in relation to their appearance in proceedings before the Court as are accorded to representatives of Government on temporary official missions.

Counsel mentioned in paragraph 1 of this Article shall enjoy, in respect of words written or spoken and all acts done by them in the conduct of proceedings before the Court, immunity from legal process. The immunity shall continue although the person entitled is no longer conducting proceedings before the Court.

The privileges, immunities and facilities mentioned in this Article are only intended to assist counsel in the efficient representation of clients in proceedings before the Court and shall not be employed to circumvent applicable laws and regulations of Trinidad and Tobago.

ARTICLE XI

CO-OPERATION WITH COMPETENT AUTHORITIES

Privileges and immunities are recognised and granted by this Agreement in the interest of the Court and Commission and not for the personal benefit of persons entitled thereto. The Conference, in the case of the President, and the President, in the case of other persons entitled thereto, shall have the right to waive such privileges and immunities whenever in their opinion the enjoyment of the privileges and immunities would impede the course of justice and could be waived without prejudice to the interests of the Court or Commission.

The President, the Court Executive Administrator and the Registrar, as the case may be, shall co-operate at all times with the competent authorities in order to facilitate the proper administration of justice, secure the observance of the laws and regulations of Trinidad and Tobago and avoid the occurrence of any abuse in connection with the privileges, immunities and facilities recognised and granted by this Agreement.

Without prejudice to the privileges and immunities recognised and granted by this Agreement, it is the duty of all persons enjoying such privileges and immunities to respect the laws and regulations of Trinidad and Tobago.

If the Government considers that an abuse has occurred in the enjoyment of any privilege or immunity conferred by this Agreement, the Court Executive Administrator shall, at the request of the Government, consult with the competent authorities to determine whether such an abuse has occurred. If such consultations fail to achieve results satisfactory to the Court Executive Administrator and the Government, the issues shall be settled in accordance with the procedure laid down in Article XIII.

ARTICLE XII

FACILITATION OF TRAVEL

1. Subject to the laws or regulations restricting entry or movement for reasons of national security, the Government shall extend all facilities for the uninterrupted passage within Trinidad and Tobago as well as for the entry and departure there from of the categories of persons indicated below:

(a) judges of the Court and members of their families forming part of their household;

(b) members of the Commission;

(c) officers of the Court and members of their families forming part of their household;

(d) parties to and applicants in proceedings before the Court and counsel appearing representing them in such proceedings;

(e) persons other than officers of the Court performing missions for the Court and members of their families forming part of their household; and

(f) other persons invited to the Seat of the Court or offices of the Commission on official business.

The Court Executive Administrator shall communicate to the Government the names of the persons mentioned in paragraph 1 of this Article.

This Article shall not be applicable in case of a general interruption of transportation and shall not impede the effective application of laws in force nor waive reasonable application of quarantine and health regulations.

Visas required by persons referred to in paragraph 1 of this Article shall be granted expeditiously and free of charge.

ARTICLE XIII

SETTLEMENT OF DISPUTES

1. The President shall make appropriate provisions for the settlement of:

(a) disputes arising out of contracts and other disputes of a private law character to which the Court or Commission is a party;

(b) disputes involving any judge or officer of the Court or Counsel conducting proceedings before the Court enjoying immunity if such immunity has not been waived by the persons empowered in that behalf.

2. Any difference between the Government and the Court or the Commission arising out of the interpretation or application of this Agreement and which is not settled by negotiation or other agreed mode of settlement shall be referred for final decision to a Tribunal of three arbitrators at the instance of either party: one to be appointed by the Government, one to be appointed by the President, and the third, who shall be the Chairman of the Tribunal, to be chosen

by the first two arbitrators. If either of the parties fails to appoint an arbitrator within six weeks of the decision to resort to arbitration, an arbitrator or arbitrators, as the case may be, shall be appointed for such purposes by the Secretary General of the Caribbean Community. If the first two arbitrators within three weeks of their appointment fail to agree upon the third, the Government or the President shall request the Secretary General to choose the third arbitrator. The arbitral Tribunal shall make a determination within six months from the date of its constitution. A majority vote of the arbitrators shall be sufficient to reach a decision, which shall be final and binding. The Chairman shall be empowered to settle all questions of procedure in any case where there is disagreement between the other arbitrators in respect thereto.

ARTICLE XIV

ENTRY INTO FORCE

This Agreement and any agreement supplementary thereto shall enter into force immediately upon signature.

Consultations in respect of any amendment to this Agreement may be initiated by either the Government or the President.

The Government shall take such action as is necessary for the purpose of incorporating the provisions of this Agreement in the law of Trinidad and Tobago and shall inform the President of the action taken.

ARTICLE XV

TERMINATION

This Agreement and any amendment thereof shall cease to have effect five years after either of the Parties hereto has given notice in writing to the other of its decision to terminate this Agreement.

IN WITNESS WHEREOF the representative of the Government and the President of the Caribbean Court of Justice and Chairman of the Regional Judicial and Legal Services Commission being duly authorised in that behalf have executed this Agreement.

Done at .... on the day of .... 2005.

For the Government of Trinidad and Tobago

For the Caribbean Court of Justice and the Regional Judicial and Legal Services Commission

President of the Caribbean Court of Justice and Chairman of the Regional Judicial and Legal Services Commission

Quelle: http://www.caribbeancourtofjustice.org/courtadministration/ccj_seat.pdf

DOK 8

PROTOCOL ON THE PRIVILEGES AND IMMUNITIES OF THE CARIBBEAN COURT OF JUSTICE AND THE REGIONAL JUDICIAL AND LEGAL SERVICES COMMISSION,

in Kraft getreten am 4. Juli 2003

PREAMBLE

Whereas paragraph 2 of Article VI of the Agreement Establishing the Caribbean Supreme Court (hereinafter called "The Agreement") provides that the Privileges and immunities to be accorded the Regional Judicial and Legal Services Commission shall be laid down in a Protocol to the Agreement;

Whereas Article XX of the Agreement also provides that the Privileges and immunities to be recognised and granted by the Contracting Parties thereto to the judges and officers of the Court necessary to protect their independence and impartiality, shall be laid down in a Protocol to the Agreement; and

Whereas the Contracting Parties to the Agreement are desirous of establishing conditions to safeguard the independence and integrity of the judges and officers of the Court and the Members of the Regional Judicial and Legal Services Commission,

The Parties to this Protocol have agreed as follows:

ARTICLE I

USE OF TERMS

In this Protocol, unless the context otherwise requires:

"Archives of the Court or Commission" includes the records, correspondence, documents, manuscripts, photographs, slides, films, sound recordings and electronic storage devices belonging to or held by the Court or the Commission;

"Commission" means the Regional Judicial and Legal Services Commission established by Article V of the Agreement;

"Competent Authorities" means national, regional or local authorities of the Contracting Parties as may be appropriate in the context and in the laws of the Contracting Parties;

"Conference" means the Conference of Heads of Government of the Member States of the Caribbean Community;

"Counsel" means a person qualified to conduct proceedings before the Court on behalf of another;

"the Court" means the Caribbean Supreme Court established by Article III of the Agreement;

"the Government" means the Government of a party to this Protocol;

"officers of the Court" means the Registrar of the Court and the Deputy Registrar or other officer for the time being performing the duties of the Registrar or Deputy Registrar;
"the President" means the President of the Court;
"Property" means all forms of property including funds and assets belonging to or held or administered by the Court or Commission and all income accruing to the Court or the Commission;
"Registrar" means the Registrar of the Court;
"Secretary-General" means the Secretary-General of the Caribbean Community.

ARTICLE II
STATUS OF THE COURT AND COMMISSION

1. The Court and the Commission shall possess full juridical personality and, in particular, full capacity to:
   (a) contract;
   (b) acquire and dispose of immovable and movable property;
   (c) institute legal proceedings.
2. In all legal proceedings the Court and the Commission shall be represented by the Registrar.

ARTICLE III
PROPERTY FUNDS AND ASSETS OF THE COURT AND THE COMMISSION

1. The Court, the Commission, their property and assets, wherever located and by whomsoever held, shall enjoy immunity from every form of legal process except in so far as in any particular case such immunity has been expressly waived. No waiver of immunity shall extend to any measure of execution.
2. The property of the Court and Commission, wherever located and by whomsoever held, shall be immune from search, requisition, confiscation, expropriation and any other form of interference whether by executive, administrative or judicial action.

ARTICLE IV
PREMISES OF THE COURT AND COMMISSION

1. The premises occupied by the Court or the Commission with the consent of the Government shall be inviolable.
2. The President may make regulations relating to the premises mentioned in paragraph 1 of this Article for the purpose of establishing therein conditions necessary for the full execution of the functions of the Court or the Commission as the case may be.

3. Officials of the Government shall not enter the premises referred to in this Article to perform any official duties therein except with the consent of and under conditions agreed by the President. However, in case of fire or other emergency requiring prompt protective action or in the event that officials of the Government have reasonable cause to believe that such an emergency has occurred, the consent of the President to entry on the premises by the officials of the Government shall be presumed if the President cannot be reached in time.

ARTICLE V

ARCHIVES OF THE COURT AND COMMISSION

The archives of the Court and the Commission, and in general all documents belonging to or held by the Court or the Commission, shall be inviolable wherever located.

ARTICLE VI

EXEMPTION FROM FOREIGN EXCHANGE CONTROLS

1. Without being restricted by financial controls, regulations or moratoria of any kind, the Court and the Commission shall be entitled for their official use only:
   (a) to purchase from authorised dealers, hold and make use of negotiable currencies, operate foreign currency and external accounts and purchase through authorised dealers, hold and make use of funds and securities;
   (b) freely transfer their funds, securities and foreign currencies to or from the territory of any government and to convert any currency held by them into other currency.
2. The Court and the Commission, in exercising their rights under paragraph 1 of this Article, shall pay due regard to any representations made by the Government and shall give effect to such representations so far as this is possible without detriment to the interests of the Court or the Commission.

ARTICLE VII

EXEMPTION FROM TAXES, CUSTOMS DUTIES AND IMPORT OR EXPORT DUTIES

1. The Court and the Commission shall be exempt from:
   (a) any form of direct or indirect taxation, but the Court and Commission shall not claim exemption from taxes which are, in fact, no more than charges for public Utility Services;
   (b) customs duties and from prohibitions and restrictions on imports in respect of articles imported or exported by the Court or Commission

for their official use, subject to the condition that articles imported under such exemption shall not be sold within the territory of the Government except under conditions agreed to with the Government;

(c) customs duties and other levies and prohibitions and restrictions in respect of the import, sale and export of their publications.

2. For the purpose of this Article, indirect taxation means airport departure or travel tax, travel ticket tax, hotel and restaurant tax, customs and excise duties, consumption tax, stamp duties, withholding tax on interest, value added tax, finance charges and imposts with equivalent effect.

ARTICLE VIII

FACILITIES IN RESPECT OF COMMUNICATIONS

1. The Court and the Commission shall enjoy in the territory of the Government, for their official Communications, treatment not less favourable than that accorded by the Government to any international Organisation.
2 The Court and the Commission shall be immune from censorship of their official correspondence and official Communications.
3. The Court and Commission shall have the right to use codes and to despatch and receive correspondence by Courier in sealed bags, which shall have the same immunities and Privileges as diplomatic couriers and bags.
4. Nothing in this Article shall be construed so as to preclude the adoption of appropriate security measures in the interest of the Government concerned.

ARTICLE IX

JUDGES AND OFFICERS OF THE COURT AND MEMBERS OF THE COMMISSION

1. Judges and officers of the Court and members of the Commission engaged in the business of the Court or Commission, as the case may be, in the territory of the Government, shall enjoy:
   (a) immunity from legal process in respect of words spoken or written and all acts done by them in their official capacity; such immunity shall continue notwithstanding that the persons concerned have ceased to exercise their functions with the Court or Commission;
   (b) immunity from personal arrest or detention in relation to acts performed by them in their official capacity;
   (c) inviolability of all papers, documents and materials related to the work of the Court or Commission as the case may be;
   (d) exemption from immigration restrictions, alien registration requirements and national Service obligations;

(e) the same protection and repatriation facilities in times of international crisis as are accorded representatives of foreign governments on temporary official missions;

(f) the right, for the purpose of all Communications with the Court or Commission as the case may be, to use codes to despatch or receive papers, correspondence or other official material by Courier or in sealed bags;

(g) the same Privileges and facilities in respect of currency and exchange restrictions as are accorded to representatives of foreign governments on temporary official missions;

(h) immunity from inspection and seizure of personal and official baggage except in cases of flagrante delicto. In such cases, the competent authorities shall immediately inform the Registrar or other appropriate officer of the Court. Inspection of personal baggage shall be conducted in the presence of the person concerned or his authorised representative, and in the case of official baggage, in the presence of a duly authorised representative of the Registrar;

(i) exemption from any form of direct taxation on salaries, remuneration and allowances paid by the Court or the Commission and from customs duties on imports in respect of articles imported for personal use, subject to the condition that articles imported under such exemption shall not be sold within the territory of the Government except under conditions determined by the Government.

ARTICLE X

COUNSEL APPEARING IN PROCEEDINGS BEFORE THE COURT

1. Counsel appearing in proceedings before the Court while present in the territory of the Government shall, in the Performance of their functions connected with such proceedings, enjoy:

(a) inviolability of all papers, documents and materials relating to the proceedings before the Court;

(b) immunity from personal arrest or detention in relation to words spoken or written or acts performed by them in relation to proceedings before the Court;

(c) exemption from immigration restrictions, alien registration requirements and national Service obligations;

(d) the same privileges and facilities in respect of currency and exchange restrictions in relation to proceedings before the Court as are accorded to representatives of government on temporary official missions.

2. Counsel referred to in paragraph 1 of this Article shall enjoy, in respect of words spoken or written and all acts done by them in the conduct of proceedings before the Court, immunity from legal process. The immunity shall continue although the person entitled is no longer conducting proceedings before the Court.
3. The privileges, immunities and facilities mentioned in this Article are only intended to assist Counsel in the efficient representation of clients in proceedings before the Court and shall not be employed to circumvent applicable laws and regulations of the Government.

ARTICLE XI

CO-OPERATION WITH COMPETENT AUTHORITIES

1. Privileges and immunities are recognised and granted by this Protocol in the interest of the Court and the Commission and not for the personal benefit of persons entitled thereto. The Conference in the case of the President and the President in the case of other persons entitled thereto, shall have the right to waive such Privileges and immunities whenever in their opinion the enjoyment of the Privileges and immunities would impede the course of justice and could be waived without prejudice to the interests of the Court or the Commission.
2. The President and the Registrar, as the case may be, shall co-operate at all times with the competent authorities to facilitate the proper administration of justice, secure the observance of the laws and regulations of the Government and to avoid the occurrence of any abuse in connection with the Privileges, immunities and facilities mentioned in this Protocol.
3. Without prejudice to the Privileges and immunities accorded by this Protocol, it is the duty of all persons enjoying such Privileges and immunities to respect the laws and regulations of the Government and not to interfere in the internal affairs of the Government.
4. If the Government considers that an abuse has occurred in the enjoyment of any privilege or immunity conferred by this Protocol, the Registrar shall, at the request of the Government, consult with the competent authorities to determine whether such an abuse has occurred. If such consultations fail to achieve results satisfactory to the Registrar and the Government, the issue shall be settled in accordance with the procedure laid down in Article XIII.

ARTICLE XII

FACILITATION OF TRAVEL

1. Subject to the laws or regulations restricting entry or movement for reasons of national security, the Government shall extend all facilities for the uninterrupted passage within the territory of the Government as well as

for the entry and departure there from of the categories of persons mentioned below:

(a) judges of the Court and members of their families forming part of their households;
(b) officers of the Court and members of their families forming part of their households;
(c) members of the Commission;
(d) counsel and their clients appearing in proceedings before the Court;
(e) persons appearing in proceedings before the Court;
(f) persons other than officers of the Court performing missions for the Court and members of their families forming part of their households; and
(g) other persons invited to the Seat of the Court or the offices of the Commission on official business.

2. The Registrar shall communicate to the Government the names of the persons mentioned in paragraph 1 of this Article.
3. This Article shall not be applicable in case of a general interruption of transportation and shall not impede the effective application of laws in force nor waive the reasonable application of quarantine and health regulations.
4. Visas required by persons referred to in paragraph 1 of this Article shall be granted by the Government expeditiously and free of charge.

ARTICLE XIII
SETTLEMENT OF DISPUTES

1. The President shall make appropriate provisions for the settlement of:
   (a) disputes arising out of contracts and other disputes of a private law character to which the Court or Commission is a party;
   (b) disputes involving any judge or officer of the Court or Counsel conducting proceedings before the Court enjoying immunity if such immunity has not been waived by the persons empowered in that behalf.
2. Any difference between the Government and the Court or the Commission arising out of the Interpretation or application of this Protocol and which is not settled by negotiation or other agreed mode of settlement, shall be referred for final decision to a Tribunal of three arbitrators at the instance of any party to this Protocol: one to be appointed by the Government, one to be appointed by the Registrar, and the third, who shall be the chairman of the Tribunal, to be chosen by the first two arbitrators. If any of the parties fails to appoint an arbitrator within six weeks of the decision to

resort to arbitration, an arbitrator or arbitrators, as the case may be, shall be appointed for such purposes by the Secretary-General. If the first two arbitrators within three weeks of their appointment fail to agree upon the third arbitrator, the Government or the Registrar shall request the Secretary-General to appoint the third arbitrator. A majority vote of the arbitrators shall be sufficient to reach a decision which shall be final and binding. The Chairman shall be empowered to settle all questions of procedure in any case where there is disagreement between the other arbitrators in respect thereto.

ARTICLE XIV
ENTRY INTO FORCE

1. This Protocol and any agreement supplementary thereto shall enter into force immediately upon signature by representatives of the Governments of Barbados, Guyana, Jamaica and Trinidad and Tobago.

ARTICLE XV
AMENDMENTS

1. Consultations in respect of any amendment to this Protocol may be initiated either by the Government or the Registrar.
2. Amendments shall enter into force upon their acceptance by all of the Parties to this Protocol.

ARTICLE XVI
DEPOSITARY

1. This Protocol and any amendment thereto shall be deposited with the Secretariat of the Caribbean Community which shall transmit certified copies thereof to the Parties thereto.

ARTICLE XVII
ACCESSION

1. Any member of the Caribbean Community may accede to this Protocol.
2. Instruments of accession shall be deposited with the Secretariat of the Caribbean Community which shall transmit certified copies thereof to the Parties thereto.

ARTICLE XVIII
IMPLEMENTATION

1. Each Party to this Protocol shall promptly inform the Conference of the action which it has taken to make effective the provisions of this Protocol in its territory.

ARTICLES XIX
TERMINATION

1. This Protocol and any amendment thereto shall cease to have effect six months after three quarters of the Parties thereto have given notice in writing to the Conference of their decision to terminate this Protocol.

ARTICLE XX
WITHDRAWAL

1. Any Party to this Protocol may withdraw there from by giving notice in writing to the Conference.
2. Notices of withdrawal shall take effect one year after being communicated to the Conference. A Party withdrawing from this Protocol shall honour all obligations assumed by it before the effective date of its withdrawal.

IN WITNESS WHEREOF the under mentioned representatives duly authorised in that behalf have executed this Protocol for their respective Government:

Signed by
for the Government of Antigua and Barbuda

Signed by
for the Government of Barbados

Signed by
for the Government of Belize

Signed by
for the Government of the Commonwealth of Dominica

Signed by
for the Government of Grenada

Signed by
for the Government of the Co-operative Republic of Guyana

Signed by
for the Government of Jamaica

Signed by
for the Government of Montserrat

Signed by
for the Government of St. Kitts and Nevis

Signed by
for the Government of Saint Lucia

Signed by
for the Government of St. Vincent and the Grenadines on the

Signed by
for the Government of the Republic of Suriname

Signed by
for the Government of the Republic of Trinidad and Tobago on the

DECLARATION

The representatives of the under-mentioned Governments hereby declare their intention to apply provisionally the provisions of Protocol VII:

Signed by
for the Government of Antigua and Barbuda

Signed by
for the Government of Barbados

Signed by
for the Government of Belize

Signed by
for the Government of the Commonwealth of Dominica

Signed by
for the Government of Grenada

Signed by
for the Government of the Co-operative Republic of Guyana

Signed by
for the Government of Jamaica

Signed by
for the Government of Montserrat

Signed by
for the Government of St. Kitts and Nevis

Signed by
for the Government of Saint Lucia

Signed by
for the Government of St. Vincent and the Grenadines

Signed by
for the Government of the Republic of Suriname

Signed by
for the Government of The Republic of Trinidad and Tobago

Quelle: http://www.caribbeancourtofjustice.org/courtadministration/ccj_priv.pdf

DOK 9

REVISED AGREEMENT ESTABLISHING THE CARIBBEAN COURT OF JUSTICE TRUST FUND,

in Kraft getreten am 27. Jänner 2004

The Parties to the Agreement Establishing the Caribbean Court of Justice:

Cognisant that the Court is indispensable for the good governance of the Caribbean Community;

Recognising the critical role of the Court in the efficient administration of Justice in the territories of the Contracting Parties to the Agreement establishing the Court;

Recognising further that the Court is vital for the structured and efficient functioning of the CARICOM Single Market and Economy;

Noting the provisions of Article XXVIII of the Agreement establishing the Court which requires the expenses of the Court and the Commission to be borne by the Contracting Parties to the Agreement establishing the Court;

Conscious that the financial viability of the Court is essential for its efficiency, effectiveness and independence in the Performance of its functions;

Bearing in mind the decision of the Twenty-Third Meeting of the Conference of Heads of Government of the Caribbean Community concerning the capital and recurrent expenditures of the Court;

Determined to promote and safeguard the independence, integrity and credibility of the Court,

Have agreed as follows:

ARTICLE I
INTERPRETATION

1. In this Agreement unless the context otherwise requires:

   "Board" means the Board of Trustees of the Fund;

   "Commission" means the Regional Judicial and Legal Services Commission established under Article V of the Agreement Establishing the Caribbean Court of Justice;

   "Court" means the Caribbean Court of Justice established under Article III of the Agreement Establishing the Caribbean Court of Justice;

   "Fund" means the Caribbean Court of Justice Trust Fund established by Article II of this Agreement;

   "Member" means a Contracting Party to the Agreement Establishing the Caribbean Court of Justice and in relation to which this Agreement is in force; and

   "Secretary-General" means the Secretary-General of the Caribbean Community.

ARTICLE II
ESTABLISHMENT OF THE CARIBBEAN COURT OF JUSTICE TRUST FUND

The Caribbean Court of Justice Trust Fund is hereby established.

ARTICLE III
PURPOSE OF FUND

The purposes of the Fund shall be to provide the resources necessary to finance the biennial capital and operating budget of the Court and the Commission in perpetuity.

ARTICLE IV
RESOURCES OF THE FUND

1. The resources of the Fund shall consist of:
   (a) the contributions of Members;
   (b) income derived from operations of the Fund or otherwise accruing to the Fund; and
   (c) contributions of third parties being contributions which are not likely to prejudice the independence or integrity of the Court.
2. The Fund shall not solicit nor accept any grant, gift or other material benefit from any source except with the consent of all the Members.
3. A State or Territory listed in the Annex to this Agreement:
   (a) which is a Member on the date this Agreement enters into force; or
   (b) which accedes to this Agreement within such period as may be determined by the Members, shall, contribute or cause to be contributed to the Fund the amount of the initial capital of the Fund represented by the scale of contributions set out in the Annex.
4. A State or Territory acceding to this Agreement, other than a State or Territory to which paragraph 3(b) applies, shall make contributions to the Fund in accordance with the provisions set out in its instrument of accession.
5. The Board shall review the adequacy of the resources of the Fund, not later than two years after the entry into force of this Agreement and thereafter at least once within every succeeding biennium.
6. The Board shall communicate the results of the review to the Members.
7. Where upon such a review an inadequacy in resources is found to exist, the Members shall make additional contributions in the proportions reflected in the Annex to this Agreement.

8. Contributions of Members shall be made for the purpose of the Fund without restriction as to use.
9. Financing from the Fund shall be governed by considerations of economy, efficiency and cost effectiveness and the need to safeguard the independence and sustainability of the Court and the Commission.

ARTICLE V

STRUCTURE OF THE FUND

The Fund shall have a Board of Trustees.

ARTICLE VI

COMPOSITION OF THE BOARD OF TRUSTEES

1. Subject to the provisions of this Article, the Board of Trustees shall consist of the following or their nominees:
   (a) The Secretary-General;
   (b) The Vice-Chancellor of the University of the West Indies;
   (c) The President of the Insurance Association of the Caribbean;
   (d) The Chairman of the Association of Indigenous Banks of the Caribbean;
   (e) The President of the Caribbean Institute of Chartered Accountants;
   (f) The President of the Organisation of Commonwealth Caribbean Bar Associations;
   (g) The Chairman of the Conference of Heads of the Judiciary of Member States of the Caribbean Community;
   (h) The President of the Caribbean Association of Industry and Commerce; and
   (i) The President of the Caribbean Congress of Labour
2. There shall be a Chairman and Vice-Chairman of the Board elected by the Board from among its members. The Chairman and Vice-Chairman shall hold office for a period of three years.
3. Where a trustee
   (a) resigns or dies;
   (b) becomes bankrupt or otherwise insolvent;
   (c) becomes unwilling or refuses to serve as a trustee;
   (d) is convicted of an offence involving dishonesty; or
   (e) in the unanimous opinion of the other members of the Board, becomes unfit or incapable to act as such, the competent institution shall nominate a person of comparable Status or experience to act in place of that trustee.
4. Where an institution fails to nominate a trustee in accordance with paragraph 3 or an institution mentioned in paragraph 1 ceases to exist, the

Secretary-General may designate a person or persons, as the case may require, to act as a trustee.

5. Where more than three designations by the Secretary-General are required to make up the full complement of the Board of Trustees, the Members may, by consensus, propose an amendment to the Agreement in accordance with Article XIII.
6. A trustee may resign by transmitting a written notice in that behalf to the Chairman of the Board. Where the Chairman wishes to resign from the office of Chairman or Trustee, such notice shall be transmitted to the Vice-Chairman oft he Board.

ARTICLE VII

FUNCTIONS OF THE BOARD

1. The Board shall be responsible for directing the operations of the Fund, and, for this purpose shall, in particular, exercise the following functions:
   (a) evaluate the Performance of the Fund;
   (b) establish with the approval of the Members guidelines for prudential investment of the resources of the Fund;
   (c) establish with the approval of the Members the financial regulations of the Fund;
   (d) appoint the Executive Officer of the Fund;
   (e) authorise the provision of resources required for the biennial capital and operating budget of the Court and the Commission submitted by the Executive Officer;
   (f) appoint an investment manager or managers to manage the Investments of the Fund in accordance with the investment guidelines for the Fund;
   (g) approve the annual report on the Performance of the Fund for transmission to the Members;
   (h) approve the capital and operating annual budget of the Fund;
   (i) appoint an external Auditor of the Fund;
   (j) submit an annual report to the Members, and
   (k) perform such other functions as may be necessary or appropriate for the operations of the Fund.
2. The Board may exercise such powers and establish such rules as may be necessary or appropriate in furtherance of its purpose and functions consistent with this Agreement.

ARTICLE VIII
PROCEDURES OF THE BOARD

1. The Board shall hold two regular meetings each year and may hold such other meetings as the Board considers necessary.
2. The Board shall elect a Chairman and one Vice-Chairman at its first regular annual meeting.
3. Each member of the Board shall have one vote.
4. A simple majority of the members of the Board shall constitute the quorum for any meeting of the Board.
5. Subject to paragraph 6 of this Article the Board shall take decisions by consensus. A proposal shall be deemed to have been adopted by consensus if no member of the Board raised a formal objection against it during the meeting.
6. Where the Chairman of the Board determines that a decision cannot be reached by consensus, the Chairman shall submit the matter to a vote. In such a case the Board shall take its decision by a majority of two-thirds of its members.
7. Subject to this Agreement, the Board may adopt its own rules of procedure.

ARTICLE IX
THE SEAL OF THE FUND

1. The Fund shall have and use as occasion may require, a Seal having a device or impression with the inscription "Caribbean Court of Justice Trust Fund."
2. The Seal of the Fund shall be kept in the custody of the Executive Officer and shall be affixed to documents pursuant to a resolution of the Board in the presence of the Chairman of the Board and the Executive Officer.
3. The Seal shall be authenticated by the signatures of the Chairman of the Board and the Executive Officer.

ARTICLE X

FUNCTIONS OF THE EXECUTIVE OFFICER

The Executive Officer shall report to the Board and shall be invited to participate in all its meetings, except where the Board considers it inexpedient, having regard to the matters on the agenda for any meeting. The Executive Officer shall:

(a) prepare and submit to the Board the capital and operating annual budget of the Fund;
(b) manage the day-to-day operations of the Fund;
(c) employ staff and engage the Services of consultants;

(d) time prepare and submit to the Board for submission to the Members
   (i) a quarterly report on the Performance of the Fund;
   (ii) an annual report on the operations of the Fund.

(e) submit to the Board a Statement of receipts and expenditures relating to the Fund during the preceding fiscal year as audited by the External Auditor;

(f) represent the Fund in relation to third parties; and

(g) perform any other functions as may be assigned by the Board from time to time.

ARTICLE XI

JURIDICAL PERSONALITY AND LEGAL CAPACITY

1. The Fund shall possess full juridical personality and in particular capacity to:
   (a) contract;
   (b) acquire and dispose of immovable and moveable property; and
   (c) institute legal proceedings.
2. The principal office of the Fund shall be located in Trinidad and Tobago.
3. The Fund shall conclude an agreement with the Government of Trinidad and Tobago on the Status, Privileges and immunities of the Fund. The agreement shall be approved by the Board, and signed by the Chairman.

ARTICLE XII

PRIVILEGES AND IMMUNITIES

1. To enable the Board and Officers of the Fund to fulfill the functions with which it is entrusted, the Status, immunities and Privileges provided in this Article shall be accorded to the Fund in the territories of each Member.
2. The Fund shall enjoy immunity from every form of legal process. Its property and assets, wheresoever located and by whomsoever held, shall be immune from all forms of seizure, attachment or execution.
3. The archives of the Fund shall be inviolable.
4. To the extent necessary to carry out the operations provided for in this Agreement and subject to the provisions of this Agreement, all property and assets of the Fund shall be free from restrictions, regulations, controls and moratoria of any nature.
5. The official Communications of the Fund shall be accorded by each Member the same treatment that it accords to the official Communications of other Members.
6. The Fund, its assets, property, income and its operations and transactions, shall be exempt from all taxation, all customs duties on goods imported for its official use and all other imposts.
7. Notwithstanding the provisions of paragraph 6 of this Article, the Fund

will not claim exemption from imposts that are no more than charges for public Utility Services.

8. Where the Fund has paid any duties, taxes or other imposts, the Members shall make appropriate administrative arrangements for the remission or return of the amount of duty, tax or imposts paid.
9. Articles imported under an exemption from customs duties as provided by paragraph 6 of this Article, or in respect of which a remission or return of duty or tax has been made under paragraph 8, shall not be sold in the territory of the Member which granted the exemption, remission or return except under conditions agreed with that Member.
10. No tax shall be levied on or in respect of salaries and emoluments paid by the Fund to members of the Board or other officers, but Members reserve the right to tax their own Citizens or nationals or persons permanently resident in the territories of such Members.
11. All officers of the Fund:
    (a) shall be exempt from the payment of income taxes except where that officer is a Citizen, permanent resident or national of the State granting the exemption;
    (b) shall be accorded such immunities from immigration restrictions, alien registration requirements and national Service obligations, and such facilities as regards exchange control restrictions, as are not less favourable than those accorded by the Member concerned to the representatives, officials and employees of comparable rank of any other Member;
    (c) shall be given such repatriation facilities in time of international crisis as are not less favourable than those accorded by the Member concerned to the representatives, officials and employees of comparable rank of any other Member.
12. The Trustees:
    (a) shall be immune from all legal process in respect of the lawful discharge of their responsibilities under this Agreement;
    (b) shall be accorded immunities from immigration restrictions and such facilities as would ensure the proper discharge of their functions.
13. The immunities, exemptions and Privileges provided in this Article are granted in the interests of the Fund. The Board may waive to such extent and upon such conditions as it may determine, the immunities, exemptions and Privileges provided in this Article in cases where such action would, in its opinion, be appropriate in the best interests of the Fund.
14. The Executive Officer shall have the right and the duty to waive any immunity, exemption or privilege in respect of any other officer where, in his opinion, the immunity, exemption or privilege would impede the course

of justice and can be waived without prejudice to the interests of the Fund. In similar circumstances and under the same conditions, the Board shall have the right and duty to waive any immunity, exemption or privilege respecting the Executive Officer, and in the case of members of the Board, the Members shall waive such immunity.

15. The Members shall take such action as is necessary in their own territories for the purpose of making effective in terms of their law the principles set forth in this Article and shall inform the Fund of the detailed action which they have taken.

ARTICLE XIII
AMENDMENT

Any Member may submit to the Board a proposal to amend a provision of this Agreement. The Board shall promptly submit the proposal to all other Members. The amendment shall take effect on the thirtieth day following the date on which the Secretary-General (hereinafter referred to as "the Depositary") has received the approval of three-quarters of the Members.

ARTICLE XIV
SIGNATURE

This Agreement shall be open for signature until 3Ist March 2004, by the States and Territories listed in the Annex hereto.

ARTICLE XV
ENTRY INTO FORCE

This Agreement shall enter into force upon signature by any ten (10) of the States or Territories listed in the Annex hereto.

ARTICLE XVI
RESERVATIONS

No reservations may be entered in respect of any provision of this Agreement.

ARTICLE XVII
ANNEX

The Annex to this Agreement shall constitute an integral part of this Agreement.

ARTICLE XVIII
ACCESSION

1. Any Member State of the Caribbean Community or any State or Territory invited by Conference to participate in the Court may become a Member by acceding to this Agreement on terms and conditions agreed between it

and the Fund. Accession shall be effected by the deposit of an instrument of accession approved by the Board. This Agreement shall enter into force for the acceding State or Territory on the thirtieth day following the date on which its instrument of accession was deposited with the Depositary.

2. Where a State or Territory, other than a State or Territory to which paragraph 3(b) of Article IV applies, accedes to this Agreement and undertakes to discharge its financial obligations to the Trust Fund the Annex shall be amended accordingly.

ARTICLE XIX
WITHDRAWAL

1. Where a Member withdraws from the Agreement Establishing the Caribbean Court of Justice, such a Member shall be deemed to have withdrawn from this Agreement with effect from the date of that Member's withdrawal from the Agreement establishing the Caribbean Court of Justice.
2. A Member withdrawing from this Agreement shall honour all obligations assumed by it before the effective date of its withdrawal.

ARTICLE XX
DEPOSITARY AND REGISTRATION

1. This Agreement shall be deposited with the Depositary.
2. This Agreement shall be registered in accordance with the provisions of Article 102 of the Charter of the United Nations.

DONE at Monterrey, Mexico this 12 day of January two thousand and four, in a Single copy, in the English Language.

Signed by.............. for the Government of Antigua and Barbuda
on the...............................day of..................................2004 .... at

Signed by The Rt. Hon. Owen Arthur, Prime Minister, for the Government of Barbados on the 13 day of January 2004 at Monterrey, Mexico

Signed by Hon. Said W. Musa, Prime Minister, for the Government of Belize on the 12 day of January 2004 at Monterrey, Mexico

Signed by Hon. Roosevelt Skerrit, Prime Minister, for the Government of the Commonwealth of Dominica
on the 16 day of January 2004 at Roseau, Dominica

Signed by Dr. the Hon. Keith Mitchell, Prime Minister, for the Government of Grenada on the 17 day of January 2004 at Roseau, Dominica

Signed by H.E. Bharrat Jagdeo, President, for the Government of the Co-operative Republic of Guyana
on the 27 day of January 2004, at Georgetown, Guyana

Signed by....... for the Government of the Republic of Haiti
on the day of ....2004.. at

Signed by the Rt. Hon. Percival J. Patterson, Prime Minister, for the Government of Jamaica
on the 13 day of January 2004 at Monterrey, Mexico

Signed by.................................... for the Government of Montserrat
on the ....day of .... 2004.. at ....

Signed by Hon. Dr. Denzil L. Douglas, Prime Minister, for the Government of St. Kitts and Nevis
on the 13 day of January 2004 at Monterrey, Mexico

Signed by Dr. the Hon, Kenny D. Anthony, Prime Minister, for the Government of Saint Lucia
on the 17 day of January 2004 at Roseau, Dominica

Signed by Dr. the Hon. Ralph E. Gonsalves, Prime Minister, for the Government of St. Vincent and the Grenadines
on the 13 day of January 2004 at Monterrey, Mexico

Signed by H.E. Dr. Runaldo R. Venetiaan, President, for the Government of the Republic of Suriname
on the 13 day of January 2004 at Monterrey, Mexico

Signed by Hon. Patrick A.M. Manning, Prime Minister, for the Government of the Republic of Trinidad and Tobago
on the 21 day of January 2004 at Nassau, The Bahamas

ANNEX

CONTRIBUTION OF THE MEMBERS OF THE TRUST FUND

MEMBERS	**PER CENT SHARE**
Antigua and Barbuda	2.11
Barbados	12.77
Belize	3.44
Dominica	2.11
Grenada	2.11
Guyana	8.33
Haiti	1.68

Jamaica	27.09
Montserrat	0.42
St. Kitts and Nevis	2.11
Saint Lucia	2.11
St. Vincent and the Grenadines	2.11
Suriname	3.92
Trinidad and Tobago	29.73
Total	**100.00**

Quelle: http://www.caribbeancourtofjustice.org/courtadministration/ccj_rev_trustfund.pdf

DOK 10

CCJ APPLICATION NO. AL 0001 OF 2005, BB CIVIL APPEAL NO. 18 OF 2000,

vom 26. Oktober 2005

IN THE CARIBBEAN COURT OF JUSTICE Appellate Jurisdiction

APPLICATION FOR SPECIAL LEAVE TO APPEAL FROM THE COURT OF APPEAL OF BARBADOS

BETWEEN BARBADOS REDIFFUSION SERVICE LIMITED APPLICANT

AND

ASHA MIRCHANDANI
RAM MIRCHANDANI
MCDONALD FARMS LTD.
RESPONDENTS

Before the Honourables: Mr. Justice M.A. de la Bastide, President
Mr. Justice R. Nelson
Mr. Justice A. Saunders
Madame Justice D. Bernard
Mr. Justice D. Hayton

Appearances:

Sir Henry de B. Forde Q.C., Mr. Hal Gollop and Mr. C. Anthony Audain for the Applicant

Mr. Clement E. Lashley Q.C., Mr. David J.H. Thompson, Ms. Onika E. Stewart and Ms. Shaunita Jordan for the Respondents.

Judgment delivered on the 26th day of October, 2005, by the President of the Court, The Rt. Hon. Mr. Justice M. de la Bastide

1. This case has the distinction of being the first to reach the Caribbean Court of Justice. It is an application for special leave to appeal to this Court from a decision of the Court of Appeal of Barbados dismissing an appeal against an order made by Husbands J. striking out the amended defence in an action for defamation brought by the respondents to this application (to whom I shall sometimes refer as 'the plaintiffs') against the applicant (to whom I shall sometimes refer as 'the defendant'). Husbands J. also ordered that judgment be entered against the defendant for damages to be assessed and costs.

2. The defamatory matter complained of in this action is contained in three calypsos which were alleged to have been played frequently by the defendant on its radio stations in June and July 1989, during the 'run-up' to the annual 'Crop Over' Festival and were broadcast live by the defendant when sung at the semi-finals and finals of the calypso competition held in connection with that festival. The nub of the plaintiffs' complaint is that all three calypsos alleged that they were selling to the public or for consumption by the public, diseased chickens which had died and not been slaughtered. The amended defence filed did not admit the broadcasts in question and contained a plea of justification.
3. The ground on which the defence was struck out, was the failure of the defendant to comply with an order made by Chief Justice Williams that if the defendant did not file by a specified date a further and better list of documents that were or had been in its possession, custody or power relating to the matters in question in the action, the defence should be struck out and judgment entered against the defendant for damages and costs.

History of the Proceedings

4. The original order for discovery was made on the summons for directions on the 7th July, 1992, by Husbands J. and required both sides to file and serve their respective lists of documents within 42 days. In fact the plaintiffs did not file their list of documents until the 15th September, 1993 and the defendant filed its list on the 23rd November, 1993.
5. The plaintiffs believing the list filed by the defendant to be incomplete, applied by summons dated the 12th October 1994, for an order inter alia that the defendant file a further and better list of documents within 14 days. The defendant not appearing, an order in terms of the application was made by Chief Justice Williams on the 24th November, 1994. The defendant not having filed any further and better list of documents within the prescribed time, the plaintiffs by summons dated the 30th December, 1994, applied for the 'unless' order which was made by the Chief Justice after hearing counsel on both sides on the 20th February, 1995.
6. The defendant filed what purported to be a further and better list of documents and a verifying affidavit within the time allowed by the 'unless' order. The only respects, however, in which the further and better list differed from the original list was that it corrected an error by substituting a 'record' of one of the calypsos for a 'tape' of that calypso in the list of documents in the defendant's possession, and added to that

list four letters that were quite inconsequential.

7. The plaintiffs insisted that the defendant had, or had had, in its possession custody or power other documents which had not been disclosed, notably tapes of the three calypsos and a record in electronic or other form of the occasions when they were played on the defendant's radio stations. Accordingly, the plaintiffs applied by summons on the 13th March, 1995, for an order that the amended defence be struck out and that judgment be entered for the plaintiffs for damages and costs. The hearing of that summons by Husbands J. was completed on the 19th September, 1996. His reserved judgment was not delivered until the 24th November, 1999, that is, more than three years later. As already indicated, he made the order sought by the plaintiffs.
8. An application for leave to appeal against that judgment was filed on the 7th December, 1999. Leave was granted and the appeal heard by the Court of Appeal on the 17th July, 2000. Judgment was reserved and was delivered by the Court of Appeal on the 20th August, 2004, that is, more than four years later. The Court of Appeal dismissed the appeal and affirmed the order of Husbands J.
9. On the 10th September, 2004, the defendant applied by motion to the Court of Appeal for leave to appeal to the Judicial Committee of the Privy Council against the judgment of the Court of Appeal. That application was heard on the 7th and 8th March, 2005. On the 23rd June, 2005, the Court of Appeal gave judgment refusing leave to appeal to the Judicial Committee. In fact, on a cross-application made by the respondents, the Court of Appeal struck out the application for leave as frivolous and vexatious and an abuse of the process of the Court. In doing so, the Court of Appeal rejected a number of technical grounds advanced by the respondents but accepted the submission that an appeal to the Privy Council was bound to fail as it sought to challenge concurrent findings of fact made by the courts in Barbados. I should state here that it is the view of this Court that the respondents' counter-motion should not have been entertained. It merely served to add unnecessarily to the costs as the same arguments by which it was supported, could and should have been used in opposition to the motion.
10. On the 15th July, 2005, the present application for special leave to appeal to this Court, was filed.

The jurisdiction issue

11. The application to this Court is based on the premise that subject to the applicant obtaining from this Court the special leave which it seeks, it has a right of appeal to this Court. The respondents never sought to challenge the existence of this right and even after the matter was raised by the Court with the applicant's counsel in the course of his oral submissions, counsel for the respondents did not accept the implied invitation to address this issue. Nevertheless, since it is an issue which goes to our jurisdiction, I think we must address it. The question put broadly is whether the legislation by which the Judicial Committee of the Privy Council was replaced by the Caribbean Court of Justice as the final court of appeal for Barbados, has any, and if so, what impact on the applicant's right to pursue an appeal against the Court of Appeal's decision affirming the order of Husbands J.

The Legislation

12. The legislation in question consists of two principal Acts. The first is the Constitution (Amendment) Act, 2003 ('the 2003 Act'). This Act amended the Barbados Constitution firstly by substituting the words "the Caribbean Court of Justice" for the words "Her Majesty in Council" wherever the latter appeared in the Constitution. The 2003 Act also inserted in the Constitution a number of new sections numbered and lettered consecutively 79B to 79I dealing with various aspects of the Caribbean Court of Justice.
13. The new section 79C provides:
"There is constituted a Judicature consisting of
    (a) The Caribbean Court of Justice Established by the Agreement; and
    (b) the Supreme Court of Judicature and Magistrates' Courts that shall exercise jurisdiction under the Constitution or any other law."

    The Supreme Court of Judicature is defined in the amended section 80 (1) as consisting of the Court of Appeal and the High Court.
14. The new section 79D (1) provides in part:
"The Caribbean Court of Justice
    (a) shall be the final court of appeal from any decision given by the Court of Appeal. ..."
15. This Act was assented to by the Governor General on the 24th April, 2003, but was by section 10 to come into effect on a date to be fixed by proclamation.
16. The second principal Act was the Caribbean Court of Justice Act ('the CCJ Act'). This Act provides in section 3 that the Agreement Establishing the

Caribbean Court of Justice ('the CCJ') shall have the force of law and in section 4 (1) that the CCJ shall have "appellate jurisdiction provided for in this Act as is conferred on it in accordance with the provisions of Part III of the Agreement."

17. Section 6 provides for appeals as of right to the CCJ from the decisions of the Court of Appeal in a number of different categories of case, none of which catches the instant case. Section 7 provides for an appeal to this Court with leave of the Court of Appeal inter alia "in any civil proceedings where, in the opinion of the Court of Appeal, the question is one that by reason of its great general or public importance or otherwise, ought to be submitted to the Court".

    Section 8 provides:

    "Subject to section 7, an appeal shall lie to the Court with the special leave of the Court from any decision of the Court of Appeal in any civil or criminal matter".

18. This Act was assented to on the same day as the 2003 Act and was also to come into effect on a date to be fixed by proclamation. By proclamations contained in Statutory Instruments numbered 44 and 45 respectively of 2005, the 8th April, 2005, was the date appointed for the coming into operation of both the CCJ Act and the 2003 Act.

19. On the 14th April, 2005, the Acting Governor-General assented to two other Acts, namely:

    The Constitution (Amendment) Act, 2005; and

    The Caribbean Court of Justice (Amendment) Act, 2005.

    The first of these Acts made certain further amendments of the Constitution, none of which has any relevance to this case. The second of them, apart from making certain amendments of the CCJ Act which also are not relevant for present purposes, corrected an omission in that Act by introducing a new section, section 25A, which repealed sections 64 and 65 of the Supreme Court of Judicature Act. Section 64 (1) of the Judicature Act provided that an appeal should lie from decisions of the Court of Appeal to Her Majesty in Council as of right in certain specified circumstances, and with leave of the Court of Appeal "if, in the opinion of the Court of Appeal, the question involved in the appeal is one that, by reason of its general or public importance, or otherwise, ought to be submitted to Her Majesty in Council for decision."

    This provision was quoted by the Court of Appeal in its judgment on the application for leave to appeal to the Privy Council and was applied by them to the facts of that case in coming to their decision. Yet, it is clear that before they gave that decision, that provision had been repealed.

The time sequence

20. If one superimposes the legislative time-table on the chronology of these proceedings, what emerges is that the right of appeal to this Court which the applicant is seeking to invoke, first became part of the law of Barbados on the 8th April, 2005 ('the commencement date'), while the decision against which the applicant seeks to appeal was given by the Court of Appeal on the 20th August, 2004, that is some seven and one-half months earlier. The hearing of the application for leave to appeal to the Privy Council had been completed before the commencement date and all that was outstanding on that date was the delivery of judgment by the Court of Appeal. What appeal then, if any, could the applicant pursue after the commencement date and how could it do so?

21. Unfortunately the transitional provisions contained in the 2003 Act and the CCJ Act are very basic and provide us with limited guidance. Moreover they are in one respect inconsistent. In the 2003 Act section 11 provides as follows:

"The provisions of this Act

(a) shall not affect

(i) an application that has been made to the Judicial Committee of the Privy Council; or

(ii) any matter that is before the Judicial Committee of the Privy Council before the date of commencement of this Act; ..."

This section renders the amendments of the Constitution made by the 2003 Act inapplicable to proceedings in which an application for special leave to appeal to the Privy Council was pending on the commencement date or to any matter that was on that date "before the Judicial Committee of the Privy Council". In cases falling within this provision, the Privy Council would retain its jurisdiction to grant special leave to appeal to it and to hear appeals from the Barbados Court of Appeal in accordance with the regime in force prior to the 2003 amendments. This provision, however, does not catch cases like the present one in which what was pending on the commencement date was not an application to the Judicial Committee for special leave but an application for leave to the Court of Appeal.

22. In the CCJ Act the transitional provision is contained in section 25 which reads in part as follows:

"(1) The provisions of section 4(1) shall not affect any proceedings pending before the Judicial Committee of the Privy Council immediately before the commencement of this Act.

(2) For the purpose of this section, proceedings shall be treated as pending when leave to appeal to the Judicial Committee of the Privy Council has been granted. ..."

There are two things to note about this section. The fact is that while it exempts proceedings pending before the Judicial Committee from the operation of section 4 (1), this exemption does not apply to sections 6, 7 and 8 (referred to above) or to section 25A which, as we have seen, repealed sections 64 and 65 of the Supreme Court of Judicature Act. Secondly, this section treats proceedings as pending before the Privy Council only if leave to appeal to the Judicial Committee was given prior to the commencement date. Accordingly, proceedings in which an application for special leave had been made to the Judicial Committee before the commencement date but had not on that date been determined, would not be affected by the amendments of the Constitution made by the 2003 Act, but on the other hand, would not qualify as 'pending proceedings' for the purposes of the CCJ Act, and so would be impacted by section 4 (1) of that Act by which the appellate jurisdiction of the CCJ was established. This inconsistency is not relevant on the facts of this case, and so does not have to be resolved by us in this judgment. We would point out, however, that the Constitution is the supreme law of Barbados and therefore, its provisions would prima facie prevail in the event of conflict with another law.

23. These rather sparse transitional provisions, which are inapplicable to the instant case, are to be contrasted with the much fuller treatment given to this aspect of the matter in New Zealand's Supreme Court Act, 2003, by which appeals to the Privy Council were abolished and replaced by appeals to a new indigenous court called the Supreme Court with effect from the 1st January, 2004. One finds in sections 42, 50, 51, 52, 53 and 54, of that Act detailed provisions specifying what is to happen in a variety of situations in which persons who wished to pursue or were in the course of pursuing an appeal against a decision of the Court of Appeal of New Zealand, found themselves on the 1st January, 2004.

General Principles of Construction

24. We are forced to fall back therefore on general principles of construction to determine the question of jurisdiction in the instant case. First of all, we adopt the view that the substitution of one court of final resort for another is to be regarded as a procedural rather than a substantive change in the law. The proper approach to construction in such cases is formulated in Bennion on Statutory Interpretation, 4th edition, page 269, section 98, as follows: "Because a

change made by the legislator in procedural provisions is expected to be for the general benefit of litigants and others, it is presumed that it applies to pending as well as future proceedings. This presumption does not operate where, on the facts of the instant case, to apply it would contravene the principle that persons should not be penalized under a doubtful enactment".

In our view, therefore, the presumption against legislation which changes the substantive law having a retrospective effect has no application here. It cannot be argued therefore that the new legislation should not be interpreted in a way which would affect a right of appeal that had already accrued.

25. In the passage just quoted Bennion refers to the principle that persons should not be penalized under a doubtful enactment. One should therefore avoid a construction of the new legislation which would lead to the result that a party is deprived of a right to make or pursue an application for leave to appeal to the Judicial Committee without at the same time acquiring a corresponding right to apply for leave to appeal to this Court. It must be assumed that in all those cases in which the effect of the legislation was to abrogate an existing right of appeal to the Judicial Committee whether that right was qualified or unqualified, it intended to confer a corresponding right of appeal, similarly qualified or unqualified, to the Caribbean Court of Justice. Otherwise persons would be penalized under a doubtful law.

26. Further, Parliament has by the transitional provisions set out above expressly defined the circumstances in which an existing right to pursue an appeal to the Judicial Committee shall be preserved after the commencement date. It is reasonable to infer that Parliament intended that in any case falling outside the ambit of that provision, an appeal would no longer lie to the Judicial Committee after the commencement date, but instead an appeal would lie to this Court, subject of course to the fulfilment of the conditions and the procedural requirements imposed by the new legislations.

27. For these reasons, we are satisfied that subject to the applicant obtaining special leave from this Court upon an application made within the relevant time-limit and in compliance with such procedural requirements as may be applicable, the applicant has a right of appeal to this Court. We would have reached the same conclusion even if the Court of Appeal had purported to give him leave to appeal to the Judicial Committee or if he had made no application for leave to appeal to the Court of Appeal, but the time for doing so had not expired before the commencement date. The position of course would be different in the case of a person who on the

commencement date had no possibility of pursuing an appeal to the Privy Council. His right of further appeal having died, could not be resurrected on or after the commencement date by the new legislation.

***In limine* objection**

28. I turn now to an *in limine* objection to the application for special leave taken by counsel for the respondents. He submitted that it was a pre-condition of applying to this Court for special leave that application should first be made to the Court of Appeal for leave to appeal to this Court. He referred to sections 7 and 8 of the CCJ Act which, as we have seen, provide respectively for appeals to this Court with the leave of the Court of Appeal and with special leave of this Court. He placed great reliance on the words "subject to section 7" by which section 8 was introduced. He argued that those words made it compulsory in every case for an application to be made under section 7 before one was made under section 8.

29. We do not agree that the words "subject to section 7" have that effect. It is true that when one provision is expressed to be subject to another, the effect is to make the first provision subordinate to the second, so that to the extent that full force and effect cannot be given to both provisions without a conflict between them arising, the first provision must yield to the second. The impact of these words, therefore, depends very much on the content and scope of each provision. In the instant case both sections 7 and 8 provide different routes by which a party aggrieved by a decision of the Court of Appeal may reach this Court. The route via section 7 involves the obtaining of leave from the Court of Appeal on certain grounds which are specified in that section. The route via section 8 involves obtaining special leave from this Court on grounds which are unspecified but are left to be determined by us. Notwithstanding the use of the words "subject to section 7" in section 8, these two routes are separate and independent of each other and do not intersect. The limitations imposed by section 7 on the grant of leave by the Court of Appeal do not apply to the grant of special leave by this Court under section 8. Clearly the words "subject to section 7" do not have that effect. Similarly, it would be reading far too much into those words to construe them as requiring that every application made to this Court for special leave under section 8, must be preceded by an (unsuccessful) application for leave under section 7. If that had been the intention, one would have expected the draftsman to so provide in clear and explicit terms.

30. There are moreover, two factors which militate against construing the

words "subject to section 7" in the way suggested by counsel for the respondents. The first is that such a construction would in some cases at best produce an absurd result. It would mean for instance that in criminal matters, in which the Court of Appeal has no power to grant leave under section 7, but this Court may grant special leave under section 8, a would-be appellant would have to make a patently hopeless application for leave to the Court of Appeal simply to be able to apply to this Court for special leave. A similar absurdity would occur in any case in which the ground on which leave to appeal was sought, was not one which would entitle the applicant to leave under section 7.

31. Secondly, the proposed construction would give rise to an internal inconsistency in the CCJ Act itself. I have already in this judgment referred to section 4 (1) (b) of the CCJ Act. This provides that the Court shall have appellate jurisdiction "provided for in this Act as is conferred on it in accordance with the provisions of Part III" of the Agreement Establishing the Court. Now, Part III of that Agreement contains the following provision in Article XXV.4:"Subject to paragraph 2, an appeal shall lie to the Court with the special leave of the Court from any decision of the Court of Appeal of a Contracting Party in any civil or criminal matter".

Paragraph 2 of the same Article to which reference is made, provides for an appeal to this Court as of right in specified categories of case. It is in fact reproduced in section 6 of the CCJ Act, while paragraph 3 of Article XXV of the Agreement deals with appeals with the leave of the Court of Appeal and is reproduced in section 7 of the CCJ Act. When one reads Article XXV, therefore, side by side with sections 6, 7 and 8 of the CCJ Act, it seems likely that the Parliamentary draftsman by inadvertence made section 8 'subject to section 7 instead of 'subject to section 6'. Be that as it may, if one gives to those words "subject to section 7" the meaning contended for by the respondents, it would have the effect of significantly altering the appellate jurisdiction conferred on the Court "in accordance with the provisions of Part III of the Agreement" and thus give rise to a serious inconsistency between two provisions of the same Act. Such a construction is to be avoided unless the provisions giving rise to it are clear and unambiguous. That is certainly not the case here.

32. It is difficult to see what purpose, if any, is served by the words "subject to paragraph 2" in paragraph 4 of Article XXV. They appear to be unnecessary and to state the obvious. It is equally doubtful whether the words 'subject to section 7 at the beginning of section 8 serve any purpose other than to emphasise that the right to seek leave from the Court of Appeal to appeal to this Court on any of the grounds specified in

section 7 is in no way diminished or impaired by the right to apply to this Court for special leave on any ground, regardless of whether or not it is one of those specified in section 7. One consequence of this is that if an applicant without good reason by-passes the Court of Appeal and applies to us for special leave on grounds on which the Court of Appeal might have granted leave, then he can expect at the very least to be penalized in costs. In the instant case it would be unreasonable to expect or require the applicant to have applied to the Court of Appeal for leave given that Court's rejection of the respondent's application for leave to appeal to the Judicial Committee.

33. Although this cannot be used as an aid to the interpretation of the CCJ Act, it is to be noted that the rule-making authority has proceeded on the assumption that a party may apply to this Court for special leave either after having made or without having made, an application for leave to the Court of Appeal. Rule 10.4 of the Caribbean Court of Justice (Appellate Jurisdiction) Rules 2005 ("the Appellate Jurisdiction Rules") provides alternative time-limits for the making of an application for special leave depending on whether or not such an application has been preceded by an unsuccessful application for leave to the Court of Appeal. These time-limits are 42 days from the date of the judgment from which special leave to appeal is sought or 21 days from the refusal of leave to appeal by the Court of Appeal.

Time-limit

34. No point was taken by the respondents that this application was out of time, and rightly so. But given the length of time which elapsed between the delivery on the 20th August, 2004, of the judgment against which it is sought to appeal and the filing of this application on the 15th July, 2005, it would be as well to explain why the application is not out of time. The reason is to be found in Part 19 of the Appellate Rules, which reads as follows: "In the case of appeals from judgments delivered before the coming into force of these Rules the time for doing any act required by these Rules shall not begin to run until the day after that on which these Rules come into force."

Under Rule 1.1 (b) the Appellate Rules came into force on the 14th June, 2005. Accordingly, the application for special leave, having been filed on the 15th July, 2005, was within the 42 day limit prescribed by Rule 10.4. Needless to say, Part 19 will only apply in cases in which there is a substantive right of appeal to this Court, whether conditional or unconditional, in accordance with the principles enunciated above.

The central issue

35. We come now to the central issue in this case. Ought we to grant special leave to appeal to this Court in the circumstances of this case? As I have pointed out, section 8 of the CCJ Act has no doubt quite deliberately, left it entirely to this Court to formulate the principles by which it will be guided in determining whether to grant or to refuse special leave to appeal to it. We do not propose at this early stage to attempt to make any comprehensive formulation of those principles. We propose rather to deal with the matter on a case by case basis and to limit ourselves to articulating in each case the principle by which we have been guided in granting or refusing special leave to appeal. Secondly, in shaping these principles we will of course pay attention to the practice adopted by the Judicial Committee, but we will not feel bound to adhere strictly to it. We will also pay attention to the practice and principles adopted by final courts of appeal in other Commonwealth countries, but we will develop our own jurisprudence in this area incrementally on an "as needed" basis.

Counsel's Submissions

36. There were passages in both the written and oral submissions of counsel for the applicant in which he seemed to be treating this application as though it were an appeal from the refusal of leave by the Court of Appeal and more particularly from that Court's ruling that the question involved in the appeal was not one that by reason of its general or public importance ought to have been submitted to Her Majesty in Council for decision pursuant to section 64 (1) (b) of the Supreme Court of Judicature Act. As I have already pointed out, when leave to appeal to this Court has already been refused by the Court of Appeal, an application to this Court for special leave to appeal is not an appeal against the refusal of leave by the Court of Appeal. A fortiori, when the application to the Court of Appeal was for leave to appeal to Her Majesty in Council. This, however, does not preclude the applicant in such circumstances from arguing in support of an application to this Court for special leave that in the words of section 7 (a) of the CCJ Act "the question is one that by reason of its great general or public importance or otherwise, ought to be submitted to the Court". It is true that strictly speaking, the better course of making that argument first to the Court of Appeal was not followed, but it would have been a futile exercise to repeat before the same Court the same argument which had failed to persuade it to grant leave to appeal to the Privy Council.

37. This argument was in fact advanced before us by the applicant. As I understood the argument, the great general or public importance of "the question" derived from the fact that the business practices allegedly

imputed to the plaintiffs by the calypsos complained of would have created a serious risk to the health of the public in Barbados. Further, the calypsos were alleged to have been broadcast on the occasion of the semi-finals and finals of the calypso competition held as part of the cultural celebration of the biggest national festival in Barbados. The "question" to which these circumstances would lend importance, was presumably how they impacted on the liability of the defendant and the scope of defences based on the interest of the public in hearing the calypsos. But although these words are omitted from section 7(a) of the CCJ Act, the "question" whose importance is to be assessed, must be the question "involved in the appeal", and the question involved in the appeal which the applicant seeks leave to pursue, has nothing whatever to do with the law of defamation. The question involved in the proposed appeal is whether the exercise of the judge's discretion in barring the defendant from contesting liability because of its failure to comply with an "unless" order, was so flawed as to justify an appellate court setting it aside. That *per se* is not a question of great general or public importance. We therefore reject this submission by the applicant.

38. Another submission made by counsel for the applicant was that the order for a further and better list of documents was wrongly made. It was submitted that the affidavit verifying a list of documents is conclusive and that a party is not entitled to apply for a further and better list unless it appears on the face of the list provided or on the face of the disclosed documents or on an admission, that in all probability the party has or has had other relevant documents beyond those disclosed. It was further submitted that given the allegations made by the first respondent in her affidavits, the respondents should have applied for an order requiring the defendant to state whether certain specified documents were or had been in its possession, custody or power and not for an order requiring a further and better list of documents. There was no appeal, however, against the order made for the filing of a further and better list of documents by the applicant. The applicant therefore cannot ask for its disobedience (if any) of that order to be excused on the ground that as a matter of law that order was wrongly made. The question of the conclusiveness of the original list of documents and the further and better list filed by the applicant and the affidavits verifying them, is relevant however, to the question whether there was compliance by the applicant with the orders made. This question is at the very heart of the matter.

Judgments of the Courts below

39. Husbands J. found that there had been a failure by the defendant to comply with the "unless" order of the Chief Justice and that that failure was intentional and contumelious. It was on that basis that he made the order striking out the defence. His judgment contains no analysis of the evidence with regard to the existence of those undisclosed documents which were alleged to be or to have been in the applicant's possession, custody or power and no identification of these documents.

40. The Court of Appeal in its judgment did examine the two affidavits sworn by Mr. Fernandes in support of the applicant's contention that it had made full disclosure. The Court drew an inference from these affidavits that the applicant had had log tapes kept on a daily basis which recorded everything that had been played on the applicant's station during the relevant period but that those tapes had been destroyed. The Court held that these tapes should have been but had not been disclosed in the list of documents which had been in the applicant's possession. The Court was obviously sceptical of Mr. Fernandes' principal affidavit which it described as "carefully and cleverly drawn". The Court of Appeal also concluded on a balance of probability that the applicant had recordings or tapes of the live broadcasts of the semi-finals and finals of the calypso competition but may have recycled or otherwise disposed of them. Again, it held that the applicant should have but had not disclosed these recordings or tapes as documents which had once been in its possession. On the basis of these findings the Court of Appeal held that the applicant did not comply with the "unless" order of the Chief Justice. In the absence of any satisfactory explanation or excuse provided by the applicant for its failure to comply, the Court of Appeal held that that failure was intentional and contumelious. They therefore could find no fault with the exercise of the Judge's discretion and upheld his order striking out the amended defence.

41. Counsel for the respondents submitted that this was not a proper case in which to grant special leave to appeal as the Judge had exercised his discretion on the basis of facts which were the subject of concurrent findings made by the Judge and the Court of Appeal. This was a case therefore, in which an appellate court would in accordance with a well established principle and practice, refuse to interfere with the exercise of the Judge's discretion. Insofar as that argument relies on concurrent findings of fact, however, we must point out that (a) the judgment of Husbands J. does not disclose what findings of fact he made with regard to the non-disclosure issue, far less the basis for them; (b)

such findings of fact as were made by the Court of Appeal consisted of inference from the documentary evidence and (c) neither the Judge nor the Court of Appeal had the advantage of seeing and hearing the deponents give their evidence and be cross-examined on it. In those circumstances, an appellate court is in as good a position as the Judge of first instance to make findings of fact and is entitled to review those made in the courts below. We do not accept, therefore, the submission that special leave should be refused because the appeal is bound to fail.

This Court's decision

42. Our function on this application is a very limited one. Our concern is only whether there is some special feature of this case which would warrant our giving special leave to appeal to this Court in these circumstances in which there is no appeal as of right and no basis on which the Court of Appeal could have granted leave to appeal to us. Given our limited function at this stage, it would be quite wrong for us to attempt to come to any conclusion as to whether we are satisfied that there is such a flaw in the exercise of the Judge's discretion as would justify our interfering with it and quashing the order he has made. Indeed, we are not in a position to do so anyway, as two of the affidavits sworn by the first respondent and filed on the 9th October, 1995, and the 10th January, 1996, respectively, were not put before us.

43. It has been said that the Judicial Committee will grant special leave to appeal if there has been either an "egregious" error of law or a substantial miscarriage of justice. In this case there is no egregious error of law involved, but the question does arise whether in the circumstances of this case there exists a real risk that allowing the order barring the applicant from defending this action to stand, without being exposed to further scrutiny by this Court, will result in a serious miscarriage of justice. The sanction imposed on the applicant is a drastic one as it denies it the opportunity to defend the action on its merits. The applicant has always manifested a serious intention to contest liability in this action and there is at least the possibility that if liability is established, the damages in this action will be substantial.

44. We are certainly not in a position to hold, and do not hold, that the sanction imposed was wrongly imposed. We have, however, come to the conclusion that in the circumstances of this case the possibility that it may have been wrongly or unfairly imposed is significant enough to warrant the issue being fully and finally ventilated before this Court. Obviously we do not wish to say very much at this stage as what we say

may be misconstrued as indicative of the likely outcome of the appeal. We would indicate, however, that in concluding that there is a more than negligible risk of a miscarriage of justice, we have a concern whether it was open to the courts below on the evidence before them and in the context of interlocutory proceedings for discovery, to find that there was a contumelious failure by the applicant to comply with the "unless" order.

Because of this concern we have come to the conclusion that we should grant special leave to appeal in order to eliminate the risk that leaving matters as they are, may result in a miscarriage of justice.

Delay

45. We are very conscious of the enormous delay which has occurred in this case and about which both sides have complained. The parties themselves have contributed to some extent to the delay. The respondents and the applicant took over 12 and 14 months respectively to file lists of documents which they had been ordered to file within 42 days. After the applicant had filed its list of documents, it took the respondents 11 months to apply for a further and better list. But these delays are dwarfed by the delays of Husbands J. and the Court of Appeal in giving their respective judgments. The periods for which these judgments remained undelivered total more than seven years. We would be failing in our duty if we did not express our strong disapproval of judicial delays of that order. They deny parties the access to justice to which they are entitled and undermine public confidence in the administration of justice. We would like to think that such delays are now a thing of the past in Barbados. We realize that the effect of our decision may be to postpone, either minimally or substantially, depending on the outcome of the appeal, the final resolution of this matter. It would be unfair, however, to the applicant to deny it the special leave to which it is otherwise entitled, because of delay in the proceedings for which it is not for the most part responsible. It is to be hoped that the history of delay in this case will serve to accelerate the pace at which the matter proceeds from now on. We will certainly do whatever we can to ensure that.

Bias

46. Before concluding this judgment we should mention that it was submitted by junior counsel for the applicant as a ground on which special leave should be granted, that Mr. Justice Chase who was one of the three Judges who heard the appeal from Husbands J. in the Court of Appeal, was disqualified by virtue of bias. The allegation of bias was based on the fact that Mr. Justice Chase had before his elevation to the

Court of Appeal, dealt with the respondents' summons to strike out the defence by adjourning that summons, fixing a time for the filing of an affidavit by the defendant and ordering the costs of the day to be paid by the defendant. No objection to Mr. Justice Chase sitting was taken in the Court of Appeal although junior counsel for the applicant was present both then and when Mr. Justice Chase dealt with the summons. We accept counsel's explanation that he had in fact forgotten about Mr. Justice Chase's earlier involvement in the matter. His failure to recall it, however, underlines the insignificance of that involvement which did not require Mr. Justice Chase to consider, far less to pronounce on, the merits of the application. In our view, no reasonable person could in those circumstances have got the impression that Mr. Justice Chase might show partiality to one side or the other when dealing with the appeal. There is no merit therefore in this submission and we would like to make it clear that this special leave which we have given to the applicant to appeal to this Court, does not extend to this allegation of bias and we will not permit it to be raised again before us.

For these reasons, we granted the applicant special leave to appeal and reserved the costs of this application to the hearing of the appeal. An order was made accordingly in terms agreed by counsel on both sides on the 9th August, 2005.

M. A. de la Bastide (President)

Justice Rolston Nelson	Justice Adrian Saunders
Justice Désireé Bernard	Justice David Hayton

Quelle: http://www.caribbeancourtofjustice.org/judgments/Mirchandani%20judgment.pdf

DOK 11

CCJ APPEAL NO. CV 1 OF 2005, BB CIVIL APPEAL NO. 18 of 2000,
vom 16. März 2006

IN THE CARIBBEAN COURT OF JUSTICE Appellate Jurisdiction

APPEAL FROM THE COURT OF APPEAL OF BARBADOS

BETWEEN BARBADOS REDIFFUSION SERVICES LIMITED
APPELLANT

AND

ASHA MIRCHANDANI
RAM MIRCHANDANI
MCDONALD FARMS LTD.
RESPONDENTS

Before the Honourables: Mr. Justice M.A. de la Bastide, President
Mr. Justice R. Nelson
Mr. Justice A. Saunders
Madame Justice D. Bernard
Mr. Justice D. Hayton

Appearances:
Sir Henry de B. Forde Q.C., Mr. Hal Gollop and Mr. C. Anthony Audain for the Appellant
Dr. Richard Cheltenham Q.C., Mr. Clement E. Lashley Q.C., Mr. David J.H. Thompson, Ms. Onika E. Stewart and Ms. Shaunita Jordan for the Respondents.

Judgment delivered on 16th March, 2006, by the President of the Court, The Rt. Hon. Mr. Justice M. de la Bastide

1. On November 7, 2005, we heard this appeal from a decision of the Court of Appeal of Barbados. It was the first appeal heard by this Court. The Court of Appeal had dismissed an appeal against an order made by Husbands J. striking out the Amended Defence of the appellant in an action for defamation, on the ground of the appellant's failure to comply with an order for the discovery of documents. At the conclusion of the hearing we allowed the appeal and made an order substantially restoring the Amended Defence. We promised to give our reasons in writing later, and we proceed to do so now.
2. Although this case has not yet reached trial, it has a long history, commencing with the filing of the writ by the respondents on December

28, 1990, some 15 years ago. In this action the respondents are seeking to recover damages from the appellant for playing on the appellant's radio station 'The Voice of Barbados' three calypsos alleged to be defamatory of them. The first two respondents are husband and wife and they comprise the board of the third respondent which carried on the business of raising, slaughtering, processing and selling chickens. The offending calypsos were entitled respectively "The Mad Chicken Song", "Pluck It" and "Tit for Tat". The common theme in all three is a complaint about the processing and sale to the public of diseased chickens. The Statement of Claim alleges that these calypsos identified the respondents as the persons responsible and were frequently played during the months of June and July 1989, the period of the annual Crop-Over festival. It is also the respondents' case that these calypsos were broadcast live by the appellant when they were sung on the 28th July and 4th August, 1989 at the semi-finals and finals respectively of the calypso competition known as "Pic-o-de-Crop" held in conjunction with Crop-Over. It was alleged that the calypsos continued to be played, though less frequently, on the Voice of Barbados up to the date of the writ.

3. The Defence which was twice amended, was in its final form limited substantially to a plea of justification i.e. truth, although certain allegations contained in the Statement of Claim were either not admitted or denied. Thus the appellant did not admit (a) that the appellant published the calypsos or (b) that the calypsos were defamatory, and denied that the calypsos referred to the respondents. The Defence at one stage included a plea of qualified privilege but this defence was struck out on February 11, 1992, by order of Williams CJ.

Objection to jurisdiction

4. We granted the appellant special leave to appeal to this Court on August 9, 2005. Even after Barbados gained its independence, appeals from its Court of Appeal continued to lie to the Judicial Committee of the Privy Council ("the JCPC") but the JCPC was replaced by the Caribbean Court of Justice as the final court of appeal for Barbados by two Acts passed by the Barbados Parliament, namely the Caribbean Court of Justice Act, 2003, and the Constitution (Amendment) Act, 2003, both of which were brought into force by Proclamation on April 8, 2005. The strike out order which is under challenge in this appeal, was made by Husbands J. on November 24, 1999, and the decision of the Court of Appeal affirming that order, was made on August 20, 2004. A day or two before we heard this appeal the respondents filed and served on the appellant a notice of objection to the jurisdiction of the Court to

entertain the appeal. Now, when the application for special leave was being heard by us, we invited counsel for the respondents (who also appeared before us with a leader on the substantive appeal) to address us on whether this Court had jurisdiction to entertain the proposed appeal. That invitation was not accepted and no argument was advanced by counsel for the respondents on this issue. In delivering the reasons of the Court for granting special leave to appeal, I dealt with the question of jurisdiction and explained why this Court concluded that it had jurisdiction in the matter. One reason which the Court gave was the clear intention shown in the transitional provisions in both Acts just mentioned that the substitution of a right of appeal to this Court in place of the previous right of appeal to the JCPC, should apply to pending proceedings except in the circumstances spelt out in the transitional provisions themselves. The grounds of objection to the jurisdiction set out in the notice belatedly filed by the respondents, contained nothing to suggest a counter to what appears to be an unavoidable inference from these transitional provisions. In the circumstances, we saw no justification for allowing the respondents to re-open an issue already decided by the Court, and we did not permit counsel to pursue the objection.

The background to the strike out order

5. It is necessary now to recount the events that led to the making of the strike out order. The first step was the making of an order on July 7, 1992, requiring the parties to file lists of documents and verifying affidavits within 42 days. There was no attempt by either side to comply with this order for more than a year. Eventually, the respondents filed their list of documents and verifying affidavit on September 15, 1993, and the appellant (prodded into action no doubt by the filing of an application to strike out the Defence for non-compliance) filed its list of documents and verifying affidavit on November 23, 1993. There followed another period of inaction so far as discovery of documents was concerned, until the respondents applied by summons dated October 12, 1994, for an order inter alia that the appellant file a further and better list of documents. The basis of this application was provided by an affidavit made by the first respondent on October 12, 1994 ("the first respondent's October 1994 affidavit"). In its list of documents the appellant had listed in Schedule 1 as documents which were then in its possession, custody or power, a record of "The Mad Chicken Song", a record of "Pluck It", a tape of "Tit for Tat" and some 13 items of correspondence. In Schedule 2, which was supposed to contain relevant documents which had once been but were no longer in the possession,

custody or power of the appellant, all that appeared was the word "None". In her affidavit the first respondent complained that the appellant had not disclosed a number of relevant documents, firstly, audio tapes of the three calypsos complained of, in particular tapes of the live broadcasts made of the calypso competition; secondly, library, computer or other records showing when the calypsos were played on the Voice of Barbados, and thirdly, what were described as "logger tapes in relation to the calypsos played on its radios" (sic). It was common ground that for purposes of discovery tapes and records are considered documents. Because of the omission of these documents from the appellant's list, it was contended that the appellant had made insufficient discovery and should be ordered to file a further and better list of documents supported by a verifying affidavit.

6. It should be explained that at about this time there was a hiatus in the legal representation of the appellant. It appears that in September, 1994, senior counsel who had been acting for the appellant, was appointed Attorney General of Barbados and for reasons which are not clear but for which no one has sought to blame the appellant, there was considerable delay in the engagement of a suitable replacement. This presumably was the reason why when Williams C.J. heard the respondents' application for further and better discovery on November 24, 1994, and ordered that the appellant do within fourteen days file a further and better list of documents and verifying affidavit, there was no appearance by or on behalf of the appellant. It probably also explains why there was no attempt by the appellant either to comply with or to challenge that order. As a result of this lack of response, a further application was filed by the respondents on December 30, 1994, seeking an unless order pursuant to Order 24 Rule 16, that is, an order that the Amended Defence be struck out and judgment entered for the respondents if the appellant did not file a further and better list of documents and verifying affidavit within a specified time.

7. On the hearing of that application before Williams C.J. the appellant was represented by a then newly admitted attorney-at-law. On February 20, 1995, the Chief Justice ordered that unless the appellant filed on or before March 6 1995, a further and better list of documents and a verifying affidavit, the Amended Defence should be struck out and judgment entered for the respondents for damages to be assessed and costs. Again, there was no appeal against this order and on March 1, 1995, the appellant filed and served what was claimed to be a further and better list of documents supported by a verifying affidavit purportedly in compliance with the unless order made by the Chief

Justice. The further and better list of documents was a replica of the original list with two variations. One was the addition of four items of correspondence passing between the parties' attorneys which were of absolutely no significance. The other variation was that whereas the original list had included in Schedule l as a document in the possession of the appellant, 'a tape of "Tit for Tat"', the new list replaced this with 'a record of "Tit for Tat" '. The verifying affidavit sworn by Victor Fernandes, the Managing Director of the appellant, stated baldly that the mention in Schedule l of the original list of a "tape of 'Tit for Tat' " was "through error or inadvertence".

8. The respondents' attorneys took the view that this new list did not constitute compliance with the unless order and on March 13, 1995, they filed an application to strike out the Amended Defence and for leave to enter judgment for damages and costs. Shortly thereafter the appellant retained Mr. Henry Forde Q.C., and he has since then represented the appellant in these proceedings. Unfortunately, due to the unavailability of Mr. Forde, at least three dates fixed for the hearing of this application were not kept and the consequent adjournments resulted in a delay of nearly a year before the hearing eventually began before Husbands J. It was completed in September, 1996. Judgment was reserved and was eventually delivered on November 24, 1999, that is, some three years later, when Husbands J. ordered the Amended Defence to be struck out and judgment to be entered for the respondents for damages to be assessed and costs. The appellant applied to the Court of Appeal for leave to appeal. Leave was granted and the appeal was heard on July 17, 2000. The Court of Appeal reserved judgment and did not deliver it until August 20, 2004, when it dismissed the appeal and affirmed the order of Husbands J.

The orders for a further and better list of documents

9. Before examining the respective judgments of Husbands J. and the Court of Appeal, it is necessary to refer to certain criticisms that were made by counsel for the appellant of the two orders made by Williams C. J., that is, the order for a further and better list of documents made on November 24, 1994 and the unless order made on February 20, 1995. One of these criticisms was that these orders were made in breach of a well-established rule that a statement by a party that he has disclosed in his list of documents all relevant documents that are or have ever been in his possession, custody or power, is at an interlocutory stage at least, conclusive and not susceptible of contradiction or challenge. There is good reason for this rule and we must not be understood to be

casting any doubt on it. Apart from the undesirability of generating additional costs and delay by embarking upon a full-scale trial of factual issues in advance of the trial proper, injustice may well result from one party or his witnesses having to go to trial with their credibility damaged by an adverse finding made on incomplete evidence. The only exception to this rule in the context of general discovery is where something emanating from the party making discovery points to the existence of some undisclosed but relevant document being, or having at one time been, in that party's possession, custody or power. The pointer may be found in the party's list of documents itself, or in one of the documents disclosed in that list or in an admission made in a pleading or otherwise. It was argued that insofar as the two orders of Williams C.J. were based on affidavits that sought to go behind and to contradict the verifying affidavit sworn by Victor Fernandes in support of the appellant's original list of documents, those affidavits were inadmissible and the orders wrongly made.

10. It was also argued that if the respondents wished to allege that there were specific documents or categories of documents then or previously in the appellant's possession, custody or power, which it ought to have but had not disclosed, then application should have been made for specific discovery under Order 24 rule 7, and not for a further and better list of documents. It was also suggested that the orders of the Chief Justice lacked the specificity which was an essential requirement if non-compliance was to be visited with so extreme a sanction as striking out. The orders contained no indication of the respects in which the original list of documents was defective and therefore they lacked the specificity needed to support the sanction imposed.

11. The trouble with these arguments is that they come too late. They should have been deployed when the first application for a further and better list was heard, but at that hearing there was no appearance by or for the appellant. A further and better list having been ordered, there was (as already indicated) no appeal against that order nor any application to set it aside. The order it appears, was simply ignored. Predictably this prompted the application for the unless order which, it would appear, was made without any significant opposition and was not challenged by an appeal. The judgment of Arden L.J. in Stolzenberg and others v. CIBC Mellon Trust Co. Ltd and others [2004] EWCA Civ. 827 contains some passages which demonstrate the need to focus on the strike out order made by Husbands J. (which is the subject of this appeal) and refuse to entertain any challenge of the antecedent orders of the Chief Justice. In Stolzenberg the English Court of Appeal was asked inter alia

to hold that the refusal of Etherton J. to set aside a judgment obtained for breach of an unless order was a wrongful exercise of his discretion. The unless order had been made by Rattee J. following non-compliance by the appellants with an earlier order of Lightman J. Arden L. J. said at para. 176: "It was argued before the judge that there was no good reason to require [the Appellants] to produce a statement of assets. The judge was in effect asked to review the order of Lightman J. In my judgment, as the judge was not sitting on an appeal from that order, he should not have been asked to approach the matter in that way. It was relevant to ask what effect non-compliance with it had on the respondents, but it was inappropriate to question whether the order should ever have been made. Likewise, it was inappropriate to enquire whether it was proportionate for Rattee J to make an unless order to enforce compliance with the orders of Ligthman J .If the appellants had wished to argue that, they had the opportunity to appeal against the order of Rattee J but failed to take it".

12. We hold therefore that the appellant cannot now challenge the validity and binding force of the unless order. Nor can it be disputed that the duty of the appellant was to comply with it.

The Main Issues

13. This takes us to the first of the two main issues in this case which are:
    (1) Was there a failure to comply with the terms of the unless order? and
    (2) if there was, was the making of the strike out order a proper exercise of the Judge's discretion?

The First Issue: Was there compliance with the unless order?

14. In relation to the issue of compliance with the unless order, the appellant is entitled to rely on the arguments outlined above with respect to (a) the lack of specificity in the unless order and (b) the conclusiveness of the further and better list and verifying affidavit. It is not clear whether the argument with regard to specificity was made in the courts below but be that as it may, we must consider it. As already stated, this argument cannot now provide a basis for quashing the order on the ground that it should never have been made. The question, however, which remains a live one, is whether the appellant knew what it had to do in order to comply with the order. The order itself made it clear that the appellant was required to remedy some alleged deficiency in its first list of documents. What that alleged deficiency was, was apparent from the first respondent's October, 1994, affidavit. If the appellant had or had ever had in its possession, custody or power any documents of the kinds described in that affidavit, then it would have been quite clear to the

appellant that they should be included in the further and better list of documents which it had been ordered to file. It does not help the appellant that that affidavit might have been held inadmissible had objection to it been taken at the appropriate time. The first respondent's October 1994 affidavit was on the record and was read by the Chief Justice before making his first order, a fact which is recorded in the order itself. In that affidavit the first respondent identified the three categories of documents already mentioned which she alleged were or should have been in the appellant's possession and which it had not disclosed. This affidavit was specifically referred to by then counsel for the respondents, Mr. Peter Williams Q.C., in the affidavit which he swore in support of the application for the unless order. If therefore the appellant in fact had, or had at any time had, in its possession, any document of a type described in the first respondent's October 1994 affidavit, then the appellant could not be heard to say that it did not understand that it was required to disclose that document in its further and better list of documents, or excuse its failure to do so on that ground.

15. In an affidavit sworn by the appellant's Managing Director Victor Fernandes, on November 28, 1995, and filed in opposition to the application for the strike out order, it was claimed that the filing of the further and better list of documents and the verifying affidavit on March 1, 1995, constituted compliance with the unless order and objection was taken to those paragraphs of the affidavit of the first respondent made on March 13, 1995, in support of the summons for the strike out order, which repeated the allegations contained in the first respondent's October 1994 affidavit as to the three categories of documents which the appellant had or "should have had" in its possession. The ground of that objection as stated in Mr. Fernandes' affidavit was that "they seek to show that the statements in the defendant's further and better list of documents are untrue and/or to contradict the same". In the same affidavit Mr. Fernandes went on nevertheless to answer the allegations of undisclosed documents. Before doing so, however, Mr. Fernandes sought to preserve the objection based on the conclusiveness of the further and better list and his verifying affidavit by stating in paragraph 11: "These statements which are deposed to by me in paragraphs 12.1 to 17 inclusive are being made with out waiver of the Defendant's strict rights and the Defendant will seek leave to rely on and use them only in the event that this Court does not accept the contentions hereinbefore advanced, since the defendant has been advised by its Attorneys-at-Law and I verily believe that paragraphs 7 to

26 inclusive of the first plaintiff s first affidavit should be struck out for the reasons hereinbefore set out."

16. The first respondent made an affidavit dated January 10, 1996, in response to the affidavit of Mr. Fernandes and that provoked a further affidavit from Mr. Fernandes dated January 31, 1996. In that second affidavit, which contains no fresh reservation of the appellant's right to stand on its preliminary objection, Mr. Fernandes returned to the factual issues as to what tapes and other records had been made of the appellant's broadcasts of the three calypsos. It does not appear that on the hearing of the summons to strike out any application was made to strike out the paragraphs of the affidavit of the first respondent that were objected to. Certainly none was alluded to in the judgment of Husbands J. In any event it does not seem to us that the appellant having chosen to put before the Court the factual material contained in Mr. Fernandes's affidavits with regard to the existence of tapes and other records, can deny the Court the right to take account of any admissions which that evidence contains on the ground that it was only putting forward that evidence conditionally i.e. if its preliminary contention failed. I agree with the appellant's contention insofar as it claimed to exclude any evidence from the respondents which contradicted the statement in the verifying affidavit that there were no other relevant documents apart from those in the schedules to the further and better list, which were or had ever been in the appellant's possession, custody or power. But if the appellant chose (as it did) to raise a second line of defence by having Mr. Fernandes deal with the facts, the Judge was entitled (and so are we) to take account of any admission made by him with regard to the existence of undisclosed documents. No privilege can be claimed for such admissions merely because they were introduced by some version of the "without prejudice" formula. In a roughly analogous situation, a defendant who wishes in a civil trial to make a 'no case' submission must elect between doing so and calling evidence. He cannot do both.
17. I turn therefore to the substantive question whether on the material before the learned trial Judge he was entitled to hold that the appellant had failed to comply with the unless order of the Chief Justice. More specifically the question is whether the appellant on its own admission had, or had ever had, in its possession, custody or power any of the documents mentioned in the first respondent's October 1994 affidavit.
18. Remarkably, in the judgment of Husbands J. this question is not addressed. The learned Judge appears simply to have assumed that there was non-compliance without giving any indication of how he reached that conclusion.

19. The Court of Appeal did examine the affidavit evidence in order to determine whether there had been a failure to comply with the unless order. The Court found that there had been non-compliance in two respects. Firstly, the Court held that on Mr. Fernandes' own admission the appellant had at one time in its possession log tapes or master tapes on which were recorded the whole of what was broadcast each day on the "Voice of Barbados". The master tapes for the two months prior to Crop-Over 1989 would have recorded the three calypsos complained of whenever they were played on that station during that period. Even if (as the Court of Appeal appears to have accepted) these master tapes were no longer available because they had been recycled or destroyed, they ought to have been included in Schedule 2 to the appellant's further and better list of documents as documents which had once been but were no longer in the possession of the appellant.

20. This was clearly a correct finding based on Mr. Fernandes' own affidavits. These master tapes or 'logger tapes' as they were called by the first respondent, were identified in the first respondent's October 1994 affidavit as one of the categories of documents which the appellant had failed to disclose in its original list of documents. The way in which Mr. Fernandes dealt with them in his first affidavit was somewhat disingenuous. In paragraph 14 (ix) of that affidavit he disposed of them in this way:

> " Such logger tapes as the Defendant had made or does make were or are not relevant to the matters in question in this action because:
>
> a. the only labels on logger tapes were and are the numbers 1-60 which represent day one, two etc.; logger tapes were and are kept for two months, after which they were and are recycled;
> b. logger tapes were and are not re-broadcast and did and will not play on the tape machines used for broadcast purposes in the studios."

The Court of Appeal in its judgment (which was delivered by King J.A. (Actg.) described Mr. Fernandes' affidavit as "carefully and cleverly drawn". The passage just quoted could be described less charitably. Not only does it avoid making the admission (subsequently made in Mr. Fernandes' second affidavit) that master tapes were routinely made of the whole of each day's broadcast, but the reasons given for their alleged lack of relevance are quite specious, having nothing whatever to do with relevance. Mr. Fernandes dealt with the matter more frankly in his second affidavit when he stated at paragraph 4.1 1(i):

"... log tapes are audio tapes kept on a daily basis which reflect everything that has been played on the station for that day."

21. The respondent's case was that these calypsos were frequently played on the Voice of Barbados during the two months or so preceding the 1989 Crop-Over. Admittedly it might have been a time-consuming exercise to identify the parts of those tapes on which the calypsos were recorded, but with the assistance of the logs which according to Mr. Fernandes were kept of the times during which music was played on the station, it would not have been an impossible or impractical task. Clearly, the master tapes covering the pre-Crop-Over period in 1989 would have been relevant, and though recycled, should have been disclosed in Schedule 2 to the original list of documents. The reference to them in the first respondent's October 1994 affidavit would have alerted Mr. Fernandes to the need to include them in the further and better list of documents. His failure to do so was clearly a breach of the unless order.

22. The other respect in which the Court of Appeal held that the appellant had failed to comply with the unless order, was the omission from the further and better list of documents of 'audio tapes' of the live broadcasts of the semi-finals and finals of the Pic-O-de-Crop competition. In the case of these tapes there was no admission by Mr. Fernandes. While he was not in a position to deny categorically of his own knowledge that the appellant had taped these events, he deposed that he had been unable to find any trace of such tapes and that the persons still available who had been involved in the live broadcasts of the semi-finals and finals of the competition, had no recollection of any such tape being made by the appellant. Accordingly, it was Mr. Fernandes' belief that there had never been any 'audio tape' of those live broadcasts made by the appellant. It did emerge from his affidavits that tapes were sometimes made by the appellant of events which they broadcast live, but these tapes would be played on the air only for the purpose of showing crowd reaction and would be recycled within a matter of days at most. There was no hard evidence offered by the respondents to establish that these shows had in fact been taped by the appellant, not that such evidence, if offered, would have been admissible. Nevertheless, the Court of Appeal held that the appellant had taped these live shows and should have disclosed these tapes in its further and better list of documents, even though these tapes had since been "recycled or otherwise disposed of". The basis of that finding was that the Court of Appeal considered it "very unusual and stretching credibility to accept that a responsible broadcast organisation such as the applicant/defendant would do a live broadcast of such significant events ... without having

made a tape or other record of the broadcast of those events". In our view the perceived improbability of such an occurrence, unsupported as it was by any evidence of the practice followed by the 'Voice of Barbados' or by radio stations generally, is not a satisfactory or sufficient basis for the conclusion reached. Further, Mr. Fernandes swore that he believed that no such tapes had ever existed. There was no evidence whatever to contradict that statement which should in accordance with the general principle already referred to, have been regarded as conclusive. In fact, even though I have examined the affidavit evidence with regard to the audio tapes issue, in the absence of any admission subsequently made by Mr. Fernandes, the verifying affidavit sworn by him in support of the further and better list should be regarded as a conclusive, albeit implicit, denial that any tapes of the live broadcasts ever existed.

23. For all of these reasons we hold that the conclusion of the Court of Appeal that the appellant was also in breach of the unless order by not listing audio tapes of the two live broadcasts of the calypso competition in Schedule 2 further and better list of documents, was unjustified and cannot be supported.

24. The argument was advanced by counsel for the respondents that this Court, following the practice of the Judicial Committee, ought not to interfere with concurrent findings of fact made by the lower courts in the jurisdiction from which the appeal comes. We do not consider that that rule has any application to findings made on an interlocutory application on affidavit evidence which has not been subjected to cross-examination. There would seem to be no basis in common sense for applying the rule in such a situation and we are not aware of any instance in which it has been so applied. In any event, we do not consider it necessary or appropriate in the circumstances of this case to commit ourselves to adopting without modification the practice of the Judicial Committee in regard to this matter.

Destruction of tapes

25. The Court of Appeal was critical of the appellant for having destroyed the master tapes "in view of pending litigation". They said that this was "illustrative of the Defendant's attitude towards the Plaintiffs' request for discovery". One must assume in the absence of any evidence to the contrary that the relevant master tapes were in accordance with the usual practice as deposed to by Mr. Fernandes, kept for two months and then recycled. If so, then they would have been recycled before there was any pending litigation against the appellant since the writ in this action was not filed until December 1990. Nevertheless, in July 1989 the appellant's

management knew that proceedings against them were imminent as letters before action dated respectively the 11th and 13th July, 1989, in identical terms, were addressed by the respondents' attorneys to the Manager of Voice of Barbados and the Manager of Barbados Redifusion Service Ltd. respectively. As the letters indicated, the respondents had already sued another party for publication of the same calypsos. That was a reference no doubt to the action that had been launched against the Caribbean Broadcasting Corporation. It would have been in accordance with best practice for the appellant to have taken steps to preserve at least the relevant parts of the master tapes of what was broadcast during the two months or so prior to Crop-Over, 1989. Mr. Fernandes took over as Managing Director and Chief Executive Officer at the beginning of August, 1989, and given the delay in the commencement of these proceedings, we find the Court of Appeal's comments on the recycling of the master tapes, somewhat harsh.

The computer tape

26. The Court of Appeal also found it unusual "that the tape referred to was destroyed and the record kept" and continued: "This begs the question why was the tape destroyed?" While this is not altogether clear, the tape referred to is presumably the tape from which music was selected and played by a computer on the appellant's FM station YESS (see para. 14 (i) and (ii) of Fernandes' first affidavit). This tape came to light when the respondents' attorneys by letter dated 4th July, 1991, to the appellant's General Manager, complained of the playing of the calypso "Pluck It" on the FM station even after these proceedings had been launched. In his reply dated the 18th July, 1991, the appellant's then attorney explained that the calypso had been included in an "old programme" which was being used by the computer, and stated that it had been "forthwith excised" on his advice. We do not know how the excision was done, whether for instance it was by erasure of the song from the tape, or possibly by altering the instructions given to the computer. The "record" on the other hand which the judgment of the Court of Appeal says was kept, s presumably the vinyl record of the same song, which had been disclosed in the appellant's list of documents. Once it is appreciated that the selection and playing of music by the computer from the tape was automated and did not require 'the use of manpower', one can readily understand why the offending calypso was 'excised' (by whatever means), while the vinyl record from which the tape was made, was kept. In the circumstances we do not agree with the Court of Appeal's view that there is something suspicious about the appellant

'destroying' the tape (if that is what excision of the song involved), but retaining the record.

27. It could be argued that the tape, on which the song "Pluck It" had been recorded for playing on the FM station, ought also to have been disclosed in the further and better list of documents, even though no complaint was made in the Statement of Claim about broadcasts on that station. But the failure to include it was only a technical breach of the unless order at worst, as the existence of the tape had in fact been disclosed to the respondents by the letter from the appellant's attorney referred to above.

28. To sum up our findings so far, we find that:
    (a) the appellant ought to have included in Schedule 2 of its further and better list of documents the master tapes made during the period of the Crop-Over festival, 1989;
    (b) its failure to do so constituted a breach of the unless order of the 20th February, 1995; and
    (c) there is no evidence that the recycling of the master tapes was done otherwise than innocently i.e. in accordance with the station's normal routine and without any intention of preventing the respondents from having access to documents that might prove useful to them in the litigation.

The Second Issue: Was the discretion properly exercised?

29. I pass now to the second major issue in this case, that is, whether the order striking out the Amended Defence and giving the respondents leave to enter judgment, was a proper exercise of the Judge's discretion under Order 24 rule 16. It would be as well to set out here the relevant portion of that rule. It reads as follows:

    "(1) If any party who is required by any of the foregoing rules, or by any order made there under, to make discovery of documents ... fails to comply ... with that order, ... then, ... the Court may make such order as it thinks just, including, in particular, an order that the action be dismissed or, as the case may be, an order that the defence be struck out and judgment be entered accordingly."

29. The same approach to this issue was adopted by both Husbands J. and the Court of Appeal. They adopted and applied what I would describe as "the principle of contumelious breach". According to this principle, if failure to comply with an unless order is intentional or "contumelious", then a strike out order should issue. In order to avoid that consequence the party in default must satisfy the Court that he was prevented by some extraneous circumstances i.e. something beyond his control, from

complying with the order. Both the Judge and the Court of Appeal held that the appellant had not satisfied them that it was prevented from complying with the unless order of the Chief Justice by any extraneous circumstance, and accordingly, the Judge made, and the Court of Appeal affirmed, the order striking out the Amended Defence.

30. The learned Judge referred to the case of Caribbean General Insurance Ltd. v. Frizzell Insurance Brokers Ltd. [1994] 2 Lloyds Law Reports 32 and quoted a passage from the judgment of Roskill L.J. in that case. He also referred to Grand Metropolitan Nominee Company (No.2) v. Evans [1992] 1 WLR 1191. The Judge stated his conclusion in these words:

> "On review of all the authorities cited and the submissions made, the Court came to the conclusion that the Defendant has not convinced it that its failure to comply with the unless order of the 20th February, 1955, was other than intentional and contumelious. Therefore, the Defendant's defence is struck out… ."

31. The reasoning of the Court of Appeal was summed up in the following sentence: "Since no satisfactory explanation or excuse was given by the Applicant/Defendant for a failure to comply with the order, such failure is therefore intentional and contumelious".

The Court of Appeal also referred to the *Caribbean General Insurance Ltd.* case (supra) and cited three other cases which together with those cited by the Judge, provide firm support for the principle of contumelious breach. These are *Tolley v. Morris* [1979] 1 WLR 592, *Re Jokai Tea Holdings Ltd.* [1993] 1 All E.R. 630 and *Hytec Information Systems v. Coventry City Council* [1997] 1 WLR 1666. The judgments in these cases are replete with passages which emphasise the importance of securing obedience to the peremptory orders of the Court and hold out little hope of reprieve for those defaulters who cannot demonstrate to the satisfaction of the court that their failure to comply was due to extraneous circumstances, and not to an intention to ignore or flout the order of the court. It is sufficient to quote one of those passages. It is from the judgment of Sir Nicholas Browne-Wilkinson V-C in *Re: Jokai* Tea *Holdings Ltd.* (supra) at page 63 7C and reads as follows: "In my judgment, in cases in which the court has to decide what are the consequences of a failure to comply with an "unless order", the relevant question is whether such failure is intentional and contumelious. The court should not be astute to find excuses for such failure since obedience to orders of the court is the foundation on which its authority is founded. But if a party can clearly demonstrate that there was no intention to ignore or flout the order and that the failure to obey was due to extraneous circumstances, such failure to obey is not to be treated as contumelious and therefore does not disentitle the litigant to rights which he would otherwise have enjoyed".

32. But these cases do not stand alone. There is another line of cases in which a totally different approach is taken to the making of strike out orders pursuant to Order 24 rule 16 (1). According to those cases the primary, if not the only, purpose for which the weapon of the strike out order may properly be used, is to ensure the fairness of the trial and, therefore, the test which a Judge should apply in determining whether to make such an order, is whether as a result of the breach of the rule or order which has been committed, a fair trial is no longer possible, or to put the matter more exactly, there is a real risk that a fair trial will not be possible. A corollary of this approach which conflicts sharply with the principle of contumelious breach is that punishment is not a legitimate purpose to be served by the use of the strike out order. An early and powerful proponent of this school of thought was Millett J. (as he then was) in the case of *Logicrose Ltd. v. Southend United Football Club Ltd.* The Times, March 5, 1988. In that case there was no unless order involved, but an application was made at the trial for an order that the action be dismissed and the Defence to Counterclaim struck out and judgment on the Counterclaim entered for the defendants, on the ground of what was alleged to have been a deliberate suppression of a crucial document by the principal director and shareholder of the plaintiff. The application was refused by Millett J. who found that the suppression of the document was not deliberate, but held that even if it had been, he would not have made the order sought once the missing document had been produced. He explained why in this passage: "The object of Order 24, Rule 16 is not to punish the offender for his conduct but to secure the fair trial of the action in accordance with the due process of the Court (see *Husband's of Marchwood Ltd. v. Drummond Walker Development Ltd.* [1975] 2 All ER 30, [1975] 1WLR 603). The deliberate and successful suppression of a material document is a serious abuse of the process of the Court and may well merit the exclusion of the offender from all other participation in the trial. The reason is that it makes the fair trial of the action impossible to achieve and any judgment in favour of the offender unsafe".

Earlier in his judgment the learned Judge dealt with disobedience of an order of the Court in this way: "Deliberate disobedience of a peremptory order for discovery is no doubt a contempt and, if proved in accordance with the criminal standard of proof, may, in theory at least, be visited with a fine or imprisonment. But to debar the offender from all further part in the proceedings and to give judgment against him accordingly is not an appropriate response by the Court to contempt".

A little later on he said: "In my view a litigant is not to be deprived of his right to a proper trial as a penalty for his contempt or his defiance of the Court, but only if his conduct has amounted to an abuse of a process of the Court which would render any further proceedings unsatisfactory and prevent the Court from doing justice. Before the Court takes that serious step, it needs to be satisfied that there is a real risk of this happening."

33. The case of *Husband's of Marchwood Ltd* referred to by Millett J. in fact does not provide authority for the proposition that a strike out order may never be used as punishment for disobedience of an order for discovery but only for the more limited proposition that it is not appropriate to punish late compliance with an order for discovery by making an order for payment of money into Court backed by the sanction of dismissal of a party's claim. In that case the defendant had twice failed to comply with orders for the provision of a list of documents but did provide the list albeit out of time, before the hearing of an application for an order that he pay into Court an amount equivalent to the balance of the sum claimed by the plaintiff or in default be debarred from defending the action. The Court of Appeal quashed the order made in terms of that application. In his judgment Russell L.J. said: "It seems to me that the condition of requiring payment of the balance into court is something which is quite inappropriate, in the sense that it is a punishment which does not fit the crime. The object of the plaintiffs has in fact been achieved, because their summons has produced what they wanted, namely, that the due processes of the action should go forward."

Stamp L.J. said: "I think that RSC Ord 24, r 16(1), is designed to secure compliance with the rules and orders of the court relating to discovery, and not to punish a party for not having complied with them within the time limited for the purpose. I think normally - there may be exceptional circumstances - that an order which is not aimed to achieve that result is prima facie wrong ... ." (emphasis added).

34. The judgment of Millett J. in *Logicrose* was considered by the Court of Appeal in *Landauer Ltd. v. Comins & Co.* The Times, August 7, 1991. In that case the Court of Appeal upheld the striking out of a plaintiff s claim on the ground that as a result of the destruction of certain relevant documents, a fair trial was no longer possible. It was assumed that the destruction was inadvertent, but Lloyd L.J. expressed some difficulty in understanding why it should matter whether the destruction was deliberate or inadvertent if the test was whether a fair trial could be held without the documents. The learned Lord Justice then referred to the statement of Millett J. that it was no part of the Courts'

function in exercising its discretion under Order 24 rule 16 to punish the party in default and said: "In all ordinary cases that must be so. But I can imagine cases of contumacious conduct, such as the deliberate suppression of a document, which might justify the striking out on the analogy of striking out for want of prosecution under Order 25, rule 1(4) even if a fair trial was still possible. I use the word "contumacious" with the encouragement of my Lord Sir John Megaw, since it expresses the required meaning more accurately than "contumelious", the word more commonly used and originally, I believe, used by Diplock L.J in this connection. But cases of contumacious conduct in relation to discovery must necessarily be extremely rare".

The term "contumelious" or "contumacious" is commonly used in the authorities as applicable to conduct involving defiant disobedience of an order of the Court. The example, however, which Lloyd L.J. gave of contumacious conduct which might justify a strike out order, was the deliberate suppression of a document, an act which might not involve, and was not expressly linked by him to, disobedience of an order of the Court. His judgment therefore, like many others which have followed it, does not confront head-on the conflict between those cases in which the making of a strike out order under Order 24 rule 16 has been justified as a response to defiant disobedience (be it described as contumelious or contumacious) of an order of the Court, and the principle enunciated by Millett J. that a strike out order may never be used to punish disobedience of an order of the Court.

35. The conflict, however, was recognised (though not resolved) by the Court of Appeal in *Artisan Scaffolding Co. v. Antique Hypermarket Ltd.* (unreported February 10, 1993). In response to counsel's submission based on the judgment of Millett J. that a judge asked to make a strike out order should focus on the issue of whether a fair trial was still possible, Rose L.J. in his judgment said: "For my part, without analysing the report in truncated form which appears in The Times of Mr. Justice Millett's judgment in any detail, it does seem to me that there is an expression of view there which is perhaps not wholly in accordance with the practice of the court as I have understood it to be".

The learned Judge then quoted the passage (already quoted above) in which Millett J. suggests that the proper way of dealing with deliberate disobedience of an order for discovery is by contempt proceedings, and not by an order to strike out. Rose L. J. continued: "I, for my part, would wish to reserve consideration as to whether that is in fact an accurate statement of the court's approach".

Rose L.J. went on to hold that the material before the trial judge was not sufficient to establish that there had been a failure to comply with the peremptory order and that in any event, even if there had been non-compliance, it had not been contumelious. In a short judgment Waite L.J. gave some useful guidance as to how a Court which is called upon to make a strike out order should approach its task. He said: "There is in every case an inquiry to be made as to the degree of contumely involved in the default, the scale of the breach, what excuse there may or may not be for it, whether it can be remedied, how far the opposing party has been prejudiced by it, and any other matter relevant to the very wide discretion conferred on the court by Order 24 rule 16 to make whatever order the justice of the case may in its particular circumstances require".

36. This emphasis on the flexibility of the discretion to be exercised by a court in responding to a failure to comply with a peremptory order of the Court, is found also in the judgment of Robert Walker J. in *Pereira v. Beanlands* [1996] 3 All E.R. 528. The Judge in the particular circumstances of the case felt able to depart from the normal rule that the consequences of a default by a litigant's solicitor should be visited on the litigant. In setting aside the summary judgment which had been entered as a result of non-compliance with an unless order for discovery, the learned Judge took into account the fact that the party against whom judgment had been entered, was not personally at fault, had replaced his delinquent solicitor, and wished to defend the action in a fiduciary capacity. Given that the other side did not allege any actual prejudice as a result of non-compliance with the discovery order, the Judge held that justice required that the judgment be set aside. In discussing what epithet was most appropriate to describe the type of disobedience which justified the making of a strike out order, the learned Judge suggested that "deliberate" or "defiant" was preferable to either "contumelious" or "contumacious", as it was part of "more everyday language". He made the important point that in responding to a failure to comply with an unless order, a Judge should be allowed a good deal of flexibility in the exercise of his discretion and not be expected to apply rigidly a set of rules or follow some mechanical process. As the Judge put it, adopting the language of counsel: "The Court must not tick boxes on a form".

37. The same Judge after his elevation to the Court of Appeal, returned to the same theme in *Beeforth v. Beeforth* (unreported July 3, 1998). In that case there was non-compliance with two successive orders made for specific discovery, the second order being an unless order made by consent. No excuse was offered for non-compliance with these orders and as a result the pleading of the defendants who were the parties in

default, was struck out and judgment entered against them. The Court of Appeal quashed the strike out order. Having listed some of the factors which weighed with him, Robert Walker L.J. said: "To put it quite simply, justice requires that this case should be tried, if it cannot be settled. In my judgment the judge, in spite of the care with which he evidently dealt with the matter, failed to address his mind sufficiently to the balancing exercise that was required and to the need for proportionality in any order which he made. That, it seems to me, entitles this court to exercise its own discretion afresh. For my part, I consider that the course which the Judge took, although I find it wholly understandable, was rather too severe".

38. In considering the more recent English cases on the use of the power to strike out, one must bear in mind that the new Civil Procedure Rules came into force on April 26, 1999. As a result Order 24 rule 16 no longer exists in England. Its counterpart is CPR 3.4(2) (c), which gives the Court power to strike out a statement of case for failure to comply with a rule, practice direction or court order. Where an unless order is made under that rule, the party in whose favour it is made, may if it is not complied with, obtain judgment with costs under CPR 3.5 simply by filing a request for judgment. The party in default, who wishes to set aside such a judgment, must apply for relief from the sanction imposed. A non-exhaustive list of the matters to be considered by the Court in deciding whether to grant relief is set out in CPR 3.9. It does not appear, however, that these procedural changes have resulted in any change in the principles governing the making or refusal of orders the ultimate effect of which is to strike out a party's case and cause judgment to be entered against him because of his failure to comply with a peremptory order of the court.

39. There are a number of other cases (to which I need not refer) in which the English courts have applied the principle that a strike out order may, and indeed should be made, whenever a party's failure to comply either with the rules or with an order of the court, has rendered a fair trial no longer possible. It is necessary, however, to make clear what is meant by a 'fair trial' and for this purpose it is convenient to cite the following passage from the judgment of Chadwick L. J. in *Arrow Nominees Inc. v.* Blackledge & Ors. [2000] 2 BCLC 167 (at paragraph 55): "Further, in this context, a fair trial is a trial which is conducted without an undue expenditure of time and money; and with a proper regard to the demands of other litigants upon the finite resources of the court. The court does not do justice to the other parties to the proceedings in question if it allows its process to be abused so that the real point in issue becomes

subordinated to an investigation into the effect which the admittedly fraudulent conduct of one party in connection with the process of litigation has had on the fairness of the trial itself".

Later in his judgment the same Judge again made it clear that the question whether in that case the trial should have been allowed to run its course, had to be determined by reference to whether that was fair to the innocent party as well as in the interest of the administration of justice generally.

40. I think I have quoted enough of the English authorities to demonstrate that notwithstanding the dicta of Millett J. in the Logicrose case, it remains good law that a striking out order may in appropriate circumstances be made in response to, and in a sense, as a punishment for, the contumelious or contumacious or defiant breach of a peremptory order of the court. This, however, is subject to the proviso that a court which is called upon to make such an order on this ground must approach the matter holistically and undertake the balancing exercise needed to ensure that proportionality is maintained and that the punishment fits the crime.

41. I refer as support for this proposition to the judgment of Arden L.J. (with whom the other two members of the Court of Appeal agreed) in the case of *Stolzenberg v. CIBC Mellon Trust Co.* Ltd. (supra). In that case there was an appeal against the refusal by a Judge to grant the defendants relief from an order which debarred them from defending the action unless they complied with various orders including one relating to discovery, which they had previously disobeyed. Arden L.J. in her judgment referred to a number of the cases decided under Order 24 rule 16. She obviously considered them still relevant despite the change of rules. She quoted with approval passages from some of the authorities to which I have already referred e.g. the *Hytec* case, in support of the following propositions:

(i) That non-compliance with an unless order particularly if intentional, was a factor to be taken into account in determining whether a Judge should make an order striking out a party's case; and

(ii) That the fact that the party in default could show that a fair trial was still possible notwithstanding his default, did not necessarily mean that a strike out order should not be made.

In connection with the first of these propositions Arden L.J. said (at paragraph 167): "The fact that an unless order has been made inevitably means that there is an additional factor to consider. It is only a factor to be weighed in the balance. Moreover, compliance with orders of the court is not a question of judicial amour propre. It goes to the essence of the rule of law that parties subject to the court's jurisdiction ... should comply with the court's orders. The gravity of the matter of non-compliance is plainly increased where the non-compliance results from a conscious decision as in this case. It follows, as Ward L.J. said in *Hytec Information Systems Ltd. v. Coventry City Council* (1997) 1WLR 1666 at 1674 to 1675, that "If a party intentionally or deliberately ... flouts the order, he can expect no mercy". He has to persuade the court that in all the circumstances the injustice to him outweighs the interest of the administration of justice and the injury to the other party."

In relation to the second proposition she said (at paragraph 171): "The fact that a fair trial is possible does not mean that relief from sanctions should follow".

She then preceded to quote a passage from the judgment of Mance L.J. in *Hansom v. Makin*_[2003] EWCA Civ 1801, a case decided with reference to the application of CPR 3.9. Part of the passage she quoted reads: "But it does not follow that, where a fair trial is still possible, relief will necessarily be granted. CPR 3.9 deals generally with relief from sanctions imposed for failure to comply with a rule, practice direction or court order. It could not be the case that, whenever such a sanction had been imposed, and however flagrant or persistent the failure, the defaulting party could have it set aside by showing that a fair trial was still possible."

We regard this statement as equally valid if applied mutatis mutandis to the exercise of the discretion to strike out under Order 24 rule 16. On the other hand, it is equally good law that if a fair trial (in the broad sence explained above) is not possible as a result of the breach of an unless order, 'cadit quaestio' - the strike out order must issue.

42. The last but by no means least of the authorities to which I will refer, is the decision of the Barbados Court of Appeal in *Caribbean Broadcasting Corporation v. Mirchandani and Ors .(2000) 59 WIR 57.* That action had many affinities with these proceedings. It was a claim in libel brought by the same plaintiffs against the corporation which carried a live telecast of the 'Pic-O-de-Crop' finals from the National Stadium on the 4th August, 1989. I refer to the judgment delivered by Williams C.J. when the matter came before the Court of Appeal for the second time. This was on an application by the defendant/appellant for a review of the order previously made by the Court of Appeal striking out certain paragraphs of the Defence for failure to comply with an order to produce a videotape which the defendant had disclosed in its list of documents as one of those in its possession, power or custody. The ground of the application for review was simple. The inclusion of

the videotape in the affidavit of documents was the result of a misunderstanding by the defendant's attorney-at-law of his instructions. There was sworn and incontestable evidence that in fact no such videotape had ever existed.The Court of Appeal, not surprisingly, concluded that the application should succeed and quashed the earlier order to strike out. In giving the judgment of the court, Williams C.J. quoted passages from the judgments of Stamp L. J. in the *Husband's of Marchwood* case, Millett J. in the *Logicrose* case and Lloyd L. J. in *Landauer Ltd. v. Comins & Co.* All three passages quoted made the point that Order 24 rule 16 is not intended to be used as a punishment for disobedience to the orders of the Court. Notwithstanding this, the learned Chief Justice thought it necessary to make the point that: "It was not a case of contumacious conduct by CBC in not producing the tape. It never had the tape."

The judgment thus reflects the ambivalence created by the two separate streams of English authorities.

43. The common sense reasoning which underlay the decision was explained by the Chief Justice in the following passage: "Had it been known in the initial stages of the proceedings that CBC had no tape of the televised broadcast, the respondent would have had to use the home recorded tape in the presentation of their case. That is what they will now have to do if CBC is granted relief and nothing has been put forward to suggest that the respondents will be in a worse position."

We find it strange that neither this judgment of Williams CJ nor any of the authorities cited in it was referred to by the courts below in the instant case.

Guidelines

44. Having reviewed a number of authorities it would be useful for us now to identify some of the factors which a Judge who is asked to make a strike out order should take into account in conducting the balancing exercise to which reference has already been made. I should start by making it clear that what follows is not intended to be a comprehensive list of the factors to be considered. The discretion is a wide and flexible one, to be exercised "as justice requires", and it is quite impossible to anticipate in advance, and it would be impractical to list, all the facts and circumstances which point the way to what justice requires in a particular case. A judge dealing with an application to strike out, should start off by reminding himself that to strike out a party's case and so deny him a hearing on the merits, is an extreme step not to be lightly taken. In fact, this is a consideration which should be taken into account by

the judge who is asked to make an unless order. He should not use the threat to strike out contained in such an order unless there is a real prospect that non- compliance with the order might warrant the imposition of such an extreme penalty.

45. Broadly speaking, strike out orders should be made either when that is necessary in order to achieve fairness or when it is necessary in order to maintain respect for the authority of the Court's orders. In this context "fairness" means fairness not only to the non-offending party but also to other litigants who are competing for the finite resources of the Court. If there is a real risk that a fair trial may not be possible as a result of one party's failure to comply with an order of the Court, then that is a situation which calls for an order striking out that party's case and giving judgment against him. One way in which such a situation may come about, is if crucial documents which are not disclosed within the time prescribed by an order for discovery, are subsequently lost or destroyed, albeit without fault on the part of the non-disclosing party. Another is where a party has been so fraudulent in relation to the discovery process, for example, by forging or deliberately suppressing documents and lying about it, that it is impossible to place any reliance on what he has disclosed as being either authentic or complete, without a long and expensive inquiry.

46. With regard to the use of strike out orders as a response to disobedience of court orders, we respectfully disagree (as other courts have done) with the view of Millett J. expressed in the *Logicrose* case, that such disobedience can never justify the making of a strike out order. We prefer the view expressed by Arden L.J. in the *Stolzenberg* case that the fact that a fair trial is still possible does not preclude a court from making a strike out order. We accept with some qualifications the principle expounded and applied in cases such as *Tolley v. Morris* (supra), *Hytec Information Systems Ltd. v. Coventry City Council* (supra) and *Re: Jokai Tea. Holdings Ltd.* (supra), that defiant and persistent refusal to comply with an order of the Court, can justify the making of a strike out order. While the general purpose of the order in such circumstances may be described as punitive, it is to be seen not as retribution for some offence given to the court but as a necessary and to some extent symbolic response to a challenge of the court's authority, in circumstances in which failure to make such a response might encourage others to disobey court orders and tend to undermine the rule of law. This is the type of disobedience that may properly be categorised as contumelious or contumacious.

47. We do not, however, endorse the approach which was adopted by the

courts below in this case. This involved a two-step inquiry. The first step was to enquire whether there was non-compliance with an unless order of the Court. Non-compliance having been found, the second step was to consider whether the offending party had demonstrated that it's non-compliance was due to some extraneous circumstance. The offending party having failed to do so, the issue of the strike out order was regarded as automatic. Such an approach approximates to the ticking of boxes on a form, an approach which we join with Robert Walker J. in deprecating. What is required is a balancing exercise in which account is taken of all the relevant facts and circumstances of the case. For one thing, it must be recognised that even within the range of conduct that may be described as contumelious, there are different degrees of defiance which cannot be assessed without examining the reason for the non-compliance. No doubt the fact that what has been breached is an unless order has a special significance, as such an order is framed in peremptory terms which make it clear to the party to whom it is directed, that he is being given a last chance. The previous conduct of the defaulting party will obviously be relevant, especially if it discloses a pattern of defiance. It is also relevant whether the non-compliance with the order was total or partial. Normally it will not assist the party in default to show that the non-compliance was due to the fault of his lawyer since as already stated, the consequences of the lawyer's acts or omissions are as a rule visited on his client. There may be an exception made, however, when the other party has suffered no prejudice as a result of the non-compliance. Other factors which depending on the context, have been held to be relevant include such matters as whether the party at fault is suing or being sued in a representative capacity and whether having regard to the nature of the relief sought or to the issues raised on the pleadings, a default judgment can be regarded as a satisfactory and final resolution of the matters in dispute. Regard may have to be paid to the impact of the judgment not only on the party in default, but on other persons who may be affected by it.

48. We would like to emphasise again that what has been offered above is not intended to be a complete catalogue of the matters to be considered but represents a general guide to the approach to be adopted and a sample of the factors which have been held in decided cases to be relevant to the balancing exercise.

The exercise of discretion by Husbands J.

49. I turn finally to consider whether the exercise of his discretion by Husbands J. in favour of making a strike out order, can be impugned. As

already pointed out, the learned Judge did not explain the nature or extent of the non-compliance with which he was dealing. He did not indicate what were the documents which the appellant ought to have disclosed, but did not disclose in its further and better list of documents, or whether those documents were still in existence or had been destroyed. We have held that on the evidence the only material respect in which the appellant failed to comply with the unless order was by failing to list in Schedule 2 the master tapes for the relevant period. We have held that the finding of the Court of Appeal that the appellant also had in its possession audio tapes which it should have disclosed, is without foundation on the evidence and in any event was not one which could properly be made having regard to the conclusive nature of the verifying affidavit sworn by Mr. Fernandes in support of the appellant's further and better list of documents.

50. Can the strike out order be justified on the basis of the failure to disclose the master tapes? We have no hesitation in holding that it cannot. In the first place, we have already expressed our disagreement with the approach adopted both by Husbands J. and the Court of Appeal. This was confined to looking for some extraneous cause to explain the appellant's non-compliance with the unless order. Not having found any, they held that the order must issue. There was no attempt to examine what element or degree of defiance was inherent in the appellant's failure to include the master tapes in its further and better list, or what prejudice the respondents suffered as a result of that failure. On the question of defiance, one cannot ignore the fact that the appellant's failure to comply with the first order made for a further and better list of documents, must have been attributable in part at least, to the appellant's lack of legal representation at the time. Even when the further and better list was filed, the appellant still did not have the services of experienced counsel. Even if one accepts (as we do) the finding of the lower courts that the omission of the master tapes from that list was deliberate, the fact is that when faced with the application to strike out, the appellant through Mr. Fernandes did eventually acknowledge, albeit grudgingly, the existence of the master tapes. So that, even though these tapes were never formally included in a list of documents, the object of the order for discovery was ultimately achieved.

51. We have also held that there was no evidence to support the suggestion that the master tapes were deliberately destroyed or recycled in order to deny the respondents access to them. The recycling would have taken place before the original order for exchange of documents was made in July 1992, so that as in the *Caribbean Broadcasting*

Corporation case (supra), the respondents would have been no better off if these master tapes had been disclosed, as they should have been, in the original list of documents, since by then they were no longer in existence.

52. Even though there is some element of fault in the appellant's failure to preserve these master tapes, this could hardly justify a strike out order given that the original order for discovery was made long after the tapes had been recycled. Further, even if the tapes had been preserved, they would have been of only limited value to the respondents. They possibly would have provided conclusive evidence that the calypsos had been played on the Voice of Barbados and established the frequency with which they were so played during the festival period. They might also, because of the comments allegedly made by the radio announcers both before and during the playing of these calypsos on the station, have established that the calypsos were intended and understood to refer to the respondents. But publication and reference to the respondents were peripheral issues which have been removed from the case by our refusal to re-instate certain paragraphs of the Amended Defence (as I explain below). It was also claimed that the tapes would have assisted in proving the additional verses which were added by the calypsonians to the calypsos as originally recorded, but it appears from one of the first respondent's affidavits that she has her own home-made recordings of the calypsos including the additional verses and the respondents are therefore in a position to reproduce them in their pleading, as they have already done in part and propose to do more completely by way of amendment. The master tapes would have been of no use to the respondents in countering the defence of justification which is the only substantive defence left. The upshot of all this is that no prejudice of any significance has been suffered by the respondents as a result of the omission of these master tapes from the further and better list of documents (or for that matter from the original list of documents). The real prejudice suffered by the respondents has been the long delay in the disposition of this case which regrettably has occurred while the issue of discovery was being contested before the courts.

53. There was no attempt by Husbands J., or for that matter the Court of Appeal, to carry out any sort of balancing exercise and they failed to take into account any of the relevant factors referred to above. Had they done so, they would inevitably have come to the conclusion that to strike out the whole of the Amended Defence and order judgment to be entered for the respondents for damages and costs, was wholly disproportionate in the circumstances of this case and was not required either by considerations of fairness to the respondents or other litigants,

or as a response to defiance of an order of the Court that was so egregious that it demanded nothing less. For these reasons, the exercise of the Judge's discretion was fatally flawed and plainly wrong.

Parts of defence not reinstated

54. We did not, however, order the reinstatement of the whole of the Amended Defence. We ordered that certain parts of it should remain struck out. These were paragraphs 2, 3, 5, 10 and part of paragraph 6. In paragraph 2 the appellant did not admit inter alia publication of the calypsos. In paragraph 3 the appellant did not admit the paragraphs in the Statement of Claim in which the respondents pleaded the facts on which they relied in support of the allegation that the calypsos were understood to refer to them. In paragraph 5 of the Amended Defence, the appellant denied that the calypsos referred to or were understood to refer to or were capable of referring to the respondents. Paragraph 10 was simply a blanket denial of what was not expressly admitted. The words in paragraph 6 that were struck out, merely served to preserve the appellant's denial that the calypsos referred to the respondents. By striking out these portions of the Amended Defence, therefore, we made it unnecessary for the respondents at the trial to prove:
    (a) that the calypsos were played frequently on the Voice of Barbados during the period of the 1989 Crop Over and less frequently, up to the date of the writ, and
    (b) that the calypsos referred to the respondents.

55. It was obvious to us that there was no real prospect of the appellant resisting the respondents' allegations with regard to these two elements of the respondents' cause of action i.e. publication and reference to the respondents, and the portions of the Amended Defence that we struck out were really only of nuisance value to the appellant. We considered that having regard to the delay which had occurred, the trial should not be encumbered with unnecessary issues and that the parties should focus on the one substantive issue in the case (apart from the quantum of damages) i.e. whether the appellant can establish the truth of what was conveyed to listeners by the three calypsos. The delay in the disposition of this case has been enormous. Most of it is attributable to the unfortunate tardiness of the Courts below in giving their reserved judgments. This is a matter on which we have already commented adversely in our judgment on the application for leave to appeal, and to which we do not need to return. The appellant, however, is by no means completely blameless in relation to delay. There are two significant periods of delay for which the appellant must share or take

responsibility. The first is the time elapsed between the expiration in August 1992 of the period fixed by the original order for the exchange of lists of documents, and the filing of the appellant's list on the 23rd November, 1993. The second is the delay of about a year in the hearing of the respondents' application to strike out, which came about as a result of the inability of the appellant's counsel to keep the dates which had been fixed by consent for the hearing of the matter. (I should mention that we do not accept the respondents' contention that there was a deliberate policy of delay adopted by the appellant or its counsel).

56. One also cannot ignore the fact that the respondents' complaint of inadequate discovery by the appellant has ultimately been made good, though only to a very limited extent, and this complaint has in fact occupied the court from October 1994, until we gave judgment in this matter on the 7th November, 2005, that is, for more than eleven years. While the appellant cannot be blamed for the great majority of this delay, the fact nevertheless is that had it made a prompt and proper response to the applications for the orders made by the Chief Justice and to those orders themselves, this matter may well have been tried many years ago. In those circumstances, it did not seem unfair to trim the Amended Defence in the way in which we did, with a view to expediting even in some small way, the final disposition of this case.

57. With regard to costs, we made an order which we considered fair and reasonable in the circumstances.

M. A. de la Bastide (President)

Justice Rolston Nelson — Justice Adrian Saunders

Justice Désireé Bernard — Justice David Hayton

Quelle: http://www.caribbeancourtofjustice.org/judgments/Mirchandani%20appeal%20judgment.pdf

DOK 12

CCJ APPLICATION NO. 1 OF 2006, GY CIVIL APPEAL NO. 27 of 2003,

vom 12. Mai 2006

IN THE CARIBBEAN COURT OF JUSTICE Appellate Jurisdiction

ON APPEAL FROM THE COURT OF APPEAL OF THE CO-OPERATIVE REPUBLIC OF GUYANA

In the Matter of an Application by Brent Griffith in terms of Articles 142 and 146 of the Constitution

BETWEEN

BRENT GRIFFITH APPLICANT

AND

GUYANA REVENUE AUTHORITY
ATTORNEY GENERAL OF GUYANA
RESPONDENTS

Coram: The Right Honourable Mr. Justice M. A. de la Bastide, President
The Honourable Mr. Justice R. Nelson
The Honourable Mr. Justice D. Pollard
The Honourable Mme. Justice D. Bernard
The Honourable Mr. Justice J. Wit

Appearances:
Mr. Benjamin Ewart Gibson and Ms. Mandisa Adanna Breedy for the Applicant
Mr. Vashist Maharaj for the First Respondent
Mr. Mohabir Anil Nandlall for the Second Respondent

Judgment of the Court delivered on the 12th day of May 2006 by the Honourable Mr. Justice Rolston Nelson

JUDGMENT

1. Some eighteen years ago Mr. Brent Griffith, the applicant in these proceedings, joined the Customs Department, a department in the Public Service, as a customs guard. The year after he joined he was promoted to the position of Customs Officer. In 1996 it appears he held the post of patrol officer.
2. In 1996 Parliament passed the Revenue Authority Act, 1996 (No. 13) (hereinafter referred to as "the Act"). By the Act the functions and

powers, assets and liabilities of the Inland Revenue Department and the Customs Department were transferred to a new corporate body, the Revenue Authority.

3. In 1996 pursuant to section 6 of the Act the government notified the applicant of its desire to transfer him to the Authority. The applicant agreed to be transferred to the Authority rather than remain in the Public Service. The applicant began employment with the Authority on January 28, 2000 when the Act came into force.

4. Between August 23, 2000 and September 23, 2000 the applicant was absent from duty. On September 21, 2000 he submitted to the Authority two medical certificates for the period of his absence, but those certificates were not accepted apparently on the ground of failure to submit a medical certificate within the first three days of absence contrary to item 40 of the Schedule to the Guyana Revenue Authority's Employee Code of Conduct (prescribing dismissal for the first offence). On the same date September 21, 2000 a letter of dismissal was sent to the applicant. The applicant claims he never received that letter but received a copy of that letter towards the end of October at the head office of the Revenue Authority. On October 23, 2000 the Commissioner of Customs ordered him to leave the Revenue Authority's premises.

The litigation history

5. By notice of motion dated November 26, 2001 the applicant began constitutional proceedings in which he sought the following relief:
   (a) "an order declaring the applicant 's removal from the service of the Authority as illegal, unconstitutional, null and void;
   (b) an order for the applicant 's reinstatement;
   (c) an order for the payment of salary and superannuation;
   (d) costs."

6. As the application is drafted, a declaration of nullity, if granted, will result in the dismissal being treated as if it never occurred and in the applicant's reinstatement. However, in that event the applicant would not be entitled to payment of superannuation benefits. The courts below seem to have treated the claim as one for a declaration that the dismissal was in breach of the applicant's constitutional right of property in the public office he held and/or the superannuation benefits he has not been paid. The appeal in this court proceeded on the same basis.

7. On April 22, 2003 Mr. Justice B. S. Roy dismissed the motion on the ground that the Revenue Authority, being a separate legal entity and not a government department, had an employer - employee relationship with the applicant. Breach of that relationship gave rise to damages for

breach of contract in private law. The claim for constitutional redress was therefore misconceived.

8. By notice dated May 2, 2003 the applicant appealed the decision of Mr. Justice B. S. Roy. The Court of Appeal (Mme. Justice Singh, Kissoon and Chang JJ.A) dismissed the applicant's appeal on December 8, 2005. The applicant now applies to this court for special leave to appeal.

The Caribbean Court of Justice

9. On February 14, 2001 in Barbados the Members of the Caribbean Community signed the Agreement establishing the Caribbean Court of Justice ("CCJ"). The CCJ was invested with an original jurisdiction to interpret and apply the Revised Treaty of Chaguaramas establishing the Caribbean Community including the Caricom Single Market and Economy together with an appellate jurisdiction as a final Court of Appeal. The Agreement entered into force on July 23, 2002.

10. The Caribbean Court of Justice Act, 2004 (No. 16) ("the CCJ Act"), which enacted the Agreement of February 14, 2001 and made it part of the municipal law of Guyana, came into force in Guyana on April 1, 2005 by Order No. 10 of 2005 made by the Attorney General and Minister of Legal Affairs. By the CCJ Act the Agreement establishing the CCJ and the Rules have the force of law in Guyana. On June 17, 2005 the President of the CCJ made and issued the Caribbean Court of Justice (Appellate Jurisdiction) Rules, 2005 ("the CCJ Rules").

11. On the date of the judgment of the Court of Appeal therefore, December 8, 2005, the CCJ was Guyana's final court of appeal. Since the intended appeal was a constitutional matter the appellant had an appeal as of right but was required by rule 10.2 (a) of the CCJ Rules to obtain from the Court of Appeal leave to appeal to this court and by rule 10.3(1) to apply to do so within 30 days of the date of the Court of Appeal judgment. The applicant did not do so.

The present application

12 By application filed on January 16, 2006 the applicant seeks from this court special leave to appeal as well as special leave to appeal as a poor person.

13 The applicant claims he is entitled to come to this court for special leave since owing to his attorneys' unfamiliarity with the procedure for exercising the new right of appeal to this court, no application for leave was made to the Court of Appeal within the prescribed time. He invited this court to exercise its discretion in his favour for the further reason that his appeal had merit and had a real prospect of success.

14. Counsel for the respondents opposed the motion. They contend that this

court cannot entertain an application for special leave to appeal in a constitutional matter since special leave applications are restricted to criminal and civil matters. Counsel for the Attorney General further invited this court to reject both applications because the appeal lacked merit and was doomed to fail. Counsel for the Revenue Authority submitted that the CCJ had no jurisdiction to waive security for costs for a poor person since its jurisdiction was limited by section 13 of the CCJ Act to fixing the period within which security was to be provided.

15. The main issues arising out of these contentions are:
    (1) Whether this court has jurisdiction to grant special leave to appeal where the intended appeal is neither civil nor criminal but relates to constitutional rights - the procedural question;
    (2) Whether, if this court has jurisdiction, the applicant's case has sufficient merit to warrant the grant of special leave - the substantive question;
    (3) Whether the applicant is entitled to special leave to appeal as a poor person - the "in forma pauperis" question.

The procedural question

16. The applicant at first conceded that his application did not fall within section 8 of the CCJ Act (special leave to appeal in civil and criminal matters), but fell rather within 6(d) of the CCJ Act (appeals as of right in constitutional matters). He later withdrew this concession which in our view had been rightly made. The real question is what flows from the fact that the intended appeal is as of right.
17. Appeals to the CCJ lie (1) as of right, (2) with the leave of the Court of Appeal or, (3) with special leave granted by the CCJ: see sections 6, 7 and 8 of the CCJ Act.
18. Special leave is not defined in the Act. It is a term commonly used by lawyers to connote approval for an appeal to proceed given by the court to which the appeal is directed. The phrase is used in contradistinction to leave to appeal obtained or obtainable from the court whose decision is the subject of the appeal. Thus, an application for leave if made to a final court as a preliminary to filing an appeal is an application for special leave, whether the subject-matter is civil, criminal, constitutional or other. The intended appellant must, however, satisfy the court that it ought in the circumstances to exercise the discretion which it undoubtedly has, in favour of granting special leave.
19. Even where the local statute or the Constitution (as the case may be) grants an appeal "as of right", leave must still be obtained from the local court from which the appeal lies:see rule 10.2 (a) of the CCJ Rules, which have the force of law in Guyana. The local Court of Appeal must then

form a view as to whether "the proposed appeal raises a genuinely disputable issue in the prescribed category of case": see per Lord Nicholls in Alleyne-Forte v Attorney-General [1997] 4 LRC 338, 343; (1997) 52 WIR 480, 486E. However, this is little more than a gate- keeping exercise since the appeal is as of right. There is no discretion in the Court of Appeal to withhold leave in an as-of-right case on the ground that the appeal lacks merit: see Lopes v Chettiar [1968] AC 887 (PC). Similarly, where the appeal is as of right the local Court of Appeal may not in its inherent jurisdiction impose terms and conditions not contained in the legislative instrument granting the right of appeal: see Raford v Financial Institutions Services Limited (2003) 63 WIR 169.

20. In granting leave in as-of-right cases the local Court of Appeal should prescribe a timetable for preparation and transmission of the record of appeal; it may prescribe the amount and form of security for costs, if any, as well as other necessary conditions, orders or directions: see rule 10.8 of the CCJ Rules.

21. Pursuant to section 13 of the CCJ Act the local Court of Appeal may impose conditions as to security for the due prosecution of the appeal and the payment of costs. On granting leave the local Court of Appeal may also grant a stay of execution and make orders as to the preparation of the record of appeal: see sections 13-15 of the CCJ Act.

22. Special leave may be granted under section 8 of the CCJ Act in civil and criminal cases. This is intended to apply to cases which do not fall within either section 6 or section 7 of that Act i.e. cases where the appeal does not lie as of right and leave to bring the appeal cannot be obtained from the Court of Appeal. If the case falls within either of those sections, an application for leave should be made to the Court of Appeal.

23. But this court may also in the exercise of its inherent jurisdiction grant special leave when the Court of Appeal has wrongly refused leave (either in an as-of- right case or one where the conditions for leave under section 7 are satisfied) or has granted leave subject to conditions which it had no power to impose. The same inherent jurisdiction is in our view also exercisable when no application for leave has been made to the Court of Appeal. The court however always has the option of refusing special leave, even in as-of-right cases, if it finds that the appeal has no realistic chance of success. The court in the exercise of this inherent jurisdiction is not limited to cases which fall into the category of either 'civil' or 'criminal'.

24. At first the applicant sought to justify his application to this court as his only recourse since although the decision and reasons of the court had been delivered orally on December 8, 2005 the certified copy of the

judgment became available only on February 6, 2006. The suggestion was that the judgment was delivered more than 30 days after the oral decision so that he was now entitled to make an application for special leave within 42 days of the judgment. There is no substance in this point since it is trite law that a judgment takes effect from the day of its date, i.e. the date upon which it is pronounced. That date was clearly December 8, 2005. We therefore hold that judgment was delivered on December 8, 2005.

25. Another reason offered for the failure to apply for leave to the Court of Appeal, was the absence of any Court of Appeal rules defining the procedure for obtaining leave from it. In the light of section 3 of the CCJ Act, which gave the CCJ Rules the force of law in Guyana, it is not wholly true to say there were no rules, although those rules needed to be supplemented by local rules defining the method of applying to the Court of Appeal for leave, the timetable for providing security, the maximum figure to be imposed in order to guarantee the due prosecution of the appeal and payment of costs. Provision had to be made for a stay of execution as well as the several other matters covered in the Barbados jurisdiction by Practice Direction No. 1 of 2005 (Procedure in Appeals to the Caribbean Court of Justice).
26. Nevertheless, it is a fact that Guyana has not had a second tier of appeal in civil and criminal matters since 1970 and in constitutional matters since 1973. We take into account the novelty of the new jurisdiction to the legal profession and the uncertainty that may have been fostered by the realization that local rules had to be drawn to make the Court of Appeal phase of the new appeal jurisdiction fully operational. Further, we have no reason to believe that the applicant deliberately set out to bypass the Court of Appeal. We therefore considered it right to treat this as an application for special leave to appeal as of right although no application had been made to the court below.
27. Although we consider it right to entertain this application, it must be remembered that special leave to appeal is granted purely as an act of grace: see Bentwich: the Practice of the Privy Council in Judicial Matters (2nd ed. 1926) at page 152. In other words the grant of special leave is always a matter of discretion and never a matter of right. Thus it is a condition precedent of the exercise of that discretion in favour of the applicant that he or she should have an arguable case. Accordingly where it is clear that the appeal as presented is wholly devoid of merit and is bound to fail special leave will not be granted. The respondents have contended that the instant application should be dismissed on that ground.

The substantive question: viability of the appeal

28. At the heart of the proposed appeal is the proposition that the law accords protection to an office-holder by permitting such person to recover an office by the appropriate form of public law action: see Ridge v Baldwin [1964] AC 40 (HL). By these proceedings the applicant seeks to obtain analogous relief by a constitutional motion on the basis that in breach of his constitutional rights he has been deprived of 'property' consisting of the public office which he held.
29. But a servant or employee under an ordinary contract of service, if wrongfully dismissed, has only a remedy in damages for breach of contract: Ridge **v** Baldwin (supra) at p. 65. In effect the High Court and the Court of Appeal held that that was the position of the applicant.
30. The applicant relied on the definition of "public office" in the Constitution and on section 6 of the Act for his contention that he held public office. The Constitution was also the basis for the applicant's contention that his superannuation benefits were property of which he was unconstitutionally deprived.
31. Article 232 of the Constitution contains the following relevant definitions:
"public office " means an office of emolument in the public service and for the avoidance of doubt it is hereby declared that the expression includes the office of a teacher in the public service and any office in the Police Forcc;
"public officer" means the holder of any public office and includes any person appointed to act in any such office;
"the public service"means, subject to the provisions of paragraph (5), the service of the Government of Guyana in a civil capacity;
32. It is common ground that prior to his transfer to the Revenue Authority the applicant held the office of Customs Officer which is a post within the Public Service of Guyana governed by the Public Service Commission Rules of 1985 and 1998.
33. Persons holding offices of emolument in the service of the government are public servants or employees. Those officers in the higher grades, to which the applicant did not belong, are given special statutory status. For example, the Auditor General. In Malloch v Aberdeen Corporation [1971] 1 WLR 1578, 1584 Lord Reid observed in relation to elected public bodies: "Many of its servants in the lower grades are in the same position as servants of a private employer. But many in higher grades or 'offices' are given special statutory status or protection. "
34. Article 232 of the Constitution does not drive one to the conclusion that the applicant is an office-holder as opposed to an employee.
35. The applicant contended that section 6 of the Act granted to

employees of the Revenue Authority terms and conditions similar to but no less favourable than those enjoyed by public officers. The argument seemed to be that the new employees of the Revenue Authority continued to have the status of public officers.

36. Section 6 of the Act provides:

"6. (1) Before the appointed date, the Government shall notify such of the employees of the Departments as it wishes to retain for the purpose of transfer to the Authority and such employees shall be engaged on terms and conditions in relation to their emoluments as may be agreed upon between the Authority and the person so employed and, which taken as a whole are no less favourable than those applicable to him immediately before that date and shall in respect of any person so employed be the successor of the Government with regard to his leave or superannuation, rights or benefits whether accrued, earned, inchoate or contingent."

37. The effect of section 6 is mainly to preserve the continuity of the applicant's pensionable service so that for superannuation purposes his service with the government could be aggregated with his service to the Revenue Authority. Section 6 also ensures that the terms and conditions to be agreed with the transferred employee taken as a whole are no less favourable than those he formerly enjoyed in the government service. The wording of the section does at least contemplate the possibility that one or more terms and conditions, including those relating to superannuation benefits, may be less favourable, provided that the overall package is comparable or superior to the terms enjoyed in the government service. The existence of the same or similar terms of employment to those enjoyed as a public servant hardly indicates that the applicant's status as a public officer or servant carried over into his employment with the Revenue Authority.

38. It is true that the functions of the Revenue Authority described in section 10 of the Revenue Authority Act are essentially governmental i.e. to administer the tax law enacted by Parliament and to collect and pay over revenue to the government to enable it to meet its obligations.

39. Section 10 of the Act states:

"10 (1) The functions of the Authority are

(a) to assess, charge, levy and collect all revenue due to the Government under such laws as the Minister may by order specify;

(b) to ensure that Guyana's best interest are adequately safeguarded in the negotiation of international taxation agreements;

(c) to promote compliance with the written laws relating to revenue and create in the society full awareness of the obligations and rights of revenue payers;
(d) to advise the Minister on all matters relating to revenue;
(e) to perform such other functions in relation to revenue as the Minister may direct. "

40. Thus it is clear that the Revenue Authority is a public authority. Counsel for the Attorney General conceded that the Revenue Authority was a public authority. However, the Revenue Authority does not by virtue of that status become synonymous with the government or with a government department. Nor do the employees of the Revenue Authority become public officers, or even public servants.
41. In Tamlin v Hannaford [1950] 1 KB 18 the question was whether a dwelling- house owned by the British. Transport Commission as a result of the nationalization of the British railway network was exempt from the Rent Restriction Acts by virtue of being Crown property. The answer depended on whether the British Transport Commission was the servant or agent of the Crown. Denning LJ delivering the judgment of the court said this, which we respectfully adopt mutatis mutandis: "In the eye of the law, the corporation is its own master and is answerable as fully as any other person or corporation. It is not the Crown and has none of the immunities or privileges of the Crown. Its servants are not civil servants, and its property is not Crown property. It is as much bound by the Acts of Parliament as any other subject of the King. It is, of course, a public authority and its purposes, no doubt, are public purposes, but it is not a government department nor do its powers fall within the province of government."
42. Recently in Trinidad and Tobago Parliament transferred the postal service then run by the government to a body corporate established by the Trinidad and Tobago Postal Corporation Act 1999. When the postal services in that country were a department of government its employees were public servants. After privatization postal employees were given similar options to those which the Act gave to former customs officers in Guyana i.e. to retire voluntarily; to transfer to the new corporation or to remain in the public service at a similar grade in any available department.
43. In Perch v Attorney-General of Trinidad and Tobago (2003) 62 WIR 461 (PC) it was argued before the Judicial Committee, but not before the court below, that since the new corporation was subject to close governmental control it was simply a postal service run by the government in a different way and the employees of the new corporation

worked in the service of the government in a civil capacity. Therefore the power to appoint them to the new corporation or to remove them from the Post Office was exclusively vested in the Public Service Commission. Accordingly the present and former employees of the Post Office were entitled to the protection of section 121(1) of the Constitution, which prescribed how a public servant could be appointed or removed. Section 36(2) of the Act establishing the new corporation, which provided the options of retirement, transfer or lateral movement within the public service, was therefore void.

44. Lord Bingham, who delivered the opinion of the Judicial Committee, firmly rejected the notion that the new corporation remained a service operated by the government. He said as follows at page 467G: "Those transferring were not regarded as remaining in the public service: hence the provision that the terms and conditions on transfer should be no less favourable than those enjoyed in the public service ".
45. After referring to the passage from Tamlin v Hannaford (supra) cited earlier in this judgment, he concluded at p. 469C: "The Board is of the clear opinion that employees of the new corporation are not holders of any public office and are not employed in the service of the Government in a civil capacity within the meaning of section 3(1) of the Constitution."
46. This court is firmly of the view that the Revenue Authority is a new corporate entity distinct from the government although it is a public corporation. The employees of the Revenue Authority are not holders of any public office nor are they employed in the service of the government of Guyana in a civil capacity; see also Chue and Hyman v Attorney General of Guyana (unreported, H.C.A. No. 6 of 1998) at pages 27 and 43 per Carl Singh J. (as he then was).
47. The Court of Appeal in Michael Scotland v Guyana Electricity Corporation (unreported, Civ. App. No. 122 of 2000) considered legislation which placed electricity under the management of a public body and held rightly that the employees of that public body were not public service employees within the meaning of article 232 of the Constitution.
48. Because the applicant was not a public officer or a public sector worker his arguments under article 142 and article 149B oft he Constitution failed *in limine.*
49. Article 142 was also invoked in support of a contention that the applicant's dismissal had deprived him of superannuation benefits, but neither an existing right to such benefits nor the deprivation thereof was proved.

50. The mere allegation of a claim to superannuation benefits does not render them "property" within article 142. One can accept that, by his dismissal, the applicant was deprived of the possibility of qualifying for superannuation benefits at some future date, but the loss of that opportunity does not qualify as a deprivation of property, though it may be compensated by damages.
51. The applicant's submission that article 144(8) granted an express constitutional right to a fair hearing was rightly rejected by the Court of Appeal since the Revenue Authority was never constituted a court or tribunal.
52. The argument for an implied right to a fair hearing prior to dismissal from public office was based on Rees v Crane [1994] 1 AC 173 (PC) but was also misconceived. In Rees v Crane (supra), the Privy Council quashed the suspension of a judge and the decision of the Judicial and Legal Services Commission to represent that the judge's removal from office ought to be investigated. The Privy Council held that the rules of natural justice had to be implied at the preliminary (representation) stage of the three-stage process outlined in the Constitution. Natural justice was implied because of the seriousness of the allegations and the potential damage to the judge's reputation if he was not given an opportunity to be heard at the representation stage. In the instant case no similar constitutional provision is involved.
53. The applicant relied heavily on article 153 of the Constitution as enabling a court to grant constitutional redress of the widest variety, including redress which would normally be claimed by prerogative writ. In the first place the applicant has not established any arguable case for constitutional redress so an argument about the range of orders a constitutional court may make, does not arise. Secondly, the applicant never explained how, if at all, the technical rules which circumscribe the scope and operation of the prerogative writs could be circumvented by an application for constitutional redress. Thirdly, applications for constitutional relief cannot be used as a general substitute for the normal procedures for invoking judicial control of administrative action, where those procedures are available: see Harrikisoon v Attorney General of Trinidad and Tobago [1980] AC 265 (PC), or where a common law action is available e.g. for wrongful dismissal, and the facts are in dispute: see Jaroo v Attorney General of Trinidad and Tobago [2002] 1 AC 871 (PC).
54. Indeed the applicant in any event failed to persuade this court that there was any arguable case for public law relief. He failed to bring himself within any exception to the rule that in a pure case of master and

servant there is no right to a hearing prior to dismissal. In Vine v National Dock Labour Board [1957] AC 488 the courts by way of exception protected a statutory status i.e. that of a registered dock worker. Another exception relates to dismissal contrary to statutory procedures. This point was made by Sir John Donaldson MR in R v East Berkshire Health Authority, ex parte Walsh [1984] 3 All E.R 425, 430 F-H where he points out that Ridge v Baldwin (supra) and Malloch v Aberdeen Corporation [1971] 2 All E.R 1278; [1971] WLR 1578 turned on powers of dismissal arising out of statute.

55. In ex parte Walsh (supra) it was held that a senior nursing officer could not bring proceedings for judicial review under Order 53 of the English Rules of the Supreme Court to quash his dismissal on the ground of breach of natural justice. Although conditions of service approved by the Secretary of State were grafted on to his contract of employment the court held that thereby the health authority merely granted the employee the required contractual protection and a breach of contract was not a matter of public law. Thus an employee of a public authority under a contract of employment would not normally have a right to judicial review.

56. The applicant has not succeeded in demonstrating that his intended appeal has any real prospect of success by showing either that he held public office during his service with the Revenue Authority or that he had an existing right to property in the form of superannuation benefits or that he had a constitutional right to natural justice in respect of the termination of his employment with the Revenue Authority. We therefore refuse to grant him special leave to appeal against the decision of the Court of Appeal. Although we have carefully considered this application, we do not consider it to be a viable appeal worthy of a fuller hearing.

The in forma pauperis question

57. Since special leave to appeal is refused, as a consequence special leave to appeal as a poor person is also denied. In Farrington v R (1996) 48 WIR 16 (PC), a constitutional motion in a death penalty case was refused on the ground that it was doomed to fail. The applicant sought leave to appeal as a poor person. Lord Keith said at p. 19C: "For the avoidance of doubt... their Lordships consider that it would be inappropriate to grant special leave to appeal as a poor person where it is plain beyond rational argument that the appeal is doomed to fail."

These dicta are apposite to the application for special leave as a poor person.

Costs

58. We have anxiously considered the question of costs. This is the first application to this court from Guyana. For thirty years and more there has been no second tier of appeal so that the jurisdiction is as yet unfamiliar. In addition the application has provided an opportunity to clarify some points of practice for the benefit of practitioners generally. In all the circumstances there will be no order as to the costs of this application.

Disposition

59. The application filed on January 16, 2006 for special leave to appeal and for special leave to appeal as a poor person is dismissed. There shall be no order as to the costs of the application.

M. A. de la Bastide (President)

Justice Rolston Nelson — Justice Duke Pollard

Justice Désireé Bernard — Justice Jacob Wit

Quelle: http://www.caribbeancourtofjustice.org/judgments/Griffith%20v%20GRA%20%20AG%20Guy.pdf

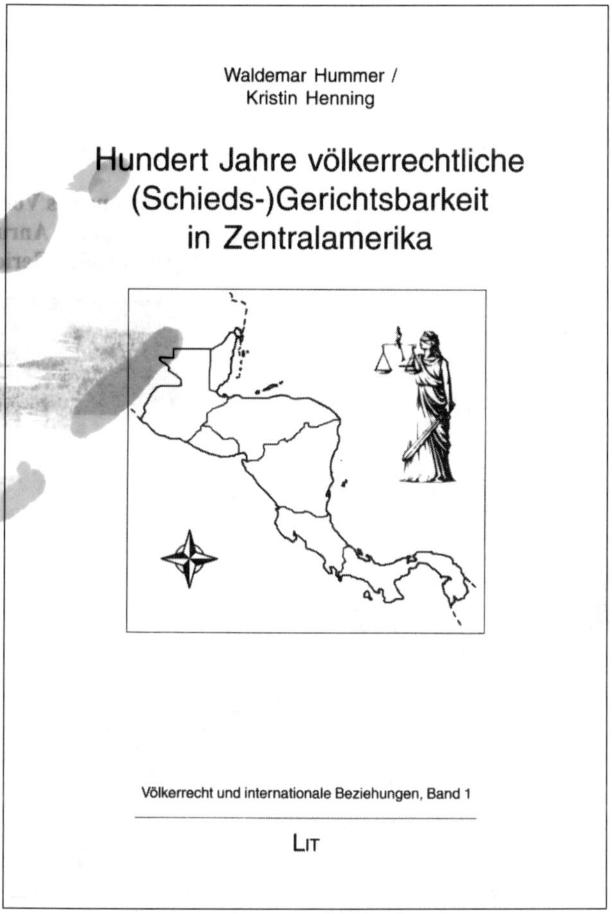

Waldemar Hummer; Kristin Henning
Hundert Jahre völkerrechtliche (Schieds-) Gerichtsbarkeit in Zentralamerika
Von der „Corte de Cartago" (1907 ff.) zur „Corte de Managua" (1992 ff.)
Die gegenständliche Studie dokumentiert erstmals alle Versuche der Einrichtung (schieds-) Gerichtlicher Verfahren in Zentralamerika im Zeitraum der letzten hundert Jahre. In ihr wird ein breiter Bogen vom weltweit ersten völkerrechtlichen Gericht, dem Zentralamerikanischen Gerichtshof (1907) - vor dem auch Private klagslegitimiert waren - bishin zum Zentralamerikanischen Freihandelsabkommen (CAFTA-RD) des Jahres 2004 und dessen Schiedsgerichtsbarkeit geschlagen. Zum besseren Verständnis dieser komplexen Zusammenhänge wird der Studie ein umfangreicher Dokumentenanhang nachgestellt.
Bd. 1, 2006, 464 S., 34,90 €, br., ISBN 3-8258-9102-X

LIT Verlag GmbH & Co. KG Wien
Auslieferung Österreich: Medienlogistik Pichler-ÖBZ GmbH & Co KG
IZ-NÖ Süd, Straße 1, Objekt 34, A-2355 Wiener Neudorf, Postfach 133
Tel. +43 (0) 2236/63 535 - 290, Fax +43 (0) 2236/63 535 - 243, e-Mail: bestellen@medien-logistik.at
Auslieferung Deutschland: Fresnostr. 2 48159 Münster
Tel.: 0251 – 62 03 222 – Fax 0251 – 23 19 72
e-Mail: vertrieb@lit-verlag.de – http://www.lit-verlag.de